陈晓律／主编

英国研究

第9辑

上海人民出版社

目　录

英国文明史专题

近代英国政治文明的历史变迁

[英] 狄金森　[英] 朱利安　(朱啸风　译)*

从革命到改革基本上已经成为近代英国文明历史变迁的基本轨迹。在这一语境中，我们可以全面审视英国政治、经济、文化、宗教和教育等领域的文明程度、相互关系与发展轨迹。

一、17 世纪：革命的年代

17 世纪对英国来说毫无疑问是革命的世纪，因为对英国影响最为深远的政治革命都发生于此世纪。17 世纪结束以后，英国再也没有发生传统意义上的革命运动。17 世纪的革命主要有两次，第一次发生于 1640—1660 年，起始于长期议会的召开至查理二世复辟，另一次则是 1688 年“光荣革命”。

1. 1640—1660 年：三王国之间的战争

相对于后来的 1688 年“光荣革命”，1640—1660 年期间发生的革命可能更符合大多数人心中对革命的定义：对抗、内战、国王被杀、新政体的建立，等等。如果和英国人谈起英国革命（English Revolution），绝大多数人会认为此革命特指发生于 1640—1660 年期间的革命。长期以来，学界关注的主线通常是王权与议会之间的斗争：查理一世继承了其父詹姆士一世君权

* 狄金森、朱利安，英国爱丁堡大学历史、古典与考古学院教授。朱啸风，南京大学历史学院博士研究生。

神授的理念，大力加强其专制权力。为了使自己的权力不受限制，查理一世甚至使议会停止运行了十年之久。直到1638年苏格兰人民起义之后，由于缺乏财政支持，查理一世才被迫重新召开议会。其实，查理一世时期国家的动乱不仅仅是君主与议会的矛盾，17世纪早期英国复杂的国家结构也是引发革命的重要原因。自斯图亚特王朝开始，英国的“复合型国家”特征愈发放大，其最重要的特征是苏格兰也成为王朝的政治实体之一。“复合型国家”的概念是由德国不列颠史学家科尼斯伯格在伦敦国王学院一次开幕演讲中首次提出的。[①]科尼斯伯格认为近代早期的大多数国家都是复合型的，顾名思义就是由一个统治者管理着多个主权实体的国家。他按照地理因素将复合型国家分为两种类型：一是互不接壤的复合型国家。此类国家内部有不同主权个体在地理上相互分离，比如西班牙哈布斯堡王朝及霍亨索伦王朝统治下的几个国家、英格兰与爱尔兰等等。二是相互接壤的复合型国家，如英格兰和威尔士、英格兰与苏格兰、波兰和立陶宛等。16世纪，一些复合型国家已经解体，比如施马尔卡登同盟，还有一些则还在垂死挣扎，如神圣罗马帝国。当然也有一些新建立的复合型国家，比如法国路易八世成功地将南部的贝亚恩地区并入了法国。在这些复合型国家中，很多主权个体都极力维护着自身的独立地位。这种动机并不是像近现代国家那样为了维护独立主权的需求，更多的是自身立场所决定的。复合型国家可以说是通往单一制国家道路上的桥梁。

中世纪的欧洲创造了不少大的政治实体，比如法国、英格兰以及卡斯提尔。这些国家成功地构建了行之有效的行政体系，并在一定程度上形成了一种共同体意识。其大致方向的确是朝着单一制的国家迈进。然而欧洲根深蒂固的家族及领地继承意识时不时打乱单一制国家形成的脚步。统治者对获得新领土的渴望也一定程度上破坏了国家内部好不容易形成的共同体意识。对于那些意图扩大领土的君主而言，构建复合型国家无疑是最为简单直接的方法。新的领土意味着新的财富及人力，当然也包含着更大的荣耀及国际地位。在以下情况下，统治者还能够获得额外的好处：一是新获得的领土与原有领土接壤。二是新领土的语言、风俗、政体、宗教、法律等方面与原有

---

① “Dominium Regale or Dominium Politicum et Regale” in H.G.Koenigsberger, *Politicians and Virtuosi*: *Essays in Early Modern History*, London: Hambledon, 1985, p.1.

国类似。詹姆士一世就曾经用上述两大理由来论证英格兰和苏格兰联合的合理性。[①] 但从实践来看，领土接壤和相似的国情并不足以促成完整性的国家联合。

17世纪，西班牙有位耶稣会成员胡安·德·索洛萨诺认为君主（统治者）主要有两种方式对待新获得的领土。第一种是附属式的联合。一个王国或地区与另一个王国进行联合之时，会被吸纳为主体王国的一部分，其居民将会与主体王国的居民享受同样的权利并且服从相同的法律，英格兰和威尔士的联合就可以被视为这样一种模式。第二种是平等主体联合。两个或以上几个国家联合之后各自保留自己的称号，由一个君主进行统治。同时，各国各自的法律及其他基本政治文化特征也不作变更。西班牙王国统治下的阿拉贡与加泰罗尼亚、西西里王国及那不勒斯、荷兰联省共和国、英格兰和苏格兰大致上都可以归结为第二种模式。在这种模式下，各子国的臣民都希望最高统治者能够维持他们各自的相对独立性。

平等主体联合的方式有很多显而易见的优势。新并入领土的居民能够继续按照原来的方式生活，对新君主自然也会相对友好。[②] 在16世纪，西班牙哈布斯堡王朝运用这一模式统治了大片区域。新进的臣民在被新的君主统治后可能也会有一定的不满情绪，毕竟他们要去服从一个"外国"的君主。1603年的大不列颠正属于这种典型：英格兰人突然要被长期和自己作对的苏格兰国王统治了。但保留各自的法律、风俗及宗教又可以在很大程度上调和王朝及家族合并带来的伤痛。近代早期，保留法律的同时又牵涉到立法机关的去留问题。当时欧洲很多国家已经开始拥有类似于议会的立法机构，但是各国立法机构对王权的限制程度明显又是不尽相同的。卡斯提尔和阿拉贡的联合就遇上了这样的问题，阿拉贡对王权的限制比卡斯提尔要有力得多。对于君主来说，如果之前长期以专制的方式统治一个国家，此时突然要去接管一个极富自由传统的国家，他很有可能会无所适从。詹姆士一世就碰到了

---

① Brian P.Levack，*The Formation of the British State*：*England*，*Scotland and the Union*，*1603—1707*，Oxford：Clarendon，1987，p.11.

② Allan H.Gilbert，*Machiavelli's Prince and Its Forerunners*，Durham：Duke University Press，1938，p.19.

这样的困境：他在苏格兰可以掌控议会，到了英格兰则必须事事征求议会的意见。不同质的立法机构在涉及财政的问题上很有可能会在王国内部制造摩擦。阿拉贡的议会要求国王更多地去向卡斯提尔的议会要钱，相应地，卡斯提尔则反对承担更高的赋税。在1603年之后，无论是君主时期还是共和国时期，苏格兰和英格兰关于税收摊派的问题同样无比棘手。

如何有效统治新并入的领土，对于统治者来说是个永恒的政治难题。高压政治在近代早期对维持国家联合发挥了一定的作用。但是用军事占领的方式不仅花费高昂，而且也很难实现统治者所期待的政治融合。最典型的莫过于英格兰与爱尔兰及克伦威尔时期的英格兰与苏格兰。除了军事占领外，最为有效的方法是建立新的联合政治机构，同时利用君主特有的任免权来赢得或维持原政治精英队伍的效忠。在复合式君主国家的体系下，分属国王位的缺失是必然的政治特征。为了弥补这方面的不足，必须建立强有力的权力机构来维持秩序。斯图亚特王朝的君主为了方便统治，在苏格兰及爱尔兰都设立了枢密院。但是詹姆士一世和查理一世没有建立一个对整个大不列颠负责的议会。① 在基层，世袭式的官僚制度同样很难使君主安插进对新政权效忠的官员。这在近代早期的欧洲是个非常普遍的现象。在阿拉贡，当地法律禁止任命非本地人为政府官员及法官。在意大利的西西里岛情况也一样。② 当查理一世试图在苏格兰更改贵族世袭式的官僚体制时遭遇了激烈的反抗。无论是从中央还是地方来看，复合式君主国在维持其长久稳定方面都存在严重的缺陷。毫无疑问，王位的缺失是结构上的最大问题。近代早期有些国家曾长期处于王位缺失的状态，比如加泰罗尼亚，而苏格兰更是如此。在此过程中，这种国家逐渐开始适应这种状态。作为复合式君主国中相对而言被忽视的一方，当地的政治精英（通常是贵族阶层）享受着很大程度的地方自治，这使得他们无意去改变这种现状。换句话说，复合式君主国之所以能存在，是因为君主与地方势力签订了某种契约（无论是成文还是不成文的）。如果君主能够不侵犯地方权贵的固有权利，并在此基础之上培植他们对王室的忠

① Conrad Russell, *The Fall of the British Monarchies, 1637—1642*, Oxford: Clarendon, 1991, p.30.
② H.G.Koenigsberger, *The Government of Sicily under Philip II of Spain*, London: Staples Press, 1951, p.47.

诚，维持国家的稳定还是有很大希望的，毕竟培养对君主个人的忠诚比对新共同体的忠诚要容易得多。而且，要选出一个使王朝名下的各国都满意的新共同体名字，本身就不是一件简单的事。为了使臣民能够接受，统治者往往得从古代历史中寻找符合条件的名字。鉴于罗马时期欧洲曾经有过联合的状态，因而此阶段的名字通常比较容易让人接受，比如大不列颠正是由罗马时期的布列塔尼亚行省发展而来的。1603 年后，无论是英格兰人还是苏格兰人，都可以对斯图亚特王朝的君主忠诚，但要使他们对大不列颠忠诚则困难得多。

近代早期是欧洲宗教大变革的时期。变革中的宗教为复合式君主国增添了显而易见的不稳定因素，因为宗教导致复合式君主国的分裂及动乱现象层出不穷。16 世纪有荷兰脱离西班牙，17 世纪有苏格兰起义、爱尔兰起义。君主寻求统一信仰的政策无疑恶化了王国之间本就不够牢固的相互认同感。被侵犯的地区甚至会寻求国际上或者另一归属国的援助。查理一世在苏格兰和爱尔兰推行宗教改革而引起的叛乱就是一个非常典型的例子。除此之外还有尼德兰起义。

在复合式君主国继续对外扩张的过程中，君主国内部的矛盾也在不断激化。大不列颠即是如此：英格兰在获得了北美殖民地后与苏格兰及爱尔兰的分歧愈发增大。当复合式君主国中的一个政治主体因获得海外殖民地实力增强之后，平等主体联合的模式就会受到极大挑战。当此政治主体不仅在综合实力上独树一帜并且还要在行为举止上表现出这种强势态度时，大王国框架内部的其余政治主体必然会认为他们的身份认同正遭受威胁。詹姆士一世和查理一世包括克伦威尔都试图用英格兰的模式去改造苏格兰和爱尔兰。这些统治者尤其是斯图亚特王朝的君主们并不是对英格兰有特别的民族感情，他们只是认为英格兰的模式更方便统治。但这些措施却被苏格兰和爱尔兰有意识地认为是英格兰压迫他们的一种方式。两国分别于 1637 年和 1641 年发生起义。

自 17 世纪 20 年代开始，越来越多的迹象表明一些统治者已经对平等主体联合的模式失去了耐心，并试图以缓慢的方式逐渐使国家朝单一制的体系上发展。随着封建制度的解体、专制制度的不断强化，新一代的君主不能再容忍先辈多元化的统治策略。查理一世的宗教一致化改革无疑是此情境下合乎情理的选择。除了宗教外，战争与经济的衰退同样会鼓励集权的行为。然而由于当时欧洲君主的权力尚不能推行大一统式的集权政治，宗教等领域也是如此。在大不列颠，强行推行集权改革造成了灾难性的后果。这恰恰是1640年英国革命爆发的重要原因。寻求统一信仰的政策恶化了王国之间本就不够牢固的相互认同感。查理一世的宗教改革先从爱尔兰开始施行。他对爱尔兰教会改造的程度不大，比如未引入新的礼拜仪式，这在很大程度上是因为爱尔兰的宗教仪式本身与英格兰就无甚区别。可能是在爱尔兰宗教改革中并未遇到太大阻力，使查理一世和劳德大主教在没有听取足够意见的情况下开始对苏格兰进行宗教改革。① 总体来说，苏格兰教会才是查理一世重点改造的对象。苏格兰信奉与英国国教差异较大的长老会教，拥有自己的宗教管理系统。尽管经过詹姆士一世时期，苏格兰在一定程度上恢复了主教制，但是主教的权威相对于其在英格兰的同行来说要微小得多。② 苏格兰宗教大会依然握有充分的权力，君主难以像在英格兰那样有力地控制教会。查理一世在苏格兰遇到了重大阻碍，最重要的原因是他对苏格兰缺乏有效的控制。国王在英格兰的枢密院虽然也处理苏格兰事务，但是对苏格兰的影响力极为微弱。查理一世在苏格兰也设有苏格兰事务委员会，不过这个委员会本身只有建议权而没有执行权。实际掌控苏格兰的是传统的贵族阶层以及教会。30年代早期，查理一世在苏格兰进行的针对贵族阶层的改革本身就受到很多的反对。但毕竟贵族所占据的人口比例不高，所以尚未引起革命。不过宗教信仰却是涉及几乎所有阶层。苏格兰人十分惧怕查理一世的宗教改革会使苏格兰教会英格兰化甚至天主教化，因此对此十分排斥。③ 其最终结果是苏格兰形成了盟约派并武装反抗查理一世的改革。

苏格兰人民的起义促成了英格兰权力结构的重组。1640年短期议会的召开即是查理一世下决心与苏格兰较量的结果。虽然查理一世本人并不愿意召

---

① F.Larkin，*Stuart Royal Proclamations*，Oxford：Oxford University Press，1983，p.121.

② James Nairne，*A Relation of Proceedings Concerning the Affairs of the Kirk of Scotland from August 1637 to July 1638*，Edinburgh：Bannatyne，1830，pp.45—46.

③ John Morrill，*The Nature of the English Revolution*，London：Pearson Education，1993，p.260.

集议会，但他的宠臣温特沃斯、劳德及汉密尔顿劝说他，只有通过议会，才能获得用于战争的财政。① 但是议员们并不是查理一世控制议会的工具，他们要求对之前查理一世解散议会的行为进行补偿。议员们叫嚣，除非王室作出实质性的让步，否则他们将会拒绝对查理一世的财政支持。查理一世一开始对议员们的要求置若罔闻，但最终还是作出了一些让步，同意以取消船税来获取为期一年的补贴金。② 但是这个让步为时已晚，下院在以皮姆等一批激进派议员的说服下竟然与苏格兰达成协议，拒绝给予国王财政支持。查理一世与议会的谈判破裂，议会再次被解散。这使得英格兰军队人心涣散，而苏格兰军队却节节胜利。查理一世单单依靠贵族的支持无法继续支撑对苏格兰的战争，只好再次召集议会（长期议会）。这通常被认为是英国革命的开始。苏格兰人是打着宗教自由的旗帜进行的，这使得英格兰人感觉到反抗暴君的统治是一种合理合法的行为。③ 苏格兰人胜利的另一个重要影响就是他们赋予了国王的对手们一种具有强制性的力量，而这在之前是从未有过的。自从 16 世纪早期男爵势力被大大削弱之后，那些意图反抗或挑战王权的势力从未采取军事斗争的方式。这些人反抗的方式不外乎以拒绝批准财政法案的方式向国王施压，在议会上弹劾国王的宠臣或者起诉到法院，但是他们不会以武力的方式逼国王就范，然而苏格兰人做到了。苏格兰人还运用自己手上的军队去支持他们在英格兰的同盟者。原先，只要对议会处事的方式不满意，查理一世就会将议会解散，然而这是对议会自由的重大威胁。由于战败，查理一世不得不支付苏格兰 850 镑一天的占领费，否则对方就会进一步南侵，因此解散议会再也行不通了。苏格兰军队以武力保护英格兰的反查理一世集团，使后者能够施展拳脚与查理一世进行博弈。以皮姆为首的反抗派谴责整个 30 年代的各项错误政策，并号召议会来治愈国家的顽疾。在内战爆发的初期，英格兰议会由于军事上准备不足，于是将苏格兰军队引以为一大重要支援。据当时威尼斯驻伦敦大使的描述，议会为了壮大声势，每

① Godfrey Davies，*The Early Stuarts 1603—1660*，Oxford：Clarendon Press，1988，p.91.

② S.R.Gardiner，*History of England*，*Vol.4*，Oxford：Oxford University Press，1883，p.102.

③ Conrad Russell，“The British Problem and the English Civil War”，*The Journal of History*，Vol.72，October 1987，p.400.

天都向外界宣称苏格兰人来了，因为他们没有其他方法来弥补他们军事上的虚弱。①

爱尔兰复杂的民族问题同样激化了大不列颠王国的内部矛盾，加剧了国王与议会及苏格兰三者之间的冲突。爱尔兰自诺曼征服时期就有英格兰移民迁入。这些早期移民被称为"旧英格兰人"（Old English）。他们一开始自认为与爱尔兰原住民完全不同。但自17世纪开始，由于通婚及其他一些文化的交融，旧英格兰人与原住民形成了很多共识，甚至有了一定的民族意识，他们在宗教上和爱尔兰本地居民一样笃信天主教。宗教改革时期迁入的新移民被称为"新英格兰人"（New English）。他们在人数上虽然占极少数，但是却拥有很多王室及议会授予的特权。新移民与旧英格兰人以及爱尔兰本土居民有很多冲突，一方面是因为信仰问题，另一方面则是由于争夺土地资源。1603年王位联合之后，詹姆士一世也鼓励苏格兰人向爱尔兰移民。旧英格兰人和爱尔兰原住民处于政治上无权、经济上土地被剥夺、宗教信仰被压制的状况。②17世纪30年代以后，爱尔兰一直是由温特沃斯（后来的斯特拉福德伯爵）统治。30年代中期，一些反加尔文主义的主教获得了爱尔兰教会的领导权，改变了原先要求教会往新教靠拢的政策。1637年，苏格兰新祈祷书争端爆发以后，温特沃斯政府驱逐了一些盟约同情者。温特沃斯的很多行为让爱尔兰新教徒认为这是要全面对天主教徒实行宽容政策，比如上文提到的用劳德主教的仪式改造爱尔兰教会。另一方面，为了缓和旧英格兰人的反抗，温特沃斯与代表旧英格兰人的领主代表进行谈判，内容也的确涉及一些放宽天主教限制的条款。尽管最后谈判失败了，但依然增加了新教徒的恐惧。温特沃斯的做法造成的结果是两边不讨好：新教徒认为他是在背叛新教，而天主教徒则认为其毫无诚意。温特沃斯在苏格兰爆发叛乱之后，于1640年3月在爱尔兰组建军队意图支援查理一世。爱尔兰议会当时的确也投票赞成为组建军队提供财政支持并发布声明谴责苏格兰的盟约③，然而同年春

① Rawdon Brown, *Calendar of State Papers, Venetian 1640—1642*, London: Longman Green, 1864, p.52.

② Austin Woolrych, *Britain in Revolution 1625—1660*, Oxford: Oxford University Press, 2009, p.79.

③ Thomas Wentworth, *The Earl of Strafforde's Letters and Dispatches, with an Essay towards His Life by Sir George Radcliffe, Vol.1*, London: printed by William Bowyer, 1739, p.365.

英格兰短期议会解散之后，各方政敌都开始了对温特沃斯的进攻。1640 年爱尔兰议会上，新移民认为温特沃斯剥夺了他们的权威、背叛新教、妨碍宗教自由，温特沃斯遭到绝大多数议员的弹劾，而长期议会召开以后也开始了对温特沃斯的指控。一些议员认为温特沃斯入侵苏格兰的意图彰显了其邪恶天主教徒的本质，称其“武装了 8000 至 10000 名的天主教徒，不知道想去攻击哪儿……”[①]，议员们质疑这支军队很可能是国王用来镇压议会的。英国革命爆发以后，温特沃斯被处死的主要罪名就是妄图利用爱尔兰进攻议会。

从革命的过程来看，大不列颠三个王国的关系不断变化并对革命的走向产生重大影响。17 世纪四五十年代，三个王国之间存在不同程度上的相互干涉。1641 年爱尔兰发生的大规模叛乱，其中一个重要原因竟然是苏格兰的政治干预。在三国关系中任何两国邦交的恢复都会对第三方产生影响，而爱尔兰通常充当受害者的角色，毕竟其宗教信仰是被其余两国视为拥有邪恶本质的天主教。自从新教改革以后，几乎每次发生重大冲突时，天主教徒总是会成为转移矛盾或者发泄情绪的对象，这一次也不例外。1641 年，英格兰议会通过法案，开始清除所有信奉天主教的官员。随着英格兰议会与苏格兰人合作的加深，爱尔兰的旧英格兰居民也开始了与查理一世的博弈。1641 年春，查理一世与爱尔兰方面展开谈判，约定将会承认爱尔兰地主对大量土地 60 年的产权，这将对英格兰长久以来的殖民政策起到重大的遏制作用。1641 年 4 月 3 日，国王与旧英格兰人的领导人达成协议，形成同盟关系。1641 年以来，越来越多的爱尔兰人认为对他们自由产生重大威胁的不是国王而是英格兰议会。一系列事件使他们成为英格兰议会的对立面，其中最为重要的是亨利·斯图瓦特案。亨利是一个爱尔兰北部的苏格兰移民，他由于拒绝放弃对苏格兰盟约的宣誓被爱尔兰当局囚禁。而苏格兰与英格兰议会谈判时强烈要求惩治囚禁亨利的相关人员。结果，英格兰上院召集爱尔兰枢密院并宣布他们有罪，这引起了爱尔兰枢密院及其议会的集体抗议。整个爱尔兰开始攻击苏格兰人，同时他们也否认服从于英格兰议会。为此，爱尔兰人不得不撤回原来对温特沃斯的指控。爱尔兰人愈发认识到如果效忠一个不能代表他们

① Maija Jansson, *Proceedings in the Opening Session of the Long Parliament*, New York: Rochester, 2000, p.37.

利益的英格兰议会，那爱尔兰最终只能沦为一个无法获得自由的半殖民地[①]，而他们的议会也只能成为像英格兰那样的反天主教议会。毫无疑问，这样的前景是不可接受的。1641年12月，当旧英格兰人决定站在爱尔兰这边进行反抗的时候，他们指责爱尔兰总督使整个国家都成为英格兰议会的附属物，而他们的目标就是维护这个国家的自由，使其不再依附于英格兰议会乃至整个英格兰国。爱尔兰叛乱者还出示了一份所谓的查理一世允许他们攻击英格兰殖民者的授权书，从而显示他们这一行为是合法的。[②]他们认为议会在强压王室作出错误决定，而清教徒正在试图摧毁爱尔兰的王权。[③]总体上，爱尔兰的叛乱与苏格兰人民起义有着共同的历史原因，其本质是对共主王朝体系中不平等地位的反抗。从某个角度来看，爱尔兰的叛乱也是在模仿苏格兰的行为，即用武力的方式改变被压迫的现状。在爱尔兰叛乱中至少有数千名的新教徒被杀害。[④]鉴于叛乱者打着查理一世的旗号，伦敦很多人都认为是国王授权叛乱者在爱尔兰复辟天主教。这进一步加深了议会对查理一世的不信任感。爱尔兰叛乱的消息传到伦敦时，下院正在激烈地讨论《大抗议书》，而查理一世正在苏格兰与盟约派进行谈判。组建军队镇压叛乱是肯定的，但是皮姆认为在当前的情形下如果由王室任命军官，对议会是非常危险的。在皮姆看来，爱尔兰叛乱完全是国王身边奸臣当道的严重后果。只要这些人依然占据高位，下院批准的任何用于镇压叛乱的财政支出非但不能解决爱尔兰的问题，反而可能导致英格兰的天主教徒掀起同样的叛乱。国王只有罢免这些奸臣，才能赢得议会的支持。皮姆嘴里所说的奸臣无非是主教阶层以及一些反对改革的保王党。在皮姆的授意下，下院起草了一份指导文件并派遣代表携带前往苏格兰与查理一世会谈。文件的大致内容就是要求国王罢免兼任高官的主教。[⑤]指导文件完成的当天，《大抗议书》在下院得到了通过。[⑥]这

① J.T.Gilbert，*History of the Irish Confederation and the War in Ireland*，Edinburgh：Kessinger Publisher，2011，p.251.

② Jane H.Ohlmeyer，*Political Thought in Seventeenth Century Ireland*：*Kingdom or Colony*，Cambridge：Cambridge University Press，2000，p.113.

③ R.Dunlop，"The Forged Commission of 1641"，*The English Historical Review*，1 July 1887，Vol.2（7），p.530.

④ Sir John Temple，*The Irish Rebellion*（*1646*），Dublin：printed by Patrick Campbell，1713，p.2.

⑤ *Journals of the House of Lords*，*Vol.4*，Burlington：Tanner Ritchie Publishing，2012，p.430.

⑥ *Journals of the House of Commons*，*Vol.2*，1714，p.25.

并不是偶然，可以说爱尔兰叛乱加速了《大抗议书》的出台，进而也加快了英格兰内战的爆发。此指导文件使英格兰主教阶层迅速向王党靠拢。①

苏格兰的立场随着英国革命的深入也处于不断变化之中。苏格兰在三个王国中是最早进行武力反抗的，但是从1639—1642年英格兰内战爆发之前，苏格兰的行动基本停止了。直到1643年，苏格兰盟约派与英格兰议会才正式签订同盟协议。同盟协议的全称为“神圣盟约同盟”。“同盟”声明它的成立主要是为了上帝的荣耀，国王的荣誉与幸福，两国的自由、和平及安全。协议约定苏格兰方面将提供超过20000名的士兵作为支援。一旦这些士兵踏上英格兰领土，一切开销由英格兰议会负责。另外，此协约还声明将以苏格兰长老会的模式对英格兰及爱尔兰的教会进行改革。在这方面，苏格兰人的逻辑和查理一世是一样的：要保证自己国家的安全，就得对邻国进行政治及宗教上的改革，不过这次需要改造的对象是英格兰罢了。②但教会改革条款的用词其实是比较模糊的，其描述为“根据上帝的指示”以及“以最好的教会模式为蓝本”。③一方面协约确实谴责了主教制度，另一方面也很大程度上使英格兰方面避免作出确实的承诺。实际上，苏格兰专员在伦敦参加议会的时候发现英格兰方面没有任何要进行宗教改革的意思。但是双方在当时都不愿意为这一事情激化矛盾，因为毫无疑问打败国王才是当时的首要任务。④随着克伦威尔领导的新模范军对国王的节节胜利，英格兰议会方面不再需要苏格兰军的支援。由于之前苏格兰从英格兰方面获得了大量的战争款项（占领费和赔款），再加上一些军纪败坏的原因，自1645年开始，苏格兰军队在英格兰遭到了普遍的怨恨。当然最主要的原因是英格兰人不愿意自己的内政再受到苏格兰人的干涉，他们对长老会的教会模式也毫无兴趣。内战期间，盟约派和英格兰议会曾经建立过一个联合的军事委员会，但议会中很多人拒绝给这个委员会以实权，以防止“苏格兰人掌控英格兰”。⑤苏格兰人的地

---

① S.R.Gardiner，*History of England*，*Vol.5*，Oxford：Oxford University Press，1883，p.59.

② David Stevenson，*The Scottish Revolution 1637—1644*，Edinburgh：John Donald，2003，p.218.

③ Barry Coward and Peter Gaunt，*English Historical Documents*，*1603—1660*，London：Taylor&Francis Ltd.，2010，p.582.

④ L.Kaplan，“Presbyterians and Independents in 1643”，*The English Historical Review*，1 April 1969，Vol.84（331），p.251.

⑤ Wallace Notestein，“The Establishment of the Committee of Both Kingdoms”，*The American Historical Review*，Vol.17，No.3（Apr.，1912），p.495.

位变得愈发尴尬。盟约派与英格兰议会在战后和平协约的问题上分歧越来越大。苏格兰人越坚持他们的要求就发现他们越不受欢迎。反过来，苏格兰人越不受欢迎，他们就越要坚持自己的要求以此来保障苏格兰将来的安全。议会在迁就苏格兰人的同时也开始展开对国王的公开谈判。1647 年独立派与国王初步达成一个草案：查理一世的王位得到保留。主教制虽然未被废除，但是主教们的权力却被剥夺。在宗教方面，英格兰将实行宗教宽容。这与之前和苏格兰签订的协议相违背。同年，苏格兰军队不得不将军队撤回了国内，这也就放弃了可以直接施压英格兰的方法。当新模范军将查理一世从苏格兰军营中迎接回来的时候，盟约派耗费了重大代价所获得的利益都处于威胁之下。[①]1647 年下半年，苏格兰政府开始寻求与国王修复关系。12 月 26 日双方达成协议，查理一世被要求承认苏格兰盟约的合法性，但查理一世本人并未被要求在盟约上签字。作为国王作出妥协的回报，苏格兰将会在必要时派遣军队进入英格兰协助国王履行和平条约。[②]除了主条款外，秘密协定还包括：（1）给予苏格兰人平等的外交事务参与权。（2）英格兰、苏格兰互派专员到对方的枢密院。（3）在王廷中和国王相关的重要职位，苏格兰人必须占据其中的三分之一。（4）国王和查理王子其中至少一人必须定期在苏格兰居住。[③]

苏格兰盟约派希望通过与国王的协定缔造一个全新的两国联合，但实际上这个协定的客观后果却是将两国仅有的一点联系摧毁殆尽。1648 年，英格兰议会废除了两国的军事委员会。这可以视为苏格兰盟约派与英格兰议会联盟彻底破碎的一个重要标志。[④]由于英格兰国内长老派与独立派的矛盾激化，第二次内战爆发。苏格兰站到了国王这边，对克伦威尔发动进攻，但是苏格兰军队与英格兰的保王党人无法协同作战，因为后者拒绝接受苏格兰的

① J.P.Kenyon，*The Civil Wars：A Military History of England，Scotland，and Ireland 1638—1660*，Oxford：Oxford University Press，1998，p.415.

② S.R.Gardiner，*Constitutional Documents of the Puritan Revolution*，Oxford：Clarendon Press，1899，p.347.

③ Ibid.，p.353.

④ Robert Baillie，*Letters and Journals：Containing an Impartial Account of Public Transactions，Civil，Ecclesiastical，and Military，in England and Scotland，from the Beginning of the Civil Wars，in 1637 to the Year 1662*，*Vol.3*，Edinburgh：printed by William Creech and William Gray，1775，p.32.

盟约，他们很快被克伦威尔击败。克伦威尔乘胜追击，率领重兵进入苏格兰境内。以阿盖尔侯爵为首的激进派在克伦威尔军队的帮助下再次占据了苏格兰中央政府，阿盖尔的新政权与独立派的联盟关系是脆弱的，这在1649年1月查理一世被处决后充分暴露出来。2月5日，苏格兰议会宣称查理二世即位为大不列颠及爱尔兰新王，但前提是他答应保护苏格兰的宗教安全。苏格兰想要的并不是没有国王，而是一个尊重苏格兰国家利益、权力在一定程度上受到限制的国王，这一点与后来的英格兰颇为相似。即便查理一世做过很多伤害苏格兰民族情感的事情，但是处决国王却是大多数苏格兰人民不能接受的。从本质上讲，苏格兰依然是个贵族统治的国家。在共和国框架下，贵族难以保护自身的利益。查理一世的死，使那些被清除的贵族及保王党又重新回到了政府，因为新王的继位需要这些人的支持。苏格兰重新成为保王党聚集的基地，而长老会为了维护自己的教义，也站到了克伦威尔的对立面。

作为斯图亚特王朝共主体系下的重要组成部分，17世纪30年代及40年代苏格兰和爱尔兰所发生的革命或叛乱尽管打着不同的旗号，其本质上都是为了在王位联合的框架下争取一个更加平等的位置。两国的反抗也在客观上激化了英格兰王国的内部矛盾，从而促成了英国革命的爆发。然而随着英国内战的结束，苏格兰和爱尔兰却在事实上沦为了被征服的行省，其处境甚至还不如之前王位联合的年代。克伦威尔统治时期的苏格兰和爱尔兰在政治上都处于一个比较被动的状态。尽管两个王国在后来查理二世复辟的过程中都扮演了重要角色，但在共和国时期两国总体上是顺从的。对这两个曾经和英格兰作对的国家，克伦威尔的政策的思路是：（1）以军事占领的方式保障秩序的稳定。（2）对于40年代及50年代与共和国为敌的敌对势力进行惩罚。（3）对两国进行全方位的改革。相对于爱尔兰来说，苏格兰在共和国时期享受了较多的自由及参与权。与詹姆士一世以及查理一世时期相比，克伦威尔时期三国的联系程度更为紧密，英格兰中央政府对其余两国的控制力也是前所未有的。然而这种向心力是建立在军事占领的基础之上。三国之间的民族认同感并没有实质上的提升，相反却酝酿着严重的民族矛盾。在克伦威尔式的联合之下，苏格兰和爱尔兰必须服从英格兰的权威，而此联合的最主要目的也并不是实现民族的平等，而是为了使作为权力中心的英格兰能够更好地控制其余两国。[1]很明显，在当时的历史环境下，民族关系是否和谐共处与政体是共和制或君主制并无必然联系。不过克伦威尔式的联合毕竟是一种创新，为后世提供了议会合并式联合的政治实践。

2.“光荣革命”：第一场真正意义的现代革命

尽管17世纪40—60年代的革命拥有传统革命的一切特征，但是其革命成果却没有保留下来。1660年，由议会请回的查理二世再次恢复了君主应有的权势。当然，和其父顽固的脾气不一样，查理二世非常善于妥协。他在位期间很少与议会发生正面冲突，但在稳固王位以后也开始暗地里加强自身的权力。1681年后，查理二世掌握了对议会的主动权，打击其政敌并大幅提升王权，基本上重新建立了与其父查理一世类似的专制王权制度。到其弟詹姆士二世上台的时候，君权已经相当稳固。查理二世的私生子蒙默斯与一些辉格党人联合掀起叛乱，但很快被镇压下去。如果不出意外，詹姆士二世可以毫无顾虑地坐稳王位，因为一切反对势力都已经被压制，但是詹姆士自己把这一切毁了。詹姆士二世最大的错误无疑是其推行的宗教宽容政策。16世纪50年代，英国政府颁布了一些针对天主教的法案：1560年的法案禁止天主教做弥撒；1567年的法令规定没收私下进行天主教活动者的财产；詹姆士二世上台后不久就撤销了议会通过的所有针对天主教徒的惩罚条例。詹姆士二世的政策跟当时的历史环境有很大的关系。1660年，查理二世复辟之后，反天主教的法令虽然也恢复了，但是一直没有得到严格的执行。查理二世也没有这个意愿去执行，但是为了使其恢复主教制度的行为不至于受到太多反对，他依然保留反天主教的法令。实际上，只要天主教徒不在公开场合过宗教生活，他们的行为就不会受到惩罚。1687年，詹姆士二世发布了第一份信仰自由宣言，宣称天主教牧师可以公开地进行祈祷活动，并鼓励新教信仰者改信天主教。除了废除惩治天主教徒的法令外，詹姆士还取消了苏格兰各种涉及宗教宣誓的职位。根据之前的法规，官员在任职之前都要宣誓否认教皇权威，忠诚国家教会。但詹姆士二世信仰自由宣言取消了这些宣誓，使

---

① J.G.A.Pocock，“The Union in British History”，*Transactions of the Royal Historical Society*，Vol.10（2000），Cambridge：Cambridge University Press，p.185.

天主教徒也可以进入政府及法院甚至军队任职。詹姆士复辟天主教的行为已经触犯了几乎所有英国国民的底线。在1688年詹姆士二世的第二任妻子为其生了一位天主教继承人后，整个英国都在担心国王的天主教政策会持续下去。很多政治精英认为必须阻止英国重新成为一个天主教国家。1688年6月30日，一封由三位重要的辉格党人、三位托利党人和伦敦大主教署名的邀请函从英格兰寄给了荷兰执政威廉。他们邀请威廉来干预英国的事务并保护新教、议会的权力以及英国民众的自由。威廉组织了一支远征军，于1688年11月5日在英格兰西南部登陆。

这场猛烈且受到民众欢迎的反对詹姆士二世的革命发端于英格兰，但很快就蔓延至英伦诸岛。几位苏格兰要人加入了威廉的军队，包括阿吉尔伯爵、利文伯爵、吉尔伯托·伯纳特、罗伯特·弗格森、索尔顿的安德鲁·弗莱彻以及威廉·卡斯泰尔斯。在苏格兰的爱丁堡、格拉斯哥、阿伯丁和邓弗里斯，爆发了反对詹姆士二世党人的严重骚乱。詹姆士二世的反对者逮捕了佩斯伯爵并将其关押在斯特灵城堡。戈登公爵最终将爱丁堡城堡交给了詹姆士二世的反对者。在强烈反对詹姆士二世宗教政策的整个西南地区，爆发了反对詹姆士二世及其支持者的起义。1689年7月27日，基利克兰基爆发了反对詹姆士二世的激烈战斗，战斗中国王的主要支持者邓迪子爵被杀害。一些苏格兰人公开朗读威廉入侵英格兰之前颁布的声明，甚至给威廉写信。这些人会写一些小册子，向人们宣扬詹姆士二世的退位以及威廉的胜利是神的旨意，因而不可改变。① 支持者和反对者之间的战争可能在苏格兰地区持续了几十年。一些主要的镇压反叛者的战斗甚至延续至1715年、1745年及1746年。

在爱尔兰爆发了大规模的暴力行动。首先，詹姆士二世的支持者主要是占这个民族绝大多数的天主教徒，他们将威廉的支持者驱赶到东北部的部分城镇并包围，造成了对手大量伤亡。詹姆士二世带领一小支法国军队在爱尔兰登陆。革命与对手的角力维持了好几年。威廉派遣军队去解救困在伦敦德

① *Gentleman in the Country*, *Allegiance and Prerogative Considered in a Letter from a Gentleman in the Country to His Friend upon His being Chosen a Member of the Meeting of States in Scotland*, Edinburgh: printed by J.Reid, 1689, p.4.

里等城镇的新教徒，牺牲了好几千人。1690 年 6 月，威廉带领 15 000 人进入爱尔兰，很快在 7 月的博伊奈战争中击败了詹姆士二世。詹姆士二世逃回法国，威廉的军队开始控制之前由保皇派控制的主要城镇。1691 年 7 月，奥赫里姆迎来了另一场主要的胜利，但是直到 1691 年 10 月利默里克被捕、签署和平协议之后，和平才真正来临。在这场解放爱尔兰的激战中，几万人牺牲，很多人逃离爱尔兰，加入了詹姆士二世和海外路易十四的队伍，大量财产被破坏。爱尔兰的革命事实上相当血腥，双方民众为之遭受的苦难延续了很多年。

因此，可以毫无疑问地认为，英伦诸岛的"光荣革命"充斥着大量的暴力行为，上万名普通民众参与了这场革命。这并不是一场由一群政治精英发动的宫廷政变。

这场革命的影响并没有在 1688 年后的几个月里或年初完整地显现出来。想全面理解"光荣革命"的影响就不能局限在 1689 年。这其中的一些进步是由议会处理 1689 年没有完全解决的事情的具体行为造成的。比如 1694 年的《三年法案》规定，每一届议会都不能超过三年，因此要有经常性的大选。1698 年的《王室费用法案》最终授予威廉三世一小笔收入，以保证当他需要金钱施行昂贵的政策例如战争时，不得不召集议会征集新税。1701 年，安妮公主唯一的子嗣格洛斯特公爵去世。鉴于安妮是威廉唯一的继承人，而英格兰又不可能承认詹姆斯二世的儿子作为王朝的继承人，因此王位问题成为国家的重大危机。①1701 年的《嗣位法》明确规定王位由安妮最近的新教亲戚汉诺威选帝侯继承王位。这个法案也进一步限制了王室特权，强调未来所有的君主必须是国教徒，禁止君主用土地和头衔犒赏其偏爱的外国人，并且强令下院议员被国王授予职位后应进行重新选举。"光荣革命"和革命协议导致的热切、深远且持久的意识形态辩论产生的结果，比上述这些法律更为重要。这种意识形态上的辩论催生了大量的书籍、小册子和布道，囊括了从为詹姆士二世绝对权力辩护、声称他是合法君主，到提倡所有民众有生存、自由和财产的权利且唯一合法的政府只能建立在民众自由契约之上的各

① Keith M.Brown, *Kingdom or Province? Scotland and the Regal Union 1603—1715*, London: MacMillian Press, 1992, p.183.

种思想。渐渐地，那些温和的观点开始流行，并被辉格党和托利党接受。这些观点在未来数个世纪里产生了深远的影响。所有支持神权、专制君主的争论逐渐失去了号召力，直至最后消失。很多政治评论家依旧认为，上帝为了人类的利益建立了政府，但他们接受社会有权根据每一个公民的环境和需要建立一部相应的宪法。只有一小部分人认为，一个合法的政府必须建立在正式的契约之上。大多数人毫无疑问地认为，革命协议已经恢复了英格兰古代的宪法，但他们坚持认为，这部宪法是由拥有有限权力的君主、混合政府和平衡的法律组成的。而平衡的法律里，主权体是由君主、上院和下院组成的立法机构构成的。这被看成是平衡法统治之下的稳定和自由的最好方式。它避免了君主专制独裁和大众无政府主义两种极端。尽管英国三大立法机构之间的权力平衡在数世纪里发生了变化，但是对国王在议会中权力的信任于 1689 年之后持续了三个世纪，并依然拥有广泛的支持。"光荣革命"引起了政治辩论包括对臣民的公民自由和法治重要性的讨论。人们普遍认为，所有人必须根据议会制定的法律或普通法庭的法官和陪审团达成的决议来进行管理。所有人必须遵守法律，法律面前人人平等。不能逮捕、惩罚和折磨任何人。任何一个臣民在审判之前，根据本土已有的法律，有权不受任何严厉的惩罚。1714 年后，根据 1701 年《嗣位法》中的一项决议，所有由国王任命的法官在行为端正的前提下履行职责，并且只有议会才能解除他们的职务。所有臣民拥有思想自由、行动自由，以及根据个人能力担任相应职务的自由。所有臣民有权抵抗暴君。也许最重要的是，1695 年《许可法》废除之后，新闻检查也随之瓦解，并且再也没有能取而代之的法律建立。之后，不列颠出版界再也没有出现过出版审核。结果是各类出版物种类和数量的惊人增长，包括书籍、小册子、布道书、期刊、杂志、报纸和讽刺漫画。印刷物每一年都在增长，其中很大一部分讨论的是政治话题。英国人民成为全世界在政治问题上消息最灵通的人民。到了 18 世纪，新闻已被誉为宪法的保障和臣民自由的盾牌。[①] 此外，它还迫使行政机关和立法机关不得不考虑公众意见。1688 年后，民众保卫自由的决心使他们在拒绝建立一支职业警察队

① 王觉非：《近代英国史》，南京大学出版社 1996 年版，第 195 页。

伍上获得成功。由于英国没有警察力量，和平时期只有一小支部队，英国民众可以利用他们的压倒性数量来抵抗压迫和不受欢迎的政策，维护他们的权利。“光荣革命”之前，政治权力、社会地位和经济财富很大程度上是由土地贵族和乡绅控制的。当时占统治地位的社会阶级和经济意识形态强调，土地是包括贸易和制造业在内的一切经济活动的基础，因此，也是一个民族财富和实力的终极来源。土地是有限的，个人或国家的财富只有通过减少其他人或国家的财富才能得到增加。一小部分辉格党评论家在 1688 年之前就开始挑战这个观点，但是他们的争论直到“光荣革命”之后才取得胜利。他们认为，商业、工业和金融业可以制造更多的财富，这些依赖于劳动力的经济活动可以通过增加国家人口或者控制更多的海外殖民地得到无限制的扩张。因此，一个民族要实施积极干预的经济政策，因为行政机关和立法机关的行为可以促进贸易、工业和殖民事业的扩张。这就要求政府和议会意识到，不仅要代表这个民族的土地利益，还要代表它的商业、制造业和帝国的利益。英国的贵族从来不像法国或欧洲大多数国家那样，是一个独立且排外的社会阶层。贵族的头衔只能由长子继承，其他儿子必须从政府、教育机构、军队、金融机构、商业甚至制造业中谋取财富。平民出身、有能力且精力充沛的人由于在政府、教育机构、军队、金融机构、商业甚至制造业方面取得的成功，其财富、社会地位以及权力日益上升。英国的社会比欧洲大多数国家更具流动性。他们的商业和制造业非常受人尊重，并且受到土地贵族精英很好的保护，这种现象在“光荣革命”之后更加明显。尽管土地贵族在两院占据多数并一直维持到 19 世纪，人们已经普遍认为，那些住在伦敦和其他大城市中心并在那里创造财富的人充实了英国的经济、社会以及文化生活，并认为他们对国家实力有着至关重要的作用。毫无疑问，历史学家看出了 1688 年之前英国商业革命的迹象，但显而易见的是，英国的经济和社会特点在“光荣革命”之后才发生了重大变化，这些变化在使英国的政治丰富多彩的同时，也增强了这个国家的实力。

然而，“光荣革命”最重要和直接的影响不是其宪法决议，例如《权利法案》或者关于意识形态的辩论，而是决定同法国开战。奥兰治的威廉干预英国事务，部分是源自他想确保英国不会支持甚至反对路易十四威胁欧洲实力总体均衡，尤其是威胁到荷兰共和国的侵略政策。威廉登上王座就立即将英格兰和不列颠诸岛纳入了与法国的战争。尽管如此，英国外交政策的革命性转变：从法国的盟友、荷兰的敌人转变为法国的坚定反对者和荷兰的朋友，这并不仅仅是威廉个人意愿的结果。早在1688年之前，英格兰的政治精英就开始指责国王亲法的外交政策，并逐渐意识到正是法国而非荷兰威胁到了英国在国内、欧洲以及整个世界的利益。当时只有法国拥有一流的陆军和海军，可以威胁到英国的只有法国，其实力及商业、帝国野心可以削弱英格兰的大西洋贸易、威胁它的海外殖民地，只有法国的宗教和专制主义政府，能够给詹姆士二世的宗教政策和政治野心提供危险的支持，只有法国妄图在欧洲推行君主制，并通过对天主教和新教的双重进攻威胁大陆的权力平衡。因此，到了1688年，辉格党和托利党同时反对詹姆士二世将英格兰变成附属于法国的盟友且同荷兰共和国敌对的外交政策。1689年威廉和玛丽加冕后不久，一个隶属于下院的委员会为两位君主发表了一份宣言，宣称与荷兰结盟并同法国开战。几个星期之后，考虑到法国正在谋求奴役欧洲并企图限制包括英格兰在内的邻国人民的自由权利，英国向法国宣战。在此之后，英国与法国断断续续地进行了六次战争，直到1815年的滑铁卢战役。英国的政治家也许会就怎样彻底击败法国进行争论：是集中力量在欧洲，还是在海外和帝国殖民地上进攻？但共同点是，他们一致认为英国自由的法律、独立、经济的繁荣以及殖民地的扩张都取决于对法战争的胜利。

1689年开始同法国的长期战争意味着英国在与一个在资源和人口上远胜于它的国家开战。英国不得不第一次召集一支庞大的军队，同时花更多的钱组建世界上最大的海军，这导致了昂贵的战争成本。英国还不得不雇用军队，并且给那些没有财力同法国单独作战的欧洲盟友提供资助。君主无法利用自己有限的收入承担这些昂贵的开销。因此，他不得不依赖游说议会同意征收重税来支持对法战争。这就意味着，议会不得不对落在自己和其他民众身上的税收进行投票。例如，其中一种主要税是向精英征收的土地税，数额为200万英镑。[1] 其他很多税收都是向制造商和贸易商征收的。一个世纪

① ［英］J.S. 布朗伯利：《新编剑桥世界史6，大不列颠和俄国的崛起1688—1725》，中国社会科学出版社2008年版，第532页。

之后，议会引入了针对富人的收入税。只有当国王经常召集议会并给予议会权力在如何使用税收上发挥重大作用，议会才愿意大面积征税。因此，议会如果要通过政府需要的税收，就不得不同意王室官员的政策。由于法国没有议会，也没有让富人缴纳赋税以提高他们对法国政府政治影响的途径，法国人民从来没有像英国人那样乐意拿出他们部分财富缴纳赋税。此外，法国国王也缺乏一个可以接受的官僚税收系统使他的臣民缴纳更多的税收。所以，1688 年之后，法国国王没有英国君主那样多的收入来维持战争。由于 1689 年之后的几十年里，法国依旧比英国富裕，英国政府不得不寻找新的途径来增加收入，而不能像法国国王那样凭借其个人意志随意征收。所有的国家在战争时期都试图用向有钱人贷款的方式筹集大量的金钱，并在战争结束后偿还，这就减少了国家的开支。在法国，国王试图以个人名义进行贷款。由于富人在法国不缴税，因此其他民众都竭力逃税，这就导致法国国王从来不能够筹集足够的税款来维持长期的战争费用，也不能偿还战争期间借的大量金钱。从而导致那些可能被说服借钱的富人坚持很高的年利率，以防他们不能拿回本金。法国每次战争后都会破产，因为国王发现很难偿还其个人债务或者不能付清高昂的年利息。英国的议会为政府找到了一个更有效、可靠和便宜的征收大量金钱的方法。1694 年，受荷兰影响，议会同意成立英格兰银行作为国家银行。为了取得各种银行特权，银行领导人同意从其金融界和商界朋友那里为政府征集大量贷款。这些贷款不是以威廉三世个人名义进行的，而是根据《议会法案》进行并转变成国债。因此，每年议会都会通过一个预算方案，规定了贷款、年利息支付和最终偿还金的方式。这样，由于战争，英国在 1694 年创立了国债，一直保持到现在，因为这是政府最公平和最有效的借钱方式。辉格党在英格兰银行建立的过程中起到了重要的作用。辉格党人米歇尔·甘特佛兰（英格兰银行的第一任副总裁）认为银行的建立有助于降低利率，鼓励工商业发展，增加贸易等等。[①]

国债的形成对英国未来产生了巨大的影响。首先，富人更乐意将大量的钱以低于法国和欧洲其他主要国家的利率借给英国政府。就连荷兰和其他欧

---

① Godfrey Michael，*A Short Account of the Bank of England*，London：1695，p.2.

洲国家富裕的金融家和商人都准备借钱给英国政府作为国债的一部分，因为他们知道这样利息较高并且能够收回本金。法国政府有时不得不为国王支付高于英国政府三到四倍的贷款利率。由于利率不一样，同样数量的税收，英国政府比法国政府征集到更多的钱。由于英国民众赋税远重于法国人但比法国人更公平，英国政府筹集到的金额是法国永远无法企及的。威廉三世之后的六场战争，英国的花费远甚于法国。每一场战争结束后，法国都会破产，英国的财政却凭借和平时期的低开销还清战争贷款后迅速恢复。整个 18 世纪，英格兰的金融业发展迅速。至 18 世纪末，英格兰的银行数量已经由 49 家增加到 733 家。[①] 到了 1815 年，英国变成了欧洲乃至世界范围内最富有和强大的国家。作为一个领土有限的小国，这不得不说是惊人的成就。1694 年以来，英国的金融实力巩固了它在之后同法国战争中的商业和帝国扩张。英国第一次变成了欧洲大国，最终变成了世界强国。同任何法案例如《权利法案》相比，国债的形成对于英国人民的自由显得更为重要，因为国债的形成确保了 1694 年之后直至今日，国王每年都要召集议会。英国议会形成于 13 世纪，几个世纪以来，只有君主召集他们的时候才能召开。议会从来没有连续召开过，很难影响国王的政策。然而，国债建立之后，议会每年召开，并且对国王和皇室官员的政策影响力日益上升。议会可以限制国王的作为，并可以通过控制财政渠道解散任何一届得不到它支持的政府。另一个影响就是，国王不得不任命得到两院尤其是下院绝大多数信任和支持的能干的官员。因此，拥有实权的王室官员就不能仅仅满足国王的喜好了。君主不能抛开议会单独统治，也不能通过利用王室特权来控制议会。国王可以通过赏赐爵位影响两院很多议员。毕竟，作为最高行政长官，他可以任命政府官员，封赐贵族和主教，任命公务员、法官、治安官、军官。这就可以让他影响到议员并在议会选举时影响到相当的票数，例如查塔姆、朴次茅斯和贝里克。但是他永远也不能指望争取足够的议员支持他不受欢迎的政策或任命没有能力的部长。国王也意识到，尝试否决议会的决定会使很多习惯于对国家政策施加影响的成员疏远他。威廉三世和安妮女王只用过几次否决权。1708

① Ranald C.Michie，*British Banking Continuity and Change from 1694 to the Present*，Oxford：Oxford University Press，2016，p.271.

年之后，任何一位君主都没再使用过否决权。国王不得不游说议会来阻止他不喜欢的政策的实施。更为重要的是，下院逐渐在两院占据主导地位，君主不得不任命富有效率的官员。财政部也开始变成政府机构里最重要的部门，君主因此要在里面委用财政专家。到了18世纪初期，财政部长变成了最有权势的官员。第一财政大臣作为所有首相的官方称谓，一直沿用至今，变成了政府里面最重要的职位，他管理财政部，负责日常财务管理。因此，1688年之后英国的政治系统变成了议会君主制。国王不得不在频繁和规律的基础上学着同议会合作。行政机构也不能像1688年之前君主能够作为的那样忽视、贿赂或者欺凌立法机构了。尽管在收入问题和国内外政策上会有辩论与争吵，行政机构和立法机构还是不得不学会理性合作。作为对增加收入、提升行政机构权力的报答，议会坚持保护和加强自己的法律地位以及人民的自由权利。尽管两个机构之间的关系有时候会变得紧张，尤其是在那些试图控制议会的党派、团体和个人之间，但这种关系从来没有严重到像1688年后世界上其他国家那样。1688年之后的三个世纪，英国取得了显著的政治稳定和个人自由的极大扩展。这是唯一一个没有被外部侵略和内部政治革命征服的国家。“光荣革命”确实对英国历史产生了主要的和长远的影响。“光荣革命”刚开始是不稳固的，但是在接下来的几十年里，它逐渐被赞誉为促使英国成为一个稳定、自由和进步大国的保障。不管是强调“光荣革命”恢复了英国古代宪法和传统的自由，还是开启了议会君主制下的新自由时代，所有的英国政治评论家都强调它的重要性。国内外学者都认为，英国在欧洲绝大多数国家还将君主专制奉为常态的时候，走上了一条不同的政治发展道路。欧洲其他国家羡慕英国法律，并将英国视为世界上守护代议制政府和个人自由的第一卫士。

二、18—19世纪：改革的年代

在英国国内政治文明体系中，改良是英国国内政治文明的基本属性。但是，在确认英国内政改良的同时，不排除英国对外殖民主义的发展道路。

1. 18 世纪的政治环境

18 世纪，英国普遍的经济、社会和政治环境有利于发起一场严肃而和平的宣传代议制民主优点的运动。欧洲没有其他社会具备这些先决条件。其他国家不得不在暴力革命中寻求民主变革，而且往往无法实现其政治目标。在英国，有利环境逐渐发展，使得民主改革成为可能，而不会引发政治革命或暴力反击。到 18 世纪后期，英国经济是世界上最先进和最复杂的。它的农业部门是世界上生产效率最高的部门之一，它的金融机构和商业是世界上最先进的，它已经拥有任何经济体中最多样化的制造工艺。在接下来的几十年里，英国将成为第一个实现现代化的城市化和工业化经济体。这些经济变化产生了不同寻常的多样化和流动性社会。那个时候，世界上大多数社会都被狭隘的土地精英控制，他们在以农业为主的经济中拥有大部分土地。英国也拥有土地贵族，但土地的分配比许多欧洲社会更广泛。英国也在发展城市中产阶级，到 18 世纪后期，他们已经占到了人口的 20%—25%，通过参与金融、商业、工业和各种职业，获得了财富和地位。建立绝对君主政体的努力在欧洲大部分地区取得了成功，但在 17 世纪的英国却失败了。1688—1689 年的“光荣革命”限制了王室的特权。从 1689 年起，议会每年召开几个月的会议来批准立法、提高税收，并追究行政部门的责任。尽管非选举产生的上院仍然是一个非常重要的立法机构，但选举产生的下院稳定地成为了更重要的议院，因为它启动了大多数政府政策成功所依赖的所有税收。尽管君主和地主贵族可以利用他们的影响力和赞助来选举下院的很大一部分，但是选民的规模（18 世纪中期大约 25 万男性和大约 20% 的成年男性）在选举大县和更大行政区的议会代表方面发挥了积极作用。[①] 虽然议会主要服务地主阶层的利益，但事实上中产阶级的金融、商业、专业甚至工业利益也可能影响

---

① 关于 18 世纪选举制度的相对开放性，参见 H.T.Dickinson，*The Politics of the People in Eighteenth-Century Britain*，pp.13—55；H.T.Dickinson，“The Representation of the People in Eighteenth-Century Britain”，in *Realities of Representation*，ed. Maija Jansson，Houndmills and New York：pp.19—44；Frank O’Gorman，*Voters*，*Parties*：*The Unreformed Electorate of Hanoverian England*，*1734—1832*，Oxford：1989；and John A. Phillips，*Electoral Behavior in Unreformed England*：*Plumpers*，*Splitters and Straights*，Princeton：1982。

选举产生的众议院的决定。① 很少有穷人能够在议会选举中投票，但是，由于不存在无记名投票，即使没有投票的人有时也会影响这些公开选举的结果。此外，所有主体，无论多么贫穷，都有权向议会请愿，要求纠正冤情，许多人确实这样做了，而且有时也取得了成功。② 因此无论正式与否，政治参与在 18 世纪中期的英国是相对广泛的。

英国资产阶级精英通过加强政治作用来限制君主权威的长期且最终成功的运动，使得在议会的影响下于 18 世纪中叶产生了一种占主导地位的“辉格党”意识形态，它拒绝上层的绝对君主制或下层的暴民统治。这种辉格党意识形态强调混合政府（通过王室、上院和下院等机构将君主、贵族和民主元素结合在立法机构中）和平衡政府的优点，赋予这三个立法机构特定的角色（王室是行政部门的首脑，上院是最后的司法上诉法院，下院发起所有税收）。在英国，人们普遍支持这样的宪法原则，即国家的主权不仅仅在于国王，而且在于国王、上院和下院的联合立法机构中。1688—1689 年“光荣革命”在英国建立的有限君主政体或议会制政体，尽管受到一些批评，但在整个 18 世纪因其在维护法治和捍卫主体自由方面的作用而受到广泛赞扬。君主不再能独自制定法律。国家法律要么是由整个联合立法机构通过的法规制定，要么是由法院通过独立法官或普通主体的陪审团的行动确立的判例制定。所有的人，无论贫富，都在同一法院受到同样的法律管辖，如果被定罪，他们将受到同样的惩罚。任何主体在没有被当地同胞组成的陪审团判有罪之前，都不能受到严厉处罚。

英国人民以生活在一个法治国家而自豪，政治精英根据法治治理国家。到了 18 世纪中叶，几乎所有的英国政治家和政治评论家都把自己视为意识形态中的“辉格党”。③ 人们普遍认为，行政部门对议会负责，议会代表人民，所有主体都是生活在自由国家的自由人。他们或许会不满于宪法在实践中的运作，精英在选举中有太大的影响力，或不同意投票权的扩大，但他们持有广泛的共识，且尽量避免极端政治观点。在接下来的一个世纪甚至更长

① 关于议会中不同利益的代表，见 H.T.Dickinson，*The Politics of the People in Eighteenth-Century Britain*，pp.56—92。

② Peter Fraser，“Public Petitioning and Parliament before 1832”，*History*，46（1961），pp.195—211.

③ 关于辉格党意识形态的定义，见 H.T.Dickinson，“Whiggism in the Eighteenth Century”，in *The Whig Ascendancy*，ed.John Cannon，London：1981，pp.28—44。

的时间里，中低层的政治精英和政治活动家在议会、媒体、政治俱乐部和公开会议上就许多政治问题展开了激烈的辩论，但他们几乎总是在法律和宪法的范围内这样做。这将成为支持（和反对）民主的运动的一个重要特征。此外，精英阶层很少出现严重的权力滥用，人民也很少谋划暴力革命来摧毁他们在政治上反对的人。没有一个人被处决，除非在法庭上证明叛国罪成立，很少人（也只有在非常危险的时期）仅仅因为持有激进的政治观点而被监禁。英国人以摆脱暴政和不公正的压迫而自豪，并相信他们拥有相当大的公民自由。不管他们是否诉诸古老的宪法来对英国自由提出历史要求，不管他们是否通过普遍和不可剥夺的自然权利主张来对自由提出道德要求，他们都始终在宣示他们拥有的生命、自由和财产[①]。这一主张意味着每个人的生命、自由和财产（无论这些财产有多少）都应受到保护，免受任何其他个人或国家的攻击。只有在立法机关作出宪法决定或法院作出法律决定后，这种权利和自由才能被牺牲给当权者。人们还普遍认为，每个人都有权拥有和表明他选择的宗教或政治观点，只要这些观点不是对另一个人的非法攻击或对国家稳定的明显威胁；同样，这些攻击或威胁的实际情况必须通过法律或宪法手段来认定。这些观点是对宗教宽容运动的支持。虽然政治职位的准入可能只限于那些信仰英格兰、苏格兰或爱尔兰国教的人，但所有人都可以自由信奉他们喜欢的宗教，只要这种宗教不被用来颠覆国家。英国的宗教宽容运动与公民事务中对言论自由的要求和新闻自由的发展齐头并进。人们广泛支持自由表达不同的政治观点，只要这些观点没有明确地要颠覆国家。这有利于政治制度，可以兼顾各种各样的观点，而且这也是保护公民自由至关重要的一个方面。到18世纪后期，新闻自由被认为是开放政治制度的重要支撑，也是个人自由的重要保障。[②]新闻有助于确保其他公民自由的存在和拓展，如

---

① John Locke, *Second Treatise on Government*, London: 1690, paragraph 87.See also, H.T.Dickinson, *The Politics of the People*, pp.161—189.

② John Locke, *Letters on Toleration*, London: 1689—1692; J.Steven Watson, "Dissent and Toleration", in *Silver Renaissance: Essays in Eighteenth-Century English History*, ed. Alex Natan, London: 1961, p.19; William Gibson, *The Church of England 1688—1832: Unity and Accord*, London: 2001; *Enlightenment and Religion: Rational Dissent in Eighteenth-Century Britain*, ed. Knud Haakonssen, Cambridge: 1906; and Ursula Henriques, *Religious Toleration in England 1787—1833*, Toronto: 1961.

在全国范围内自由迁徙的权利以及自由结社和自由集会的权利。没有任何重要的声音否认英国人民拥有这些重要的公民自由。甚至保守的评论家，如威廉·布莱克斯通（William Blackstone）和埃德蒙·伯克（Edmund Burke）也承认英国人民有权享有这样的公民自由。

辉格党意识形态认为英国人民有权使用武力来反抗一个残暴的政府，如果这个政府粗暴地、反复地践踏他们的公民自由。使政治精英担心的是，当反叛者没有真正的正当理由时，普通人可能太容易被说服去反叛，因此他们坚持认为人民应该让议会保护他们免受专制政府的伤害，或者认为这种强行抵抗应该是在严重的紧急情况下人民最后采取的手段。他们指出，议会在1688—1689年的革命解决方案中捍卫了人民的自由，相信议会将来也会捍卫他们的自由。如果议会这样做，那么再次的革命就没有必要了。18世纪中期英国政治制度的这些特征，为激进意识形态运动的民主改革发展提供了跳板。

然而即便有着各种各样的有利条件，英国普选权的实现依然是个漫长的过程。今天人们关于任何代议制度的第一个问题是要问它是否民主，但在18世纪的英国，问题在于它是否符合宪法。当时大多数英国人的主要关注点不是所有的成年人在议会中是否被直接有效地代表，而是选举制度能否产生确保行政权力受到限制的代表，以及保障最重要部门的利益。除此之外，议员要服务社会、保护法治、保护民众的自由，对选举他们作为议员的人们负责。在18世纪，大多数英国人对他们的宪法感到非常自豪，认为这是对文明世界的贡献。为了实现这部宪法的美德，必须确保行政权力既不是绝对的，也不是武断的，必须维护法治、保护人民的自由。下院必须捍卫自己的特权，维护君主和贵族的独立，并代表人民的利益。为了在实践中有效运作，一个强大而独立的下院必须作为人民的代表和他们自由的堡垒。[①]整个18世纪，议会选举的投票权仅限于拥有某些财产资格的成年男性。在各郡，选举权由自由持簿农拥有，他们拥有每年40先令（即2镑）的税收价

---

① H.T.Dickinson，*Liberty and Property*：*Political Ideology in Eighteenth-Century Britain*，New York：1977；H.T.Dickinson，“The Eighteenth-Century Debate on the Sovereignty of Parliament”，*Transactions of the Royal Historical Society*，5th series，26（1976），pp.189—210.

值的土地。在自治市镇，选举权的拥有状况则相对复杂，从镇议会的成员，到拥有某些财产和特权的所有自由人，再到支付某些特定当地税率和税收的所有住户，都具备拥有选举权的资格。在18世纪早期，英格兰和威尔士的总选民人数约为30万人，约占成年男性人口的23%。到了18世纪后期，总选民人数增加到大约40万，但由于人口增长，选民人数实际上只占成年男性的17%左右。①较大的英国城镇有数千名选民。在少数几个英国自治市镇中，40%或更多的成年男性拥有投票权，而在大多数自治市镇中，这一比例约为25%。尽管也有大约15%的选民来自较贫穷的社会阶层，从全国范围来看，大多数选民来自中产阶级。②在几乎所有的英国选区中，选民都拥有两票。即使是在最小的选区，当地的贵族赞助人通常也只能获得其中一个选票。选民珍惜他们作为公民的权利，并希望对他们的投票方式进行一些管理。在较小的选区中，选民们期望候选人对他们进行拉票，并以某种方式获得奖励。在较大的选区中，选民们则常常以自己的政治独立为荣。他们可能会反对那些试图操纵选举的赞助集团，甚至反对一位在议会中没有代表选民利益的议员。

有产阶级的精英在主导议会选举方面作出了坚定的努力。在许多小自治区选区中，有产阶级通常可以确保他们的候选人当选，而且在没有民意调查的情况下进行实际竞选。只有少数规模较大的、选民人数达到数千人的郡和自治城镇选区才真正进行了严肃的竞选。议会选举非常昂贵，议员需要大量的财产资格才能参加竞选。根据1711年议会通过的选举法案，郡选区的候选人必须拥有价值600英镑的土地，而自治镇选区的候选人必须拥有价值300英镑的土地。因此，只有富人有资格坐在下院。然而，这些事实并不意味着选民可以完全被强大的当地赞助人或富有的候选人操纵。无论规模如何的选区，其候选人和赞助集团都会向选民示好。在较大的选区中，候选人不得不花费大量的时间、精力和金钱来征求选民的意见，并让选民参加投票。虽然直接贿赂选民的情况极为罕见，但世人皆认为候选人及其贵族赞助人应

① H.T.Dickinson，*The Politics of the People in Eighteenth-Century Britain.* Basingstoke：1994，pp.13—55.

② O'Gorman，*Voters*，*Patrons and Parties*，pp.201—216；and John A. Phillips，*Electoral Behavior in Unreformed England*：*Plumpers*，*Splitters and Straights.* Princeton：1982，pp.176—193.

该将其经济资源、社会地位和政治影响力用于为选民服务。通常的做法是在选区中花钱使选民受益，为建设公共建筑和一些基础设施慷慨捐款，并在困难发生时向慈善机构捐款。在可能的情况下，候选人和赞助者还应该帮助他们的选民获得政府的小职位、土地和财产的租赁合同以及进入当地学校和医院的机会。这些人没有把选民视为卑躬屈膝的附庸者，而是寻求通过巧妙地运用他们的赞助和影响来获得选民们的感激之情。明智的赞助者和候选人试图通过使用他们的机智和精心准备来影响选民。任何在选举后忽视选民的议员都很难在下次选举中保住自己的席位。

当需要进行投票时，选民可以期待获得相应的利益和好处，以换取候选人所期望担任的政治职务。选民被免费运送到投票处，并提供食物和饮料，甚至住宿。如果选民自己前往投票，他们的误工费和路费还可以报销。在较大的选区，有争议的选举可能持续数天，有时甚至长达两周。由于投票是公开的，每次投票都必须口头表达，这些选举可能会吸引那些甚至没有资格投票的激动的观众。这样的选举成了一场精彩的公共表演，甚至是一场充满感情的戏剧活动。音乐、肖像、枪支礼炮、烟火表演、篝火以及大量的饮食可以使整个社区活跃起来。议会选举吸引了大量的人群，从而成为一场场游行和庆祝活动。有时，这种选举活动也可能会因为参与的人数太多而失控并沦为暴乱。

18 世纪的头三十年和最后三十年是有争议选举最多的时候。在大多数有争议的选举中，选民主要关注当地问题，他们希望议员在必要的时候代表他们在议会维护地方利益。大多数议会立法都是关于地方问题的，因此各选区希望他们的代表对可能直接影响当地社区的立法加以密切的关注。① 议会的议题很少会涉及事关国家利益及安危的话题，除非政治精英本身在意识形态、宗教或政党路线上严重分裂，或者当国家在国内或国外面临重大危机时才有可能出现。在精英因为这些问题分裂时，选民手中的选票对互为竞争对手的候选人所具有的价值超过正常水平，从而可以获得更多的利益。紧张的

① *House of Commons Sessional Papers of the Eighteenth Century*, Sheila Lambert ed., 2 vols., Wilmington: DEL, 1975—1976; and Frederick H.Spencer, *Municipal Origins: An Account of English Private Bill Legislation Relating to Local Government, 1740—1835*. London: 1911, pp.38—41, 65—69.

政治局势也让较大选区的选民更加独立于拉票的执政精英。选民期望他们在下议院的代表能够为地方争取更多的利益。到了18世纪末期，大约30或40个大选区的选民已经准备好投票支持独立甚至政治激进的候选人。

2. 代议制改革中的民族与宗教问题

在代议制的问题上，相对于阶级性，英国的议会在18世纪首先实现了民族与宗教界限的突破。苏格兰与爱尔兰的代议制问题被陆续解决。苏爱两地区代议制问题的提出与解决和英国的对外战争有着密不可分的重要联系。军事扩张会加剧国家的财政负担，而对财政的不满可以以地区为单位来表达。这给国家的定型带来非常不利的后果。英国征收财政和征集人力可能导致中上阶层和小资产阶级控制的阶级暴动，这在17世纪三四十年代已经集中爆发过。以地区为基础的不满则很有可能导致地方贵族的起义甚至脱离运动。构建地方的政治代议权和阶级的代议权是同等重要的。1707年的《联合法令》涉及苏格兰的立法合并问题。自克伦威尔共和国政权倒台至18世纪初，英国对外参与了两次重大战争，一是奥格斯堡同盟战争，一是西班牙王位继承战争。这两次战争期间，王位联合总是优先为英格兰的需求服务。为了保障对外战争的胜利，君主总是力求将苏格兰变成一个稳定的、最好是不出声的地区，并且还要全力支持英格兰的对外战争，比如提供军队和赋税。承担了各种各样的义务却没有得到对应的报酬，达连湾事件使得苏格兰在王位联合体系中不平衡感愈发加深。苏格兰人首先将矛头指向英王威廉三世，因为国王也曾要求英格兰国民不得认购苏格兰公司的股份，并且拒绝提供海军为苏格兰公司护航。威廉三世之所以这么做主要是想维持和西班牙的同盟关系，以此来制衡法国。苏格兰指责最多的则是整个英格兰。苏格兰人认为英格兰议会胁迫新国王，作出一系列对苏格兰不利的决策。在一片浓厚的反英情绪氛围下，支持威廉三世的议员已经很难控制苏格兰的议会。为了扭转危机，英格兰政治家认为只有与苏格兰合并才能彻底解决问题。对于18世纪初的英格兰来说，与苏格兰的联合更多的是为了国家安全。解决苏格兰地区的代议权既不是为了从苏格兰获取经济利益，也不是出于民族感情。从帝国的扩张角度，苏格兰的人力才是最具有吸引力的。一旦与苏格兰联合，就意味着一下子获得了数十万可以保卫国土与海洋的人力。统一的不列颠更是保障英帝国对外扩张的重要政治基础，自此苏格兰再也不会成为法国等国入侵英格兰的跳板。

1707 年《联合法令》的签订使英国代议制度的范围主要实现了两个维度的突破：一是民族，二是宗教。自此，英国议会（严格应该称其为大不列颠议会）不仅仅代表英格兰，苏格兰方面也可以派遣 45 名议员和 16 名贵族分别进入新的下院、上院。英国议会成为英格兰和苏格兰两民族的共同权力载体。1707 年《联合法令》不仅打破了英国议会中民族的界限，也打破了国教与非国教的界限。英格兰自亨利八世新教改革之后一直以圣公会即安立甘宗作为国教，而苏格兰自约翰·诺克斯新教改革之后则以长老教为主要信仰。英格兰圣公会并不否定加尔文宗的大多数理论，而苏格兰长老会也一直或多或少地保留着主教制度。但是在整个 17 世纪，宗教问题一直是英格兰和苏格兰双方矛盾的重要根源，并因此爆发了众多冲突乃至战争，比如 1638 年苏格兰主教战争以及英国第二次内战。只要宗教的分歧依然存在，双方进行议会的联合似乎就存在着巨大的障碍。然而经过近一百年的实践，英格兰和苏格兰双方逐渐认识到议会联合的本质是一种世俗性质的联合而不是宗教的联合。“光荣革命”之后，英国议会颁布了《宗教宽容法》，规定只要反对天主教、承认《三十九信条》的教徒就可以自由信仰自己的教义。这意味着长老会、浸礼宗以及公理宗等教派获得了自由。这也在很大程度上解除了新议会议员宗教身份的限制。议会联合本身也促进了英格兰和苏格兰的世俗化。在 1707 年之前，苏格兰社会一直认为苏格兰是上帝的国家，因而保障宗教理念的一致性是义不容辞的义务。16 世纪的苏格兰宗教改革者约翰·诺克斯曾经说过苏格兰的教会是世界上最纯洁、改革最为彻底的教会，因而不列颠的宗教联合就应当采用苏格兰的模式。① 1707 年后，尽管是被迫的，但苏格兰人民也逐渐接受了在大不列颠内部宗教多元化的现实，苏格兰教会仅仅是其中的一员。不久之后，苏格兰人甚至开始认识到即便在苏格兰内部，宗教也是多元的。同时英格兰人对安立甘宗的态度也在逐渐转变着。1689—1707 年期

① David Laing, *The Works of John Knox*, *Vol.2*, Edinburgh: Johnstone and Hunter, 1864, p.264.

间，尽管在一定程度上接受了宗教宽容的现实，但是从内心深处，英格兰人依然认为只有安立甘宗才是大不列颠的国教。而1707年以后，英格兰人也接受了一个国家存在两种教会的现实。这在一定程度上削弱了安立甘宗的全民性色彩。

1707年的议会合并为近一个世纪后爱尔兰议员的加入做了有力的铺垫。在英爱合并的问题上，英帝国对外战争所造成的压力同样是推动英国议会立法合并爱尔兰的重要原因。正如17世纪苏格兰的状况一样，爱尔兰的内外政策长期附属于英格兰，但其利益却一直遭到忽视。1775年开始，随着英国与北美殖民地关系的恶化，爱尔兰的对美商业利益也严重受损。爱尔兰不能再向北美殖民地出口棉纺织品，导致爱尔兰有近三分之一的棉纺织工人失业。1776年，大不列颠枢密院颁布命令："爱尔兰港口只能出口大不列颠所需的牛肉、猪油、黄油以及熏肉。"[①]1777年，枢密院又下令爱尔兰运送食品货物的船只必须在皇家军舰的护卫下进行，这实际上将爱尔兰的商业置于英国的严格监管之下。这一系列禁令所限制的对象是所有的爱尔兰籍农民、畜牧者及地主，因而在全爱尔兰范围内受到强烈抗议。从某个角度来看，爱尔兰人和苏格兰人一样都是对外战争的受害方。18世纪初，很多苏格兰士兵都参加了马尔博罗指挥的西班牙王位继承战争。但是按照官方的宣传，苏格兰的几位指挥官比如阿盖尔和奥克尼都获得了和英格兰军官同等的待遇。长期以来，英国政府出于反天主教意识形态的考虑，一直对招募爱尔兰士兵抱有疑虑。但是到了18世纪末，在对外战争方面，北美和法国的敌人已经世俗化，宗教不再是地缘政治的威胁。爱尔兰天主教士兵在战时显示了对大英帝国的忠诚。然而，忠诚并未给爱尔兰带来平等的地位。为了配合英国镇压北美殖民地的革命，爱尔兰本来就加大了军队的征集，开支大大增加。纺织业和食品业的萧条使爱尔兰更加陷入了严重的财政困境。为了支援北美战争，爱尔兰截至1792年一共派出了近10万人的志愿军。[②]在爱尔兰兵力空虚的

---

① Hely-Hutchinson, John, *The Commercial Restraints of Ireland Considered*. Dublin: printed by William Hallhead, 1779, p.220.

② Canny, Nicholas P., *Europeans on the Move: Studies on European Migration, 1500—1800*, Oxford: Clarendon, 1994, p.98.

情况下，如果欧洲的大国如西班牙或法国进攻大不列颠的话，爱尔兰极有可能成为入侵的跳板。爱尔兰在保卫国土安全和对外战争中的重要作用成为爱尔兰民族主义者与英国当局进行政治谈判的重要筹码。为了稳定平复爱尔兰人的不满情绪，英国议会于 1783 年通过法案，承认爱尔兰议会具有独立的立法权。但是，立法独立并没有从根本上解决爱尔兰问题。

法国大革命以及随后的反法战争加剧了爱尔兰危机，使独立运动愈演愈烈。自法国大革命爆发之后，爱尔兰人就对其抱有极大的关注。爱尔兰报纸每天以大量的版面报道革命的进展。舆论对革命带来的政体变革、宪政原则大加赞赏。有四种报纸再次重印了潘恩的《人的权利》。在法国国王和王后被处死后，北爱尔兰地区竟然有很多人要求支援法国以抵制外来势力的干涉并保卫新的共和国政权。对于爱尔兰的一些保守改革派来说，即便他们对法国大革命带来的一些无序感到担忧，但是依然对革命产生的新变化表示赞赏，比如更大范围的选举权、废除什一税、宗教平等。① 以小皮特为首的一些官员察觉到了暴乱的危险，因而准备对爱尔兰人作出一些让步，比如逐步减少对天主教徒的限制。无论是在不列颠还是在爱尔兰，皮特的目标都是一样的，即维持国家的团结状态以应对大革命可能造成的潜在威胁。但是 1791 年，大革命带来的危险还不是特别明显，再加上皮特保守主义的行事方式，天主教徒的解放问题以一种十分缓慢的速度进行着。然而对法国的军事行动大大加重了爱尔兰的经济负担。1793—1799 年期间，爱尔兰政府开支的七成被用于军事方面。② 1798 年，爱尔兰天主教徒爆发起义，这使得英国当局开始考虑以立法合并的形式解决爱尔兰问题。但是由于天主教的特殊性（不属于新教），爱尔兰人的选举权和代议权实际上是分开解决的。随着 1800 年英爱《合并法案》的签订，爱尔兰天主教投票的限制条件已经解除。但根据英国的法律，天主教徒仍不能进入议会担任议员，这依然将爱尔兰人排斥在联合王国的权力圈之外。爱尔兰人难以像英格兰人和苏格兰人那样在国家大政

---

① J.C.Beckett，*The Making of Modern Ireland 1603—1923*，London：Faber and Faber Publisher，1981，p.246.

② Alvin Jackson，*Ireland*，*Scotland*，*and the Survival of the United Kingdom*，*1707—2007*，Oxford：Oxford University Press，p.78.

方针的制定和执行方面提出自己的意见。由于拿破仑战争的进行，天主教徒的解放问题一直处于搁置状态。1815年之前，辉格党和托利党两派一直遵循着君子协定，年复一年地推迟天主教徒问题的解决。拿破仑战争结束后的一次政治事件使英国政府不能再回避天主教徒的选举问题。辉格党也借爱尔兰天主教问题攻击托利党政府。当时爱尔兰天主教协会的领导人奥康内尔当选议会议员，但根据法律他是不能进入议会的。如果英国政府拒绝给予奥康内尔的议员身份以合法地位，爱尔兰很有可能会爆发革命。直到1829年《天主教解放法案》通过，爱尔兰才在事实上获得了与英格兰和苏格兰相同的选举权和代议权。从之前的历史来看，1707年大不列颠议会的建立使英国人逐渐接受了一种类似联邦式的民族及宗教价值观。宗教理念不再成为阻碍政治改革的决定性因素。继续将爱尔兰排斥在英帝国主体之外，对内可能导致爱尔兰的分裂，对外则不利于英帝国的继续扩张。另一方面，立法合并也使得爱尔兰的天主教议员融入英国的两党政治体系中去，他们和苏格兰籍议员共同对国家大政方针的制定发挥影响。

3. 18世纪关于选举权资格的争论

英国选举权的扩大是一个长期的过程。虽然18世纪英国的选举制度绝不是民主的，但它更加开放，而且肯定不像人们常说的那样腐败。它的确有不少批评者，主要是在18世纪晚期，但在整个世纪，它被绝大多数政治精英、大多数有产阶级以及大量公众强烈捍卫。毫不奇怪，由有产阶级主导的社会等级制度已准备好捍卫一个代表财产利益的选举制度。大多数18世纪的政治评论家认为，英国宪法为人民提供了一个基于契约的政府。在这样的框架下，法治得以确立，人民不会遭受任意的暴政。宪法也是合法的，因为英国拥有一个代议制机构，是主权立法机构必不可少的组成部分。下院以投票的方式通过财政拨款。没有拨款，政府就无法履行职能，议会对财政的控制使它能够影响政府政策的执行。这种权力还使下院能够约束和判断行政部门的行为，使立法能够在一定程度上反映民众的利益，代表人民表达对当权者的不满，维护民众的自由和财产。当时的政治评论家吹嘘英国人是“地球上最聪明、最伟大的人”，他们生活在“世界上最安全和最好的政府”之下，因为他们选择了那些致力于管理和保护他们的生命、自由和财产的人。[1]经常提到的英国宪法是基于自由人民的同意。政府的指挥权主要取决于人民最直接的意见，因为下院议员是由那些在议会选举中拥有宪法权利的人选举产生的。

当时的人们当然认为下院是英国混合政府与平衡宪法中的民主元素，但这并没有使所有人都支持这种选举制度。即便人们认为政府是为了受治理者的利益而设立的，但这并不能得出所有人都应该参与选举过程或者他们都需要直接代表下院的结论。对政府行为的认同可能是含蓄的而不是明确的。最重要的不是选民的数量，而是所选立法者的素质。至少在18世纪后期，人们普遍认为那些没有休闲时间、教育背景和财产的人不能被选举为代表并完成宪法赋予的任务。议员的任务是让行政部门负责，纠正民间的不满，并投票通过法案。穷人没有受过教育，对政治知之甚少。他们容易被强者控制，或者太容易被品行不端的人影响甚至利用。对于一些政治评论员来说，大众的声音是一种不应该听到的声音："人民的声音是来自地狱的呐喊，导致偶像崇拜、叛逆、谋杀以及魔鬼所能提出的所有邪恶要求。"[2]在埃德蒙·伯克看来："完美的民主是世界上最可耻的事情。因为它是最无耻的，它也是最无畏的。"[3]更多的评论员反对普选权，理由是穷人没有自己的意志，因为他们依赖地主、主人或雇主的意愿。威廉·布莱克斯通在其著名的《英国法律评论》中认为，理论上所有人都对选举权提出了要求。但在实践中，布莱克斯通又认为大多数人不能行使这一权利。他担心没有财产的人很可能会不负责任地行使选举权：如果这些人有选票，他们会被人诱惑在一些不正当的影响下处置手中的选票。这将使一个地位高的、狡猾的或富有的人在选举中获得的份额大于以往自由制度下的得票份额。如果真有可能每个人自由地投票，并且没有任何形式的影响，那么，根据真正的自由原则，社区的每一个成员，无论多么贫穷，都应该投票选举他们的代表。这些选民应该对自己的

---

① John Phillip Reid, *The Concept of Representation in the Age of the American Revolution*, Chicago: 1989, p.11.

② Francis Atterbury, *The Voice of the People, No Voice of God*, London: 1710, p.6.

③ *The Writings and Speeches of Edmund Burke*, Vol.VIII: *The French Revolution 1790—1794*, ed. L.G.Mitchell, Oxford: 1989, p.144.

财产、自由和生命的处置负责。但实际上，真正的民主对那些赤贫的和隶属于强者的人群是不适用的。所有当下的国家都应该建立某些资格认定标准，使一些没有独立意志的人被排除在投票之外。①

毫无疑问，人们普遍担心未受过任何教育的穷人掌握的选举权将导致政治的无政府状态，因为穷人更可能会被危险的煽动者误导，或者过于习惯使用暴力来抓住来之不易的财产。穷人没有“学习知识的时间以及相应的洞察能力、不懈追求最美好事物的毅力，以及任何有效的手段来抵御少数人的权力”。② 如果这些穷人能够影响选举结果，那么所有的秩序都将被颠覆，无政府状态将占上风。不少人声称绝对或完美的民主永远不会产生稳定的政府并保障财产的必要安全。一群莽撞、不体谅和贪婪的暴徒会投票支持那些希望诉诸暴力夺取财富、地位的人。因此，选举权必须限于具有独立人格的人，以确保下层民众不能仅凭借庞大的数量决定谁代表下院的人民。一位下院议员对此曾经有过这样一段论述：“当我们谈论有关选举的人时，我们应该只考虑那些品阶高的人士，而不该去管暴徒或纯粹的渣滓；只包含有产阶级的选举才能是自由的、没有腐败的，虽然这些选举似乎是受到反对的，但如果选民受到恐吓并被迫按照一群游荡的低级民众的指示进行投票，那么选举将远非自由。”③

英国宪法的大多数维护者认为，下院代表的是财产而不是人。这些人认为政府的建立主要是为了保护财产。他们指出，征税的对象是各种各样的财产而不是人。财产被视为财富、地位和权力的基础，因此一个人的政治影响力应与其财产的数量成正比。按照这样的逻辑，君主拥有最多的财产，从而拥有比任何其他个人更大的权力。贵族拥有较多的财产，他们应该成为上院议员并直接成为立法机关的一部分。对于宪法维护者来说，下院的成员代表了贵族阶层以下的财产所有人。政治压力也是来自有产阶级，因为财产使人有能力充当自由和独立的政治代理人。穷人对世界的事情一无所知，长时间

① William Blackstone, *Commentaries on the Laws of England*, Oxford: 1775, p.171.

② *Three Letters to Dr Price*, London: 1776, p.84.

③ Henry Fox in the House of Commons, 9 March 1742, in William Cobbett ed., *Parliamentary History of England*, XII, London: 1812, pp.463—464.

的劳动只是为了生存，他们依赖的地主、主人和雇主才能充当自由、独立和负责任的政治代理人。另一方面，财产人拥有独立的身份，他们有闲暇去提高对世界及公共事务的认知水平。财产人的活动有助于增加国家的财富和实力，他们可以在行使选举权的同时适当考虑到自己和整个国家的利益。拥有财产使一个人与他的国家绑定在一起，并给予他一种永远努力进行保护的利益关联。因此，选举权永远不应该赋予小业主以下的阶层。

在讨论那些作为下院人民代表所需要的品质时，宪法维护者更加强调拥有财产，特别是土地财产。有资产的选民经常被告知选举劳苦大众作为他们代表的危险："他们缺乏审议国家重要事务的能力，缺乏财富从而难以抵抗皇室官员对他们用房产或年金等方式进行的拉拢腐蚀。"① 鉴于立法议会有可能受到的威胁，英国选民被告知："一个国家的代表，应该由最聪明、最富有、最清醒、最勇敢的人民组成，而不是那些有着平庸精神，渺小的、肮脏和易冲动的人。这些人会出卖选择他们选民的利益，而使他们自己获得升迁；或者为了获取职位成为一些强者的马前卒。"②

地主阶层被认为是这个国家的中流砥柱。地主阶层受到良好的教育，对地方、国家乃至国际事务都有所了解。因为他们是靠自己收取的租金而不是劳动力生活，所以他们可以自由地将时间用在履行公职上。如果忽略了这些职责，他们所遭受的指责会比他们在议会上遭受的指责更甚。③

那些继承或购买了大量土地的人通常会给选民一个保证：他们不会在发生严重紧急情况时逃离国家，而是会时刻准备勇敢地战斗以保护他们的不动产。这种信念、独立性和人格的完整性主要体现在地主阶层身上。这些观点都导致了 1711 年《土地资格法》的通过。该法案规定了代表下院人民候选人必须具备的最重要资格：土地财产。就在此法案通过的 75 年后，诺斯勋爵告知下院：下院应该始终掌握在国家绅士的手中，他们无疑是人民信任的、最佳和最可敬的代表。他们具有无私、美德、公共精神这些优良品质。

---

① Adam Ferguson，*An Essay on the History of Civil Society (1767)*，Duncan Forbes ed.，Edinburgh：1966，pp.186—187.

② Henry Cave，*English Liberties：Or，the Free Born Subject's Inheritance*，London：1700，p.76.

③ Matthew Wheelock，*Reflections Moral and Political in Great Britain and Her Colonies*，London：1770，p.12.

他们的教育生活状况比任何其他人更适合担任议会议员；此外，他们毕竟在这个国家拥有最大的利益。商人们可以去其他地方谋生，但是农村的绅士绝对不能放弃他的祖国，因为他不能随身携带他的财产。[①] 虽然大多数议会选区都是城市定居点而不是农村，但这种偏见有利于作为人民代表的地主阶层，确保了大多数自治市将绅士送往议会。人们对于坐在下院的金融家、商人和制造商存在相当大的偏见，因为在发生国内危机时，这些可动产的所有者可以更容易地将其财富转移到国外。因此，只有少数代表来自这些阶层。在这种情况下，金融家、商人和制造商只好被迫购买地产以作为对选民的保证：他们不会在紧急情况下逃离。随着英国在18世纪日益发展成为一个商业国家和制造国，一些不同的声音提出也该让拥有不同种财产的人在下院中获得更多的席位。埃德蒙·伯克是第一个明确表达此观点的人，他认为议会应该代表的不仅仅是地主，甚至不仅仅是商人和制造商。如果拥有其他财富和影响力的人在下院没有直接代表，他们会对目前的宪法安排感到不满。[②]

由于贵族赞助人的有力影响，少数如伯克这样具有才能却没有太多财产的人也可以被带入下院，但绝大多数议员都是拥有大量财产的人。这些议员是少数也拥有财产资格的成年男性选入议会的。这远非一个民主的代议制度，但其维护者依然坚称所有英国人以间接的形式都在下院被代表了。在议会有资格进行投票的有产阶级成年男性不仅代表了自己的利益，也代表了他们的妻子、子女、仆人、租户和雇员的利益。从范围来看，只要候选人符合资格，在乡村、一般的城镇和自治市都可以开展选举活动。此外，即便一个大城镇在议会中没有直接代表，也不意味着它对下院的决定没有任何影响。诺德勋爵声称，没有人会相信像伯明翰、利兹和曼彻斯特这样的大城镇的利益对下院议员的重要程度会低于旧法鲁姆这样的小行政区。然而这种说辞并没有太大的说服力，许多无代表权的城镇非常积极地支持压力团体运动。通过运动，无代表城镇居民的意见和利益诉求愈发受到议员的注意，但这些议

---

① Lord North in the House of Commons，18 April 1785，in William Cobbett ed.，*Parliamentary History of England*，XXV，London：1815，p.461.

② Edmund Burke，"Thoughts on the Cause of the Present Discontents"（1770），in *The Writings and Speeches of Edmund Burke*. Vol.II：*Party*，*Parliament and the American Crisis 1766—1774*，ed. Paul Langford，Oxford：1981，p.310.

员并未直接代表这些城市的利益。①

在整个18世纪，宪法的维护者都在不断重复：每个议员代表所有英国人民，而不仅仅是他们所代表的特定选区。下院议员不仅被视为代表投票支持他们的人，而且也代表投票反对他们的人，甚至还代表那些没有投票权的人。②一旦一名男子当选议员，他就不再是他个人选区的代表，而是成为一般人民的代表。换句话说，英国的每个人不仅由他所居住的选区选举的议会议员代表，更是由整个下院代表。③因此，某些城镇是否有代表，或者特定个人是否拥有选举权，都无关紧要。如果议员代表国家的所有地区以及足够多的选民团体，那么下院可以合法地声称它代表整个王国和整个民族的利益。议会成员由成年男子选择，但一旦当选，他们也代表全国所有妇女、儿童和穷人。只有认识到这种虚拟代表的概念，才能有一个政治共同体、共同的利益、一种同情心以及一般人民和议会代表之间的信任态度。在下院任职期间，议员是作为一个整体通过法律提高他们以及全体民众的税收的。

下院是一个统一的机构，所有成员都代表着全体人民的共同利益。每个成员都有权就全国范围内的某个问题进行投票，而不仅仅是对影响他自己选区的那些问题进行投票。每个成员都为所有人的利益服务，而不仅仅是他的选民的特殊利益。下院被描述为一个审议机构，所有成员都可以根据自己的独立判断尽其所能。选民有权在议会中选出他们的代表，并在随后的选举中将他们赶下台。但议员在下院为全国服务时，选民无权控制他们的活动。在1774年11月3日布里斯托尔的议员选举结束时，埃德蒙·伯克向集会选民宣布：议会不是来自敌对阵营的集会，代表之间相互拆台，为各自利益唇枪舌剑；相反地，议会是一个代表国家的审议大会，代表民族和国家的整体利益，而不是某个地方。引导议会的不是地方的喜好，而是公益。当你选择了

① Lord North in the House of Commons, 16 June 1784, in Cobbett ed., *Parliamentary History of England*, XXIV, London: 1815, p.988.

② William Pitt in the House of Commons, 7 May 1783, in Cobbett ed., *Parliamentary History of England*, XXIII, London: 1815, p.831.

③ John Young, *Essays* (2nd edn). Glasgow: 1794, p.78. See also H.T.Dickinson, *Liberty and Property*, pp.281—284.

一名议员时，他不是布里斯托尔的议员，他是议会的议员。[①]

下院的独立性优先于人民的意愿，因为人民的自由决定于其代表的独立性。虽然选民可以向议会代表提供建议，但他们没有宪法权利来指导或约束议员采取特定的行动方针。任何试图对议员施加影响的行为都会剥夺议员的个人独立性，并摧毁他们作为全国代表的品格。事实上，这将妨碍他们为整个民族服务。[②] 正如议员杰里迈亚·戴森宣称的那样："我认为，根据指示命令行事的代表与人民选举出的代表之间存在着最根本的区别。"[③]

当有批评者谴责选举制度不平等、不公平和不合理时，其辩护人会指出它在实践中的运作情况。如果仔细审查下院的组成情况，那么可以清楚地表明，不定期的选举制度产生了极好的结果。在议会议员中，可以发现存在不少拥有巨大财富、地位高、能力出众的人物。这些人最有资格制定法律、征税政策和促进公共福利。由于可以清楚地表明杰出的人被选在议会任职，因此实际选举代表人民议员的方式并不重要。辩护者声称，对议员进行仔细审查会发现，代表大的郡县和人口较多的自治市的议员很少在立法机构中脱颖而出，而商界的主要人物和最优秀的演说家往往是由较小行政区选出的。

英国 18 世纪贵族宪法的捍卫者相信，任何朝更民主方向的代议制改革都会破坏国家的混合政府和宪法的平衡。英国第一任首相罗伯特·沃尔波尔向下院提出建议："在我们制定的所有规定中，就宪法而言，我们要防止过多地投入那种被称为民主的政府形式。"[④] 同时期支持政府的报纸向更广泛的国民宣布：人民没有对抗或高于立法机关的权力，因为在宪法得以保留的同时，存在于人们集体中的原始力量在议员的身上完全地失去了。从而，如个人有权将自己的意见强加给议会的话，那就是改变了政府的根本性质，将其变为一种民主或民众状态。

---

① Edmund Burke, "Speech at the Conclusion of the Poll, 3 November 1774", in *The Writings and Speeches of Edmund Burke. Volume III: Party, Parliament, and the American War 1774—80*, W.M.Elofson and John A. Woods eds., Oxford: 1996, p.69.

② Lucy S.Sutherland, "Edmund Burke and the Relations between Members of Parliament and Their Constituents", *Studies in Burke and His Time* 10 (1968), pp.1005—1021.

③ Jeremiah Dyson in the House of Commons, March 1769, in *Sir Henry Cavendish's Debates of the House of Commons*, J.Wright ed., London: 1841, I, p.280.

④ Sir Robert Walpole in the House of Commons, February 1734, in Cobbett ed., *Parliamentary History of England*, IX, London: 1811, p.473.

在18世纪早期，基本没有人希望将英国变成一个民主国家。相反，有一种强烈而持久的努力，将国王、上院和下院列为国家的主权当局。在18世纪60年代，著名的宪政律师威廉·布莱克斯通明确反对约翰·洛克在其《政府论》第二文中表达的著名主张：即使在公民政府成立之后，该地区的主权权力也在人民中间。布莱克斯通坚持认为，每个有秩序的国家都必须有一个至高无上、绝对的、不受控制的、不可抗拒的权威。他认为，根据英国宪法，英国的主权权力提交给了国王、上院和下院。布莱克斯通的结论是："在英国宪法有效期间，我们可以冒昧地确认，议会的权力是绝对的，没有人拥有对它的控制权。"① 在接下来的几十年里，布莱克斯通的观点受到激进派的挑战。这些人认为英国国家的主权及权威与英国人民是一体的，但这种思想在议会内部或有产阶级精英中几乎得不到支持。伯克明确地告诉下院他反对这种激进的主张："人民的主权是最虚假、邪恶和恶作剧的教义。如果大多数公众不是按重要性，而是通过所谓感人的故事，那么无知之徒、狡诈之徒和邪恶之徒将会当选。在平等和人民主权被采纳为政府统治原则的那一刻，财产的自由将会终结，而从财产中产生的宗教、道德和法律将随之消逝。"②

截至18世纪60年代，对代表制度民主化政治改革的激进要求没有得到推进。不过在此之前，也存在一些政治运动致力于降低王权和贵族对下院的影响。许多批评者坚称，皇室和贵族的庇护制破坏了下院的独立性，他们对选民及其代表的影响也破坏了人民的自由。为了削弱这种影响，激进派开展了一些群众运动，以减少参加议会的王室官员、地方官员和养老金领取者的数量并增加大选的频率、减少选举舞弊。③ 在下院，罗伯特·沃尔波爵士的主要反对者威廉·普尔特尼警告议员："可以肯定的是，这个国家的自由取决于议会选举的自由；如果行政人员对王国中的大多数选民施加影响，让人

---

① Blackstone, *Commentaries*, I, p.162.

② Burke in the House of Commons, February 1793, in Cobbett ed., *Parliamentary History of England*, xxx, London: 1815, 554—555.

③ G.S.Holmes, "The Attack on 'the Influence of the Crown' 1702—1716", *Bulletin of the Institute of Historical Research* 39 (1966), pp.47—68; John Toland, *The Danger of Mercenary Parliaments*, London: 1698, p.7; and Daniel Defoe, *The Original Power of the Collective Body of the People of England, Examined and Asserted*, London: 1702, p.14.

们选择或推荐他们想要的候选人，那么下院中绝大多数是这些人的宠物，民众又能从这些代表那里可以得到什么呢？”①

为了确保议员能够为国家和人民的真正利益服务，政府批评者经常敦促选民去选举那些独立于行政部门影响的候选人。一些政治评论员则更进一步，声称选民指示他们的代表就下院提出的某些问题行事是完全合理、合法以及合乎政治传统的。② 在18世纪后期，一些激进分子甚至试图在竞选中强迫候选人给出承诺。例如，1774年，伦敦市选举候选人被要求作如下保证："我们郑重承诺绝不接受王室或其官员的房屋、养恤金、物品所有权、酬金等一切形式的贿赂；我们承诺在所有场合都遵循我们的选民的指示。"③

在同年的布里斯托尔选举中，埃德蒙·伯克的同伴亨利·克鲁格采取了与他著名同僚截然不同的方式。克鲁格承认他的布里斯托尔选民确实有权指导他如何在下院投票："我认为选民有权指导其代表。就本人而言，我始终认为在议会中我的职责是遵循选民的忠告和指示。我会认为自己是选民的仆人，而不是他们的主人。我屈服于他们的意志，而不是优于他们。"④ 在此之前，行政机构的批评者开始要求自由、公平和频繁的选举。从18世纪30年代开始，有人建议通过将议会席位从小的衰败选区转移到较大的郡和人口不断增长的城镇来消除选举腐败。伦敦、威斯敏斯特和米德尔塞克斯需要更多的议会席位。伯明翰、曼彻斯特和利兹等城市也需要更多的代表权。⑤ 通过增加拥有大量选民的选区数量，皇室和贵族的影响将会减弱。这将使下院更加独立于行政部门，从而更能够代表人民的利益。然而，诸如此类的改革不一定使选举制度民主化，因为仍然只有少数成年男性才能获得选举权。直到

---

① William Pulteney in the House of Commons，14 March 1733，in Cobbett ed.，*Parliamentary History of England*，VIII，London：1811，p.1325.

② Instructions sent to MPs in 1742. in ibid.，xii，London：1812，pp.416—427；Paul Langford，*The Excise Crisis*：*Society and Politics in the Age of Walpole*，Oxford：1975，pp.47—57；*The Electors Right Asserted*，London：1701，pp.1—24；*A Hint upon Instructions from the Electors to Their Representatives in Parliament*，London：1742；*A Letter to the People of Great Britain*，*on the Present Alarming Crisis*，London：1771，p.45；John Towers，*A Letter to Dr. Samuel Johnson*，London：1775，pp.22—23；*The Works of John Jebb*，John Disney ed.，3 vols.，London：1787，II，pp.460—461，463.

③ *The London Chronicle*，1—4 October 1774.

④ *Bristol Journal*，5 November 1774.

⑤ Daniel Defoe，*The Freeholders Plea against Stockjobbing Elections on Parliament Men*，London：1701，pp.16—18.

18 世纪 60 年代兴起的运动才开始扩大选举权的范围，以便真正努力使下院更能代表广大人民。

洛克的理论在 18 世纪早期取得了有限的进展，但到了 18 世纪 70 年代，在美国革命的影响下，少数英国激进分子开始重申主权在民的观点。理查德・普莱斯是政府美国政策的坚定批评者，他宣称：所有的代议权都应该被限制。如果说立法机关是无所不能的，那这种能力应该根植于其来源所在地：人民之中。因为人民的缘故，政府成立了；他们是唯一的真正无所不能的群体。① 到了 18 世纪 90 年代，更先进的英国激进分子坚持认为，人民的主权意志应该在宪法的制定、运作和对其作出的任何修改中得到积极和不断的表达。② 为了有效和持续地监督行政部门和立法机关的行为，整个人民需要拥有广泛的政治权利并完全控制他们在议会的代表。

越来越多的学者提出，在约翰・洛克《政府论》的第二篇论文中，虽然他为所有人的积极政治权利辩护，但他并没有明确说明给予所有成年男性选举权。在强调所有人自然平等的同时，洛克被认为含蓄地承认所有人拥有投票的权利。③ 唯一被他排除在获得选举权之外的成年男性是奴隶和疯子。④ 其他学者在承认洛克的第二篇论文隐含激进主义的同时得出结论：他可能满足于将选举权限制为独立的财产人所有。⑤ 这些人指出洛克同时代的许多激进思想家，包括阿尔杰农・西德尼、詹姆斯・蒂勒尔、约翰・托兰和约

---

① Richard Price, *Observations on the Nature of Civil Liberty* (7th edn.), London: 1776, pp.15—16. See also [Obadiah Hulme], *An Historical Essay on the English Constitution*, London: 1771, pp.4—7; *Resistance No Rebellion*, London: 1775, pp.12—13.

② Richard Price, *A Discourse on the Love of Our Country* (London: 1790), pp.26—35; Thomas Paine, *Rights of Man* (London: 1791—1792), Henry Collins ed., Harmondsworth: 1969, pp.111, 142, 146, 150—152, 165—166, 213; and *The Birthright of Britons* (London: 1792), pp.120—123.

③ James Tully, *A Discourse on Property*, Cambridge: 1980, p.173; Richard Ashcraft, *Revolutionary Politics and Locke's Two Treatises of Government*, Princeton: 1986, chap.11.

④ Grant, *John Locke's Liberalism*, chaps. 5—7; Ashcraft, *Revolutionary Politics*, pp.578—584; Judith Richards, Lotte Mulligan and J.Graham, "'Property' and 'People': Political Usages of Locke and Some Contemporaries", *Journal of the History of Ideas*, 42 (1981), pp.29—51.

⑤ Gordon Schochet, "Radical Politics and Ashcraft's Treatise on Locke", *Journal of the History of Ideas*, 50 (1989), pp.491—510; Ellen Meiksins Wood, "Locke against Democracy: Consent, Representation and Suffrage in the Two Treatises", *History of Political Thought*, 13 (1992), pp.657—689; and David Wootton, "John Locke and Richard Ashcraft's Revolutionary Politics", *Political Studies*, 40 (1992), pp.79—98.

翰·特伦查德准备将选举权限制在乡村内的自由持簿农，以及自治市镇的商人、店主和工匠大师。[①]一位激进的辉格党人在接受洛克的契约理论时强调，所有公民政府都是由财产人建立的："所有政府都是由人民创造的，更具体点说是由那些政府管辖下的领土主人们创建的。"[②]在捍卫自由人权利时，另一位与洛克同时代的激进派辉格党约翰·托兰德坚持说："我理解的自由人就是拥有财产的或能够自己生活的人；反之，那些依附于其他人生活的人，我称之为'仆人'"。[③]因此，在18世纪早期，激进派和保守派的政治评论家似乎都同意，选举权仅限于财产人。直到美国革命重新引起人们对约翰·洛克关于自然权利和人民主权政治观念的兴趣。也正是这时，有人提出扩大选举权的建议。北美殖民地人民也向英国人强调他们的宪法权利以及税收和代表权之间的联系。在英国，越来越多的人开始支持政治改革，其中有很多关于谁应该拥有选举权的讨论。然而，并非所有主张政治改革的人都认为应该向全体成年男性成员投票。俄巴底亚·休姆和詹姆斯·伯格都是有影响力的激进分子，他们建议只将选举权扩大到那些支付当地税款和其他特定税种的家庭。理查德·普莱斯支持美国和法国革命，也希望扩大选举权，但他不认为所有人都应获得选举权。他认为选举权应该赋予那些有一定教育背景、财产保障的人，这样才能保证选民的意识独立于他人。然而，英国激进分子辩称：所有人，无论其社会地位、经济地位或教育程度如何，都应该在议会选举中获得投票权。根据约翰·卡特赖特的说法，选举权应该依附于人本身，而不是依附于人的财产。贫穷并不是剥夺一个人选举权的正当理由。事实上，劳动本身就是一种财产，而且由于所有人都在购买商品时间接地支付了商品税和交易税，他们完全应该在议会中有代表。卡特赖特因此得出结论：对于任何一个没有偏见的人来说，第一个也是最自然的想法是，他们中的每一个人，无论是否拥有财产，都应该有权投票给议会里那些人作为他的

---

① H.T.Dickinson，*Liberty and Property*，pp.88—90；and Julia Rudolph，*Revolution by Degrees*：*James Tyrrell and Whig Political Thought in the Late Seventeenth Century*，Basingstoke：2002，passim.

② *The Claims of the People of England*，*Essayed*，London：1701，p.106.

③ John Toland，*The Militia Reform'd*，London：1698，pp.18—19. John Brewer，*Party Ideology and Popular Politics at the Accession of George III*，Cambridge：1976，pp.201—216.

代表；议员要成为公众自由的守护者；在这种情况下，穷人以及富人都有利益关联。一切都是自由的，一切都是生来平等的：自由意味着选择权；既然平等就不应该有自由度的区分。因此，所有平民都有平等的选举权，可以选举那些将成为他们生命和自由守护者的人。① 其他激进派也得出了同样的结论。他们认为，人民自愿同意建立公民社会和公民政府，以便更好地维护他们的自然权利。即使在同意接受立法机关的权力之后，所有人也都保留了选举权和追究其代理人的权利。如果任何人被剥夺了投票给议员的权利，那么他只不过是一个奴隶："他被迫遵守法律，任何决策都未经他的同意，他因此佩戴着一个令人羞辱的奴隶徽章。"② 托马斯·潘恩认为，如果要人民拥有保护自己的生命、自由和财产的自然权利，所有人都必须拥有这些选举权："代表投票权是保护其他权利的主要保障。剥夺这一权利，就是将人变为奴役状态，因为奴隶才会受制于另一个人的意志，而在议会选举中没有投票权的人就是这种情况。"③

男子普选举权的实现是18世纪八九十年代激进俱乐部和协会提出改革最主要的要求之一。尽管如此，有大量证据表明，只有少数18世纪晚期的英国改革者能被归类为完全和明确的民主人士。约瑟夫·普里斯特利认为社会的中产阶级是人民和国家自然统治者的正确代表。理查德·普莱斯并不认为政治权力只能由人民选出的立法机关部分行使。④ 詹姆斯·伯格希望议员是那些来自足够富裕的土地、商业和专业阶层中有能力、教育背景和良好品格的人才。即使是支持男性普选权的约翰·卡特赖特也期望选民选出家庭出身好和地位高的人到下院，并将议会的议员称为"选出的贵族"。约翰·塞尔沃尔从没想过穷人有足够的资格进入议会或担任政治职务。⑤ 他认为民主

---

① John Cartwright, *Take Your Choice*! London: 1776, pp.19, 21—22.

② Francis Stone, *An Examination of the Right Hon. Edmund Burke's Reflections on the Revolution in France*, London: 1792, p.44.

③ Thomas Paine, "Dissertation on the First Principles of Government" (1795), in *The Complete Writings of Thomas Paine*, Philip S.Foner ed., 2 vols., New York: 1945, II, p.579.

④ D.O.Thomas, "Neither republican nor democrat", *The Price-Priestley Newsletter* 1 (1977), pp.49—60.

⑤ John Thelwall, *The Natural and Constitutional Rights of Britons to Annual Parliaments, Universal Suffrage and the Freedom of Popular Association*, London: 1795, pp.46—48.

制可能会阻碍社会的进步。①保守派作家和评论家对古代宪法、天赋人权理论和功利主义的激进诉求作出了强有力的思想回应。他们提出历史论据，证明在过去的任何阶段都没有所谓通过民主选举产生的议会，从而削弱了古代宪法的支持力。他们否定天赋人权理论，坚持认为这是一个抽象的理论，与现实或人类观察到的经验没有关系。作为一种政治理论，它无法被证明或论证。他们也不相信所有人都有同等重要的利益要捍卫，不接受功利主义的假设，即所有人都可以理性地决定什么是最符合他们利益的。在他们看来，如果每个人都追求自己的个人利益，结果就是完全的无政府状态，而不是大多数公民的最大幸福。因此，保守派作家坚持认为民主是一个永远不可能实现的乌托邦式的理想。没有证据表明哪个政府是通过所有人的明确同意而建立的。在他们看来，政府一般都是通过武力建立的，因为人们首先需要的不是个人自由，而是一个能保障他们生命和财产安全的稳定政府。人类在所有社会和所有时代的经验证明，稳定最好是由忠于世袭君主的有产精英统治的等级社会实现。相比之下，纵观历史，建立受欢迎的民主政府的所有尝试都失败了，因为这样一个政府会成为内部无政府状态和暴民统治的牺牲品，或者成为外部侵略的受害者。这种民主尝试的结果不是更大的自由，而是一个更加压迫人的政府。这种灾难性发展的最新例子是18世纪90年代发生在法国的事情。针对激进的民主改革提议，保守派认为，鉴于人类的天生不平等、保护私有财产的必要性以及生活在一个能够促进国家经济繁荣的强大国家的优势，英国人民应该对现行宪法实现的稳定与自由之间的平衡感到非常满意。

在女性选举权方面，几乎所有激进改革者都没有提倡女性的政治权利。成年女性仅仅被视为男性的附属物，并且与儿童或家庭佣人处于同一水平。女性被认为完全依赖于她们的男性亲属，因此她们无法行使积极、独立的公民权利。约翰·卡特赖特认为，妇女无权在议会中拥有代表：妇女本质上无法在公民政府中担任各种地方法官以及行政官员的工作，她们也无法胜任守护国家的军事任务。履行这些职权都是维护国家主权及政治自由的必要条

① National Archives (London), Treasury Solicitor's Papers, TS.11957/3502 (1). Thelwall's "Lecture Notes".

件。既然无法履行职权，那她们也不能获得权利。① 约翰·朗利声称大自然只适合男性参与公众生活，而女性最适合家庭职业。② 甚至致力于改善妇女社会地位和经济状况的女权主义者沃斯通克拉夫特也承认，只要妇女仍然处于从属和依赖地位，她们就不能在公众生活中充分发挥积极和平等的作用。在她看来，妇女当然具有充分理性和平等道德责任的潜力，但是，在她们的社会和经济劣势得到纠正之前，不能指望她们拥有与男子相同的积极政治权利。因此，沃斯通克拉夫特没有参与争取竞选女性选举权的运动，尽管她确实暗示她可能会在未来的某个时候去这样做："我真的认为女性应该有代表权而不是在不知情的情况下让政府任意地管理她们。"③ 其他一些激进分子准备给女性投票，包括乔治·菲利普和托马斯·库珀。一位为内阁撰稿的匿名作者出版于诺维奇的文章也明确支持成年女性选举权，甚至是女性参加议会和担任重要政治职位的权利。然而，即便是这样一位激进的评论家，也承认大多数男人会在私底下嘲笑他的论点。④ 大多数英国激进分子满足于将他们的政治要求限制在下院选举制度的改革中。他们不希望废除君主制、贵族制度或世袭的统治权。例如，詹姆斯·伯格、理查德·普莱斯和约翰·卡特赖特都明确否认他们希望破坏君主政府或计划废除贵族特权。⑤ 理查德·普莱斯坚称："我从来没见过一个改革者会试图用民主制代替我们现有的混合形式的政体，或者对宪法有任何其他希望。他们只是要求通过消除我们选举制度的缺陷来修复国家的政体。其本质在于实现国家的纯洁和活力。"⑥

从 18 世纪 90 年代开始，一些激进的理论家准备对贵族特权和世袭政府

---

① John Cartwright, *An Appeal, Civil and Military, on the Subject of the English Constitution*, London: 1799, p.17.

② John Longley, *An Essay towards Forming a More Complete Representation of the Commons of Great Britain*, London: 1795, p.4.

③ Mary Wollstonecraft, *A Vindication of the Rights of Woman*, Miriam Brody ed., Harmondsworth: 1985, p.260.

④ George Phillips, *The Necessity of a Speedy and Effectual Reform of Parliament*, Manchester: 1792, p.12n; H.M.Ellis, "Thomas Cooper—A Survey of His Life: Part 1—England, 1759—1794", *South Atlantic Quarterly* 19 (1927), p.38; and *The Cabinet*, 3 vols., Norwich: 1795, I, pp.178—184 and II, pp.42—48.

⑤ James Burgh, *Political Disquisitions*, *I*, pp.9, 11, 18; Thomas, "Neither republican nor democrat", pp.49—60 (for Price); and John Cartwright, *The Commonwealth in Danger*, London: 1795, pp.xxxv, ci—cii.

⑥ H.T.Dickinson ed., *The Political Works of Thomas Spence*, Newcastle-upon-Tyne, 1982, pp.62—63.

进行直接攻击。在一个希望将所有人视为政治平等个体的社会中，有人认为，不能容忍头衔、荣誉和特权。君主制和上院都不能以任何理性原则为其辩护，因此必须在进步的道路上抛弃它们。约翰·奥斯瓦尔德尖锐地抨击所有世袭荣誉并总结道："在自由国家中，有且只有一个阶级，那就是公民阶级；有且只有一个意志，那就是人民的意志。"① 杰里米·边沁认同美国共和制的因素且赞成废除君主制和议会上院，但他未能就此进行深入论述。托马斯·潘恩无疑是民主共和制最坚定、最明确的拥护者，在他看来，如果一种政治体制总是从少数群体中产生世袭的立法者，那么这种体制便毫无公正可言。上院不对任何人负责，因而它就不应获得任何人的信任。世袭立法者的观念正如世袭法官一样不合理，也像世袭数学家或世袭桂冠诗人一样荒谬可笑。自由人生来就不会倾向于建立君主制和世袭贵族制，这些制度，无论它们在英国已存在多久，都只能是强力和阴谋诡计的结果，它以剥夺大多数人的政治权利和自由为代价。因此，英国现行的混合与制衡宪政显得腐败、昂贵且不公正，应该完全废除并创立更合理的政体以取代之。18 世纪末和 19 世纪初，由于城市化和工业化，英国中产阶级和下层阶级的社会和经济生活发生了变化，这促使一些激进作家认为，民主政治改革不足以满足英国人民的需求，有必要进行重大的经济变革。激进的政治改革者意识到许多英国人面临的经济困难，但他们认为民主形式的政府将减少政府对君主制和政府资助的支出，避免昂贵的战争，并减轻穷人的税收负担。因此，民主将改善穷人的经济状况。然而，其中少数激进批评者也确实认识到，投票权本身并不能将穷人从富人的压迫力量中解放出来。他们认为贫穷往往是富人和有权势的人采取行动的结果，而不仅仅是穷人自己懒惰或邪恶的结果。在一个财富极不平等的社会里，穷人事实上没有足够的能力捍卫他们的公民自由或者发起有效的民主改革运动。只有富裕的少数分子才能有效捍卫他们的公民自由，并在国家事务中发挥积极作用。在现有的经济环境下，富人可以保护他们的切身利益，同时成功地剥夺穷人的正当经济和政治权利。因此，仅仅争取政治改革是不够的。首先，重新分配经济权力至关重要，这样穷人就不会

① John Oswald, *Review of the Constitution of Great Britain*, 3rd edition, London: 1793, p.12.

如此受富人经济权力的支配。在如何解决这个问题上，各派意见纷呈。自然有许多人相信，廉洁的政府、和平的外交政策和轻徭薄赋都将有助于改善社会下层的经济状况，只是很少有人具备远见卓识，不少激进派都惧怕对私有财产的攻击和财富的重新分配。1794 年在谢菲尔德的一次激进派政治会议上有如下决议："我们并不空谈财富的平等，因为这类行动将导致世界的衰败，使其倒退入黑暗和野蛮的深渊中去。"① 边沁宣称："财产平等是对生存原则的破坏，因为它铲除了社会的根基，如果人们的劳动成果都得不到保障，那么就不会有人再去劳作。"② 然而，托马斯·潘恩在其名著《人权论》第二卷（1792）中确实为缓解贫困提出了几种建议，包括养老金、家庭津贴和产妇补助金等。在其后的小册子《土地正义论》中，潘恩建议对富人阶层的土地收益进行征税，这样就可以提供可观的财政基金，年龄达到 21 岁者每人每年可从中获得 15 英镑，而年过 50 岁者每人每年可得 10 英镑作为养老金。

潘恩的提议仅仅在于缓和财富分配不均所导致的后果，而他同时代的某些人已经超越了他的设想，他们要求对社会财富重新分配。威廉·奥格尔维主张将荒地、森林和王室领地开辟成农场分给贫民。③ 威廉·戈德温甚至企图消灭一切私产，但他不同意用强制方式予以没收，而是寄希望于富人能受理性的感召从而自愿放弃过度而不公的财富。④18 世纪晚期，托马斯·斯彭斯甚至提出了更具革命性的计划，即在全体人民中实行财富的重新分配。他确信，即便单方面政治权利得到了扩展，也无法避免富人对穷人的压迫。在他看来，只有土地才是一切权力的真正来源，应将土地所有权转移到全体公民手中。他指出真正的人权，其基础在于经济方面而非政治权利："问题不在于什么形式的政府最有利于公民自由，而在于怎样的社会体系才有利于我们摆脱财富集中而造成的不幸，财富的高度集中使那些麻木不仁的恶棍置全民族于忍饥挨饿之中。"⑤ 斯彭斯著名的土地方案在其著作中得到详细论述和

---

① *The Parliamentary History of England*，William Cobbett，36 vols.，London：1806—1820，xxxi，col. 738.

② Mary P.Mack，*Jeremy Bentham*：*An Odyssey of Ideas 1748—1792*，p.464.

③ William Ogilvie，*Essay on the Right of Property in Land*，London：1782.

④ William Godwin，*Enquiry Concerning Political Justice II*，pp.423—477.

⑤ H.T.Dickinson，*The Political Works of Thomas Spence*，ed.，p.92.

辩护，而他没有主张土地的国有化，因为那样将使所有土地被置于中央政府的控制下。相反，他建议全国各教区的居民都自发组成民主选举的教区委员会，由委员会来掌管本区内的所有土地和其他自然资源（例如河流与煤矿）。经过教区委员会的同意，土地和自然资源可以出租给那些出价最高的投标者，在缴纳协定的租金后，他们可以耕种土地，开发自然资源。当然，土地和资源仅可租赁而不能转为私有。由此所得的租金将用于本教区内房屋、桥梁、道路、学校、图书馆、会堂和医院等设施的兴建，使教区民众都能从中受益。在新的社会模式下，富人的私有财产并不会被剥夺，因为有产业、有天分的人也能通过租出去的土地和自然资源获得可观利润。他们或许会比其他人获得更多的收入，但是在斯彭斯的土地方案中，并不会出现悬殊的贫富差距。由于不再有富人的经济压迫和穷人的经济依附，真正的民主政治终将展现。

大多数激进分子最初并不打算攻击私有财产或强行重新分配财富。1794年在谢非尔德召开的一次激进的政治会议决定："我们不是在谈论那种有远见的财产平等，实际运用这种平等会使世界变得荒凉，并使世界重新陷入最黑暗和最野蛮的状态。"[①] 杰里米·边沁宣称："财产平等破坏了生存原则；它彻底瓦解了社会。如果没有人得到他劳动的果实，任何人都不会劳动。"[②] 然而，那个时期还有其他激进分子认识到需要解决大规模贫困问题。潘恩认为，压迫性的政治制度自然会向穷人征收重税，而民主制度会向富人征税，以造福穷人。他认为政治改革本身必然会使穷人经济状况得到改善，因此，他认为没有必要攻击财产私有原则。

4. 19世纪大众政治的发展

英帝国对外扩张的战争向民众暴露出英国财政系统的腐败问题，因而推动了大众政治运动的发展。长期的对外战争使英国的普通民众愈发认为，贵族、官僚及主教阶层实际上是借着战争大发国难财。北美独立战争期间，民众对腐败的不满就已经形成较大的规模。战争期间高额的花费以及最终失败

① *The Parliamentary History of England*，ed. William Cobbett，XXXl，p.738.

② Quoted in Mary P.Mack，*Jeremy Bentham*：*An Odyssey of Ideas 1748—1792*，p.464.

的结果使人们普遍开始批评英国实际上是一个为腐败和特权谋利的工具，并因此掀起了一场声势浩大的改革运动。很多乡绅将战争的失败归结于官僚阶层对财政税收的侵吞。这些乡绅们甚至在英国农村和伦敦组织了一场“协会运动”(Association Movement)，要求纠正国家政治的弊端。① 除了地主阶层以外，一些中下层民众也组成协会。成员们自定章程、批准入会、任命自己的官员（例如主席、秘书、司库等）、自行筹集经费，聚会时颇具开放和民主的氛围，且能相互帮助。② 有些团体旨在提高会员的教育水平以及阅读和辩论才能；也有一些组织学校、夜校、技工学校和读书会；还有各种旨在提高识字率、推行节俭和戒酒的促进会，它们在城市贫民中很有影响。还有一些协会的目的在于保护雇主和劳工双方的经济利益。大量雇主协会尤其是纺织业、金属和制陶业的协会往往形成高度有效的组织，以此来游说政府或者向议会请愿，以保障他们的经济利益。③ 土地精英或许能主导政府和议会，但是没有哪种制度能够无视社会上商业、金融和工业部门的利益。这种自我保护的行动并不仅限于中产阶层，在乡村社会中几个家庭作为一个社会经济单位，共同拥有财产并协作劳动，他们以自己的生产所得与熟练工人的产品进行交易。最广泛也最流行的工人阶级协会是互助会，这是由工人自己建立的，他们每周都筹措基金用以帮助会员抵御疾病、失业、衰老和早亡的困扰。早在1815年，这些互助会组织就吸收了近100万成员，其中还有女性会员。此后大约有三分之一的工人家庭也建立起某种保险体系，用以抵御疾病、失业和主要工资收入者死亡所带来的威胁。英国工人学会了加入工会以向雇主施压，从而保障自己经济利益的做法。由特定行业的熟练工人组成的工会在18世纪晚期广泛发展起来。虽然1800—1825年工会是不合法的，但是这并不能阻止熟练工人组织地方性的工会。1815年英国可能已拥有50万工会成员。1825年工会行动合法化之后，会员人数更是戏剧性地增长。④ 罢

① Cannon, John, *The Fox-North Coalition: Crisis of the Constitution, 1782—4*, London: Cambridge U.P., 1969, p.33.

② H.T.Dickinson, *The Politics of the People*, chap.2.

③ R.J.Morris, “Voluntary Societies and British Urban Elites 1780—1850: An Alalysis?”, *The Historical Journal*, 26 (1983), pp.95—118.

④ C.R.Dobson, *Masters and Journeymen, A Prehistory of Industrial Relations 1717—1800*, London: 1980.

工运动贯穿于这一时期，30 年代已经出现了组建全国性工会的努力，其中的激进者甚至开始酝酿总罢工。①

之所以说这些志愿组织是政治性的，是因为其成员都希望通过联合互助寻求高度的认同感②，从而改善自己的生活，增进自身的经济利益。当大多数英国人被排斥于政府和议会之外时，他们却在社会中团结起来，在这个社会中，国家逐渐采取自由放任的态度，从而使广大民众得以自行其是。凭借其首创精神，英国人可以自由地采取行动，以维护和扩展自身的社会经济利益。但是，有时为了达到自身的社会经济目标，这些志愿组织又不得不诉诸政治行动。为了对国家和地方政府施压，城市中产阶级组成了许多针对议会的压力集团，他们所运用的政治手法极为精巧灵活。为了配合他们的行动，许多地方性甚至全国性的委员会纷纷建立起来。他们的行动包括印制标语、举行主题聚餐和公共集会、组织演讲、巡回演说、请愿、由律师代理诉讼、游说贵族和议员、由亲历者赴议会委员会现身说法等方式。一些压力集团的运作技巧显得非常精湛并且声势浩大，获得了包括中层和下层在内的广泛支持。几十年中规模最大的志愿者运动无疑是志愿兵团。政府和议会批准其成立，旨在保卫英国不受法国入侵的威胁，同时它还担负维持国内秩序稳定的任务，确保法国革命不会引发英国社会的动乱。1794 年，政府号召民众参加志愿兵团，并说明这支队伍不受军方掌管，其结果出乎意料。到 1797 年时已有约 51000 人应募入伍。1798 年底这个数字增长了一倍多，而 1804 年时居然达到 38 万人。在志愿兵团之外的许多组织者、捐款人和支持者包括妇女委员会都纷纷为那些贫穷的志愿兵提供军服、装备和其他物资。虽然志愿兵的目标是防止法国入侵，但他们并不是政府战争政策的必然支持者，也不会成为粉碎激进政治运动的警察武装。虽然有事实表明某些乡绅组建了自耕农骑兵团，并且招募大量佃户、仆人和帮工以应付政治变乱，因为他们害怕法国革命的原则在英国传播，但是绝大多数志愿者都服役于城镇中的步兵团，兵团由中产阶层领导，这个中产阶层上至富裕的批发商，下至谦逊的小

---

① Mick Jenkins, *The General Strike of 1842*, London: 1980.

② R.J.Morris, "Voluntary Societies and British Urban Elites 1780—1850: An Alalysis?", *The Historical Journal*, 26 (1983), pp.95—118.

店主和零售商，其兵源都是中产者的雇员。国家和各地方的统治精英都没能控制兵团职务的任命，而部队将官发现自己的权威受到选举出来的委员会的限制，委员会通常包括各阶级的志愿兵。这些委员会有权决定任人唯亲还是任人唯贤，有权决定军装的穿戴标准和经费的分配使用，也能决定对违令者施以怎样的处罚。所有志愿兵都可以随时退伍。当时就有人曾对中下层阶级的激进分子招募训练这种武装力量的目的表示担忧，而当志愿兵团拒绝平息因食物引起的骚乱时，这种担忧变得尤为强烈。政府也意识到这种隐患，但是面对法国入侵的威胁，政府不得不容忍其存在。但从 1808 年起，政府开始组建地方民兵部队，其成员从已达服兵役年龄的男子中抽签选拔。与志愿兵团不同的是，这支武装由中央政府和军事部门直接掌控。此后志愿兵团人数逐渐减少，至 1814 年战争结束时步兵团已经完全解散。① 一些自耕农组成的骑兵团持续存在，因为他们往往处于贵族阶层的控制下，其政治态度显得更加忠诚。他们时常被用于弹压民众的示威游行，1819 年 8 月在曼彻斯特圣彼得广场的骚乱中，他们造成了 15 人死亡和数百人受伤。②18 世纪晚期和 19 世纪早期，越来越多的俱乐部和协会都是为了直接的政治目标而成立的，这个目标就是争取议会改革。③ 从 18 世纪六七十年代的宪政知识会和权利法案支持者协会，中经 80 年代的约克郡协会、90 年代的伦敦通讯会社，到 19 世纪初的汉普顿俱乐部、二三十年代早期的政治联盟，再到 30 年代和 40 年代大量宪章派团体的出现，成千上万的激进分子汇聚到争取议会改革的潮流中来。虽然这些运动常由特定的俱乐部或协会领导，但是它们仍致力于争取全国各种类似组织的支持和帮助，其方式就是组织全国性的请愿和集会。18 世纪 60 年代晚期和 80 年代早期的请愿活动争取到了 6 万人签名，1817 年议会收到了 700 份要求议会改革的请愿书，它们争取到了来自全国的几十万人署名；1839 年著名的宪章派请愿有超过 100 万人签名以示支持，1842 年

---

① J.E.Cookson，The English Volunteer Movement of the French Wars，1793—1815：Some Contexts，*The Historical Journal*，32（1989），pp.867—891；Austin Gee，*The British Volunteer Movement 1794—1814*，Oxford：p.200.

② Donald Read，*Peter Loo*：*The Massacref and Its Background*，Manchester：1973.

③ Christopher Hibbert，*King Mob*：*The Story of Lord George Gordon and the Riots of 1780*，London：1959；Peter Jupp，*British Politics on the Eve of Reform*：*The Duke of Wellington Administration 1828—1930*，Basingstoke：1998，pp.372—375.

这一数字突破300万。虽然1848年的请愿书肯定没有宪章派所宣称的那样有570万之多，但至少也超过200万人。1839年、1842年和1849年的宪章派都曾希望建立有各种政治俱乐部和协会参加的全国性代表大会，其实这种设想早在18世纪八九十年代和19世纪早期就曾有人努力争取过。1840年在曼彻斯特成立的全国宪章协会，至1842年时已成功地将各地约400个俱乐部近5万名会员联合起来。民众的政治运动并非都要求政治改革，有时候他们也会抗拒进步性的变动，比如1778—1780年间和1829年，很多英国人都反对天主教解放法案，18世纪90年代早期他们也都曾抵制当时的激进政治运动。①

大众政治运动竭力使自身的行为和主张显得易于接受、激动人心且极富鼓动性。他们的活动方式包括辩论、报告、演讲、音乐会，举办宴饮、茶话会、篝火和烟火晚会，队列游行和散发传单，搜集请愿书签名，举行酒会和戏剧、舞会、运动会，开办主日学校和夜校，等等。有时他们会组织大型露天公共集会，例如1819年在曼彻斯特、1831年在伯明翰、1848年在肯宁顿。他们也会发动成千上万的支持者上街游行。大众的激进集会和抗议活动构成了他们空闲时的主要活动，并且他们也将这种政治教育传播给了更多的民众。这些活动使大家并肩作战、相互支持，有时也会吸收女性成员加入。这促进了共同使命感的形成，并且在宪章运动时期，一种阶级意识在千百万的产业工人中逐渐发展起来。

19世纪早期多数激进派和大众政治活动家都通过宪政方式与和平策略来实现自己的政治目标。即便他们的行动实质上是受自然权利学说的启发，他们仍会从历史上的传统权利中为自己寻找依据。他们常提及“诺曼奴役”和“光荣革命”，他们热烈歌颂过去的英雄先贤如阿尔杰·西德尼、约翰·汉普顿和约翰·洛克，当然对托马斯·潘恩、亨利·亨特和费格斯·奥康诺也不

① H.T.Dickinson, “Popular conservatism and militant loyalism, 1789—1815”, in *Britain and the French Revolution 1789—1815*, ed. H.T.Dickinson, Basingstoke: 1989, pp.103—125; H.T.Dickinson, “Popular loyalism in the 1790s”, in *The Transformation of Political Culture: England and Germany in the Late Eighteenth Century*, ed. Eckhart Hell- muth, Oxford: 1990, pp.503—533; Jennifer Mori, “Languages of Loyalism: Patriotism, Nationhood and the State in the 1790s”, *English Historical Review*, 118 (2003), pp.33—59.

惜赞美之辞。各种激进主义的标志和象征，戴自由帽、种自由树、悬挂三色旗和高唱革命歌曲《这事业定会成功》等，有时会引起社会的不安。他们固然避免暴力革命，但是他们主张自己拥有在本地举行集会和游行的权利，而一旦他们无法通过宪政方式来维护自身的权利，他们就凭借自身在人数上的优势向压迫者要求伸张正义。18、19世纪之交，有上千起街头抗议和骚乱后来演化成暴动，英国各地的城镇和乡村都存在这类现象。①19世纪早期最为常见和广泛的民众抗议都是由食物短缺以及随之而来的物价上涨引发的。严重且流弊极广的产业骚乱发生于1811—1813年，当时东米德兰、约克郡西区和兰开夏南部的卢德派纺织工人捣毁了大量机械和其他设备，他们此举意在保持自身的熟练技艺并且要求雇主提高工资和改善工作条件。政府出动数千军队并且逮捕了数百名肇事者之后，当地秩序才得以恢复。然而这也未能避免后来又发生了类似的暴乱事件。农村地区的暴乱在1830—1831年间达到高潮。当时大量农业工人和手工艺者掀起了数百次暴力抗议，这次风潮席卷了从东部的肯特和诺福克到西部的维尔特郡的整个英格兰南部地区。这些抗争都是由于广泛的贫穷、食物短缺、工资下降、租金提高和教会什一税而引发的，同时打谷机的引入使得冬季农村的失业率愈发严重。在这次抗争风潮中，将近2000人被捕，还有1000多名参加者被处以严厉惩罚。②

某些年份，如1811—1813年、1816—1819年、30年代早期和1839—1842年中发生了多次民众暴乱，它们的范围和势头使得统治精英开始担心会出现大规模动乱和暴力革命，当然，现代历史学家都明白当时并不存在这种威胁。③很少有证据表明当时的抗争运动目的在于剧烈的政治变革。另一方

① 相关例证参见：John Stevenson，*Popular Disturbances in England 1700—1832*（2nd edn.），London：1992；Nicholas Rogers，*Crowdst Culture and Politics in Georgian Britain*，Oxford：1998；H.T.Dickinson，*The Politics of the People*，3，chap.4；John Bohstedt，*Riots and Community Politics in England and Wales 1790—1810*，Cambridge：MA，1983；J. Adrian Randall，*Riotous Assemblies：Popular Protest in Hanoverian England*，Oxford：2006。

② E.J.Hobsbawm and G.Rude，*Captain Swing*，London：1973.

③ E.P. 汤普森在其名著 *The Making of the English Working Class*（London：1991）中讨论了当时在观念领域发生革命的明显可能性，其观点由罗杰·威尔斯（Roger Wells）在其 *Insurrection：The British Experience 1795—1803*（Gloucester：1983）中提供了有力支持。但是马尔科姆·托米斯（Malcolm Thomis）和彼得·霍尔特（Peter Holt）在著作 *Threats of Revolution in Britain，1789—1848*（London：1977）中已对上述观点提出了质疑和挑战。

面，也不能将这些暴乱仅看作是对经济衰败的下意识反应。大量的现代研究表明，在这几十年的大众骚乱中，抗争者诉诸恐吓与暴力手段乃是他们迫不得已铤而走险的最后途径，他们希望借此向那些压迫他们的统治者、雇主、贪婪的商人施压，在他们看来，正是这些恶棍人为地提高粮价、压低工资、无视工作条件，并且破坏了他们的传统特权和风俗。他们自可追随当地的领袖，往往也能将自己的目标与合理合法方式结合起来。即便他们没有选举议员的权利，他们也有着强烈的正义感，清醒地意识到作为“生而自由的英国人”所享有的权利。[①] 另一方面，政府只是在与法国交战时期才能召集大规模正规军、民兵和志愿兵，而且 1829 年以前并不存在常规的职业警察（19 世纪中期以前，只有少数大城市拥有警力），因此统治精英不得不作出妥协让步，例如修改国家法律或者停止实施已颁布的法令。雇主不得不常常屈服于那些好战工人的要求。很多证据表明，英国的统治精英和广大雇主清醒地意识到，他们在控制国家政治文化和社会下层的福祉方面权力相当有限。这几十年中激进主义的思想和政治运动并没能使政治体制愈发民主，但是中下层社会的不懈努力却使英国成为了欧洲最开放的社会，从而使大多数人都有机会通过种种方式去争取到渴望获得的权利、决心和勇气。广大尚未获取选举权的社会中下层阶级，在 18 世纪末 19 世纪初的几十年中无疑都得到了历练，从而具备了行使选举权所应有的素质。

5. 倒逼的行政改革

大众政治的发展推动了政府旨在提高行政效率的改革。大城市的激进主义者将北美战争的失败视为当局镇压自由主义者和普通平民大众的一种恶果。各团体都认为战争期间让人难以接受的财政及税收负担是与腐败的政治体系紧密联系在一起的，他们都要求以某种形式的改革作为遏制腐败的有效措施。在下院，反对派指责政府夸大商业利润，向商人发放商业贷款。战争之后，某些议员在政治贿赂之后为了偿还债务，又大大增加原本就不堪重负的纳税人的负担。18 世纪 80 年代，威斯敏斯特的政治家所面临的最主要问

① E.P.Thompson, “The Moral Economy of the English Crowd in the Eighteenth Century”, *Past and Present*, 50（Feb., 1971）, p.76.

题是如何在减轻成为众矢之的财政腐败的同时依然维持传统政治精英阶层的权威。当时几乎所有处于政治中心位置、竞争权力之人都寻求提高行政效率和财政效率的方法，因为对美战争已经使这些问题亟须解决。政府的改革必须以一种严格出于公利的理由进行，改革的推行者要向世人展示他们不会以权谋私。威廉·皮特上台后对英国的财政系统进行了整顿和重建。皮特信奉亚当·斯密自由主义的经济理论，对关税制度进行了系统的调整，使一些重复征税的现象得到遏制并大大减少了走私现象。除此之外，皮特引进了一些颇有能力的官员，改革了政府的收支制度。他创立了账目检察署，取缔了财政部门的很多闲职。当代英国之所以有"预算"一说，完全归功于皮特的改革。为了使财政有所盈余，皮特力争通过一项法案：每年政府将从预算中提出 100 万英镑来购买股票，所获盈余用来偿还国债。1786 年，海关和国内的税务部门合并，政府以新的形式改组了贸易部。但实际上，皮特的改革主要目的依然是维护土地精英阶层在政权中的核心地位，因而并没有支持扩大选举权等激进要求。

18 世纪末，与欧洲尤其是与法国发生的战争加剧了英国改革的外部压力。进一步的财政改革和强制征兵的痛楚以及政权派系斗争，迫使更广泛的纳税阶层走出了漠视政治的传统，开始质询政府的合法性。财政和人力的需求也逼迫政府自身进行有限的经济和政治改革。为了支持对法国的战争，英国中央政府筹措了大约 5 亿英镑的税款和贷款。① 拿破仑大陆封锁政策的实施使英国陷入严重的财政危机。政府内部很多官员也认为如果不能实行一种更为有效的财政系统，削减不必要的开支，对法国的战争将很难长久地维持下去。在这种情况下，皮特修补式的财政改革并不能压制反对势力的进攻，也不能根治政府的腐败。战争压力与反对派势力及大众参与结合起来，形成了声势浩大的改革运动。1805 年卡特莱特等激进派政治势力批评皮特镇压公民自由、维护政府腐败以及对战争领导不力。当拿破仑战争结束的时候，英国政府已经背负了 7.35 亿英镑的债务。② 在野的辉格党

① Emsley, Clive, *Artisans, Peasants, and Proletarians 1760—1860: Essays Presented to Gwyn Williams*, London: Croom Helm, 1985, p.60.

② Philip Harling, *The Waning of "Old Corruption": The Politics of Economical Reform in Britain, 1779—1846*, Oxford: Oxford University Press, 1996, p.95.

和其他激进势力一同对小皮特的战时财政体系进行攻击。在拿破仑战争结束前后，移除侵吞税收者尽管只是激进改革者的目标之一，但这个目标的确是相当重要的。战争期间，一些激进记者诸如科伯特、博德特、卡特赖特以及亨特斯花了大量的笔墨报道财政腐败，就是为了让人们认识到国家寄生阶层的存在。他们不仅关注政府奢靡官僚的腐败，更强调经济改革本身不足以消除腐败以及给予人民自由。激进改革派并不反对战争本身，他们只是对战争期间政府管理不当所造成的社会危害深恶痛绝。他们不赞成潘恩共和主义的解决方式，但认同潘恩对于汉诺威王朝战争的评价。潘恩在其《人的权利》一书中指出，汉诺威的战争机器仅仅是为王室和其宠臣敛财的工具。[①]但是作为英国当时统治阶层的土地有产者，他们觉得仅通过单纯的经济改革可以实现减少腐败、提高税收利用率的目标。以托利党为代表的土地阶层认为改革国家的宪政体制是一件非常危险的事情，而且也无必要。只要能够使政府公正无私地为公众服务即可。经过威廉·皮特的一系列经济改革，土地阶层更加认定不需要进行议会改革就能实现提高政府行政效率的目标。

未经近代化改革的英国政府部门存在着各种弊政及腐败现象。英国历史学家一般将其称为旧式腐败（Old Corruption）。[②]可以说威廉·皮特18世纪末的改革拉开了向旧式腐败宣战的序幕，但离祛除腐败还有很长一段路要走。在战争的大环境下，政府需要进行改革已经成为一种共识。改革的目标主要有三个：（1）使政府官员更加以为公众服务的宗旨履行职权。（2）精简因战时不断扩大的官僚机构。（3）减少不必要的财政开支并完善对军事部门的管理。托利党政府实现前两个目标主要是在辉格党以及一些第三方激进政治团体的压迫下完成的。当时，提高行政效率以及官僚主义的核心问题在于裁撤挂名闲职。挂名闲职是英国王室具有相当历史的政治顽疾。长期以来，英国政府很多部门职权重叠，花销巨大。世袭的贵族担任重要官职，但他们通常不会自己工作，而是花少量钱雇用人来替他们干活。挂名闲

① Thomas Paine, *Rights of Man with an Introduction by Eric Foner*, *Notes by Henry Collins*, London: Penguin, 1985, p.76.

② H.T.Dickinson, *Eighteenth-Century Britain*, Oxford: Blackwell Publishing, 2002, p.26.

职实际上成为贵族阶层的一种合法福利。辉格党和一些激进派改革者认为挂名闲职不仅浪费巨大，而且还会鼓励官员将政府官职视为为私人谋利的工具。在议会反对势力的压力之下，威廉·皮特已经于18世纪80年代取消了财政部的很多闲职。1807年，在辉格党议员的建议下，议会成立了公共度支委员会。委员会自1807—1815年期间发布了13份报告，对当时英国政府的财政收入、支出以及行政情况作了系统的评估。这些报告对进一步经济及行政改革的作用是决定性的。与之前皮特时期一样，委员会谴责挂名闲职是一种浪费国家财政的可耻行为。报告认为"当下险峻的政治环境、税收的不断增加、战争带来的巨大开支都需要进行最大程度的理财"①，并以此论证缩减挂名闲职是有利于国家经济的有力措施。1810年，公共度支委员会又专门任命了一个削减挂名闲职的小委员会。据小委员会统计，王室的中央政府共存在242个闲职（不包括殖民地的闲职），每年消耗297095英镑的财政。76名担任公职的议员每年消耗财政156606英镑。这些议员大多数在拿着薪酬的同时履行职责。挂闲职的议员有28名，每年消耗大约42000英镑。②从小委员会的报告来看，国家的行政开支的确有一定的缩减空间，但是这与1809年一整年庞大的政府开支比起来实在算不了什么。撇除王室的开支不算，1809年所有的挂名闲职开支也仅仅是当年所有开支的0.7%。③即便节省的数额微不足道，但可以看出英国议会已经不再容忍挂名闲职的存在。在接下来的几年时间里，挂名闲职大幅减少，有效降低了政府的行政开支。

除了挂名闲职，官职的世袭制度也成为众矢之的。绝大多数激进派议员和辉格党人认为官职世袭制比挂名闲职更应该反对。在英国的王室和司法部门，有四分之一的官职是世袭的。世袭的官职和挂名闲职一样，基本都掌握在几个固定的贵族家族手中。很多议员认为世袭官职不能再成为少数人的合法福利。1807年，议员亨利·班克斯提出议案，要求撤销所有的在位者已过

---

① *Commons Sitting of Wednesday*, Feb. 10, 1807, Vol.8, Columns: 704.

② Philip Harling, *The Waning of "Old Corruption": The Politics of Economical Reform in Britain, 1779—1846*, Oxford: Oxford University Press, 1996, p.110.

③ Mitchell, B.R., *British Historical Statistics*, Cambridge: Cambridge University Press, 1988, p.587.

世的世袭职位。此议案在下院得到通过，但是在上院却遇到了很大的阻力。班克斯出于妥协，提出在一年内禁止授予世袭官职的议案。此议案得到上下两院的一致通过。但当班克斯提出要在两年之内实现禁止所有的世袭职位时，其提案再次遭到上院的反对。在之后的五年时间里，议会里的激进派对废除世袭职位的问题已经不抱希望，但 1812 年班克斯又提出了一个短期禁止世袭官职的临时法案并且得到了两院的通过。从表面上看，当时的珀西瓦尔政府似乎使永久禁止世袭官职的提案破产了，但实际上，自此之后世袭官职的授予权迅速陷入停用状态。[①] 珀西瓦尔政府在改革潮流的推动下，被迫主动提出了一些进步的法案。比如 1809 年，珀西瓦尔使议会通过了《禁止卖官鬻爵法》(Sale of Offices Prevention Bill)，买卖官职者以及散布卖官告示者都将受到刑法的惩罚。

王室年金的使用也是对法战争期间辉格党和激进派意欲改革的内容。根据公共度支委员的报告，英格兰地区的王室专款经过之前的立法，已经由原来的每年 95000 英镑下降到 1809 年的 63000 英镑。但是，苏格兰和爱尔兰地区的王室专款消耗却自 18 世纪 80 年代以来逐年增加。1809 年，苏格兰和爱尔兰的王室专款消耗已分别达到 35588 英镑和 92049 英镑。王室还收取 4.5% 出口关税，共计 28000 英镑。除此之外，皇家海军罚没的走私船舰及货物也成为王室的重要收入来源。1793—1810 年，海关所扣留的货物价值近 750 万英镑，其中 300 万英镑落入了各级海军军官的口袋里，剩余的则被王室拿走。这些钱大多数被王室拿去支付各地的王室专款费用，但也有不少被用于赏赐公爵及君主的亲友。[②] 很难弄清楚王室的年金中有多少数额被君主用于赏赐，但君主通过赏赐金钱，对被赏赐者产生的影响是不容忽视的。在 18 世纪，议会通常不会对王室年金的使用进行审查。对于海关的罚没金以及 4.5% 的关税，议会也没有进行监管。但到了 1830 年，威廉四世即位的时候，议会已经建立了一个专门的委员会处理王室年金问题。委员会提出要将每年三王国（英格兰、苏格兰及爱尔兰）的王室专款总额控制在 75000 英

① A.S.Foord，“The Waning of the Influence of the Crown”，*English Historical Review*，No.62 (1947)，p.501.

② John Breihan，“Economical Reform，1780—1810”，D.Phil，thesis，Cambridge：1977，p.273.

镑，几乎是1809年总额的一半。根据委员会的提议，议会将数额近70万英镑的王室收入置于议会的监管之下。1810年，议会通过一项法案，对所有政府部门的退休金发放制定了一个综合的财政规章制度。法案规定，每年退休金发放之前，政府要将各部门工资和养老金的增减情况向下院作一个报告，将所有部门的养老金发放置于议会的监管之下。凡是60岁以上并且工作20年及以上的退休人员每年将获得其退休之前三分之二工资数额的退休金。低于60岁且工作时间在10—20年之间的退休人员的退休金为其退休之前工资的一半。

18世纪末19世纪初的财政与行政改革，在一定程度上减轻了政府的腐败，提高了行政效率。更重要的是，这开启了英国政府现代化的大门。自此，英国政府体制不断革新。到了19世纪中期，在克里米亚战争过程中，人们再次对英国政府的行政效率提出质疑。1854年，政府的报告建议建立常设、统一、政治上中立且可以自由任免的文官队伍。1855年文官队伍委员会设立，负责公开招募文官并且杜绝贵族私自推荐的行为。在接下来的几年时间里，近代化的专业文官制度最终在英国确立。自此，英国政府基本完成了现代化的转型。

6. 早期工人运动与社会改革

英国议会最重要的选举权改革开始于19世纪。在改革初期，工人阶级起到了先锋的作用。工人阶级作为被排斥的阶层之一，也全力要求普选权的扩大。战争期间，通货膨胀率以每年大约3%的速度上涨，而同时工人的实际工资却下降了。政府不仅剥削男性工人，还包括他们的家庭，许多家庭济贫院被拆。1820—1825年，国家济贫的费用占据中央政府支出的6%，对债券持有者的还债支出却占了53%。[①]这种不公正的待遇大大激化了阶级矛盾。但是工人阶级与其他各阶层总体上还是保持着分裂的状态，他们之间的联盟不是稳固的，因而难以形成革命的基础。英国的民主改革过程中产生的通常是骚乱而不是革命。如果是工人阶级单纯的抵抗，一般很难成功。19世

① O'Brien, "The Impact of the Revolutionary and Napoleonic War, 1793—1815, on the Long-Run Growth of the British Economy", *Review* (Fernand Braudel Center), 1 July 1989, Vol.12 (3), p.355.

纪初，英国的工人进行了多次罢工。伦敦鞋业工人在1818年和1824年举行罢工，1828年兰开斯特棉纺织工人罢工，1824年造船木工罢工，1825年布雷福德工人罢工，1828年基德明斯特地毯编织工人罢工等等，这些罢工全都失败了。从本质上来讲，辉格党和托利党在维护有产阶层的立场上是一致的，但是在选举权方面以及如何构建国家方面，两党在1832年之前具有很深的分歧。当工人阶级和其他被排斥阶层共同追求选举权的时候，就受益于竞争性的政党政治，比如1830年的时候，工人阶级就得到了辉格党的支持。两党制下的政治竞争有助于动员新的团体参与政治，并在此意义上扩大政治体制的权力。在此环境下，工人阶级成为推动改革的强大动力。辉格党利用包括工人阶级在内的大众给上下两院施压。最终托利党在是否进行有限议会改革的问题上发生了分裂，使辉格党重新登上了权力的舞台。经过1832年的议会改革，工业资产阶级为国家繁荣作出的贡献得到了承认，并获得了较多的参政权利。虽然工人阶级在第一次议会改革中未能获利，但是这毕竟开启了英国近代自由主义改革的大门。即便是之前顽固不化的托利党，也在1832年改革不久之后有所改变。托利党政府在外界的压力下不得不承认政府管理及服务的对象是一个比土地阶层广阔得多的群体大众。托利党自由派首领罗比特·皮尔于1834年发表“塔姆沃司宣言”，奠定了新保守主义的基础。①

发生于19世纪50年代的宪章运动是英国工人阶级争取选举权最著名的政治运动。尽管宪章运动比1850年以前的任何其他改革运动都吸引了更多的支持，却专注于实现政治改革而非经济变革。支持《人民宪章》的三大全国性请愿集中于实现著名的议会改革六点，这将使下院选举民主化。正如加雷斯·斯特德曼·琼斯（Gareth Stedman Jones）有说服力地指出的那样，宪章派提倡政治改革方案，因为他们认为穷人的经济困境归咎于政治原因，而不是经济原因。对许多宪章派来说，正是政治权力的不平等分配导致了英国少数富人对大多数穷人的压迫。宪章派的第一位历史学家甘米奇（R.G.Gammage）在1854年写到，在经济困难时期，大众把希望放在获得投

① 钱乘旦、陈晓律：《在传统与变革之间：英国文化模式溯源》，江苏人民出版社2010年版，第161页。

票权的阶级，而只看到他们在华丽的沙发上休息，并将这种富裕与他们自身痛苦进行对比。从结果到原因的推导使他们得出这样的结论——他们被排除在政治权力之外是社会不正常的原因——并不奇怪。①

宪章派对中产阶级的敌意更多的是源于对英国腐败且不具代表性的政治体系的蔑视，而不是源于他们作为资本主义雇主的角色，该体系是由 1832 年的《大改革法案》的条款强制推行的，该法案对穷人的选举权几乎没有什么改善。当然，许多宪章主义者期望改革后的议会通过改革来改善穷人的经济状况，例如土地和税收改革以及废除谷物法。②但是他们认为穷人的经济困境源于不民主的政治制度，因此他们认为政治改革是走向经济变革的重要一步。甚至布朗特尔·奥布莱恩（Bronterre O'Brien）也非常关心穷人的经济困境，他观察到："无赖会告诉你，那是因为你没有财产，没有人代表你。我告诉你相反的情况，因为你没有律师代表，所以你没有财产……你的贫穷是你没有律师代表的结果，而不是你没有代表的原因。"③

奥布莱恩和其他少数宪章派作家，特别是欧内斯特·琼斯（Ernest Jones）和乔治·朱利安·哈尼（George Julian Harney），确实试图将宪章派政治纲领与经济改革的要求结合起来。他们认为，宪章主义需要一个经济计划和政治目标，应该是社会主义的，也应该是民主的。琼斯和哈尼变得越来越社会主义化，他们寻求土地、生产资源和交换手段的国家所有权，以改善劳动群众的困境。④然而，在 1848 年最后一次大宪章请愿失败之后，这些宪章派转向了社会主义。在此之前，英国工业化的进步已经导致一些社会主义理论家思考如何应对快速工业化和无限制资本主义造成的严重经济不平等和严重经济压迫。在查尔斯·霍尔、罗伯特·欧文、威廉·汤普森、托马斯·霍奇金、约翰·格雷和约翰·弗朗西斯·布雷等人看来，英国出现的新工业社会给予拥有财产和控制资本的闲散者最大的奖励，而给予劳动大众的

① R.G.Gammage，*The History of the Chartist Movement*，*1854*，London：1976，p.9.

② David Jones，*Chartism and the Chartists*，London：1975，pp.113—146.

③ Alfred Plummer，*Bronterre*：*A Political Biography of Bronterre O'Brien*，*1804—1864*，London：1971，pp.177—178.

④ Noel Thompson，*The Real Rights of Man*，London：1998，Chapter 9.

奖励少得可怜，“他们才是工业生产中的要素”。① 查尔斯·霍尔声称穷人只得到他们劳动生产价值的八分之一，罗伯特·欧文认为商品应该根据所涉及的劳动时间来估价，而不是根据供求关系来估价。他支持建立劳动交换和团结互助的工业村。威廉·汤普森坚持认为劳动是财富的唯一来源，他也赞成建立合作社区，在那里，所有人都自愿放弃他们对全部劳动产品的权利。托马斯·霍奇金谴责资本家对贫穷劳动者的剥削权力，他认识到19世纪20年代日益增长的阶级冲突和阶级意识。约翰·格雷不相信古典经济学家所提倡的自我调节的经济体系，而是提出生产资料和国家计划的集体所有制以及经济活动的引导作为新社会交换体系的基础。约翰·弗朗西斯·布雷确信，劳动者被剥夺了至少三分之二的工资，他希望生产资料从少数人手中转移到整个社会手中。他不相信仅靠政治改革就能纠正这种不公正：有些人在谈到平等权利时，仅仅意味着应该通过投票进行普遍投票，并自由进入议会；而另一些则更接近基本原则，呼吁彻底颠覆君主制，建立共和国。但是对这个问题的研究将使我们相信，如果联合王国的工人阶级不能获得刚才提到的任何或所有政治变革，他们将保持贫穷、无知和痛苦的状况不变。② 这些早期的社会主义作家都认为，工人阶级劳动产生的大部分财富被控制资本、土地和政治权力的非生产性少数人不公正地占有。他们谴责不平等社会中的浪费、盲目竞争和压迫。劳动穷人的贫困和软弱是那些控制土地和资本的人不合理财富和不公正权力的结果。英国的工业社会增加了资本所有者的权力和财富，同时剥夺了穷人的经济独立。政治改革不足以改善劳动群众的生活。经济体系需要清除其剥削特征，资本主义不受监管的竞争需要废除。应该对经济进行监管并对劳动进行组织，以便工业发展能给劳动阶级带来更大的利益。资本主义分裂了社会，并带来了无情的竞争，这种竞争加剧了自私、物

① Charles Hall, *The Effects of Civilization on the People in European States*, London: 1805; Robert Owen, *Report to the County of Lanark*, London: 1821; Robert Owen, *A New View of Society and Other Writings*, ed. Gregory Claeys, London: 1991; William Thompson, *An Inquiry into the Principles of the Distribution of Wealth*, London: 1824; William Thompson, *Labour Rewarded; The Claims of Labour and Capital Conciliated*, London: 1827; Thomas Hodgskin, *Labour Defended against the Claims of Capital*, London: 1825; John Gray, *A Lecture on Human Happiness*, London: 1825; John Gray, *The Social System: A Treatise on the Principle of Exchange*, London: 1831; and John Francis Bray, *Labour's Wrongs and Labour's Remedyor, the Age of Might and the Age of Right*, Leeds: 1839.

② John Fancis Bray, *Labour's Wrongs and Labour's Remedy*, p.17.

质主义和穷人对富人的依赖。赋予真正权力的是对生产资料的控制，而不是投票权，只有当劳动穷人能够控制英国经济时，他们的命运才会得到改善。工人阶级对生产资料的所有权和监管是创造一个真正公正和民主社会的最佳手段。劳动力必须从资本的压迫性控制和强有力的行政管理中解放出来，这样的行政管理仅仅为了造福富人和加深贫困，是为剥削和不平等而存在的政府机构。

这些早期的社会主义作家过于乐观，甚至对如何创建和组织一个政治和经济平等的社会抱有不切实际的幻想。他们认为，当所有人都了解他们在工业经济中的真正权利，当他们明白了生产资料需要适当管理时，经济压迫就会消除。他们相信，在他们自己的经济领域中产生的那种知识和教育，将教会穷人如何转变生产手段，并重塑经济、社会和最终的政治关系。这些作家中的大多数提出了在小型民主社区进行合作生产的计划。他们希望土地和财产归当地社区集体所有，并在生产过程中处于劳动者的民主控制下。在他们的计划中，劳动力将得到有效组织，产品将得到公平分配。资本家不会有租金、金钱利息和利润。所有人都必须劳动，没有闲散的阶级，所有劳动者都会因为同样的工作质量或数量而得到公平的报酬。早期的社会主义者认为，影响人民生活的最重要的决定将在这些小的合作社区中作出，那里将只有少数官员和有限的中央政府。马克思和恩格斯后来指责他们是空想社会主义者，因为他们相信激进的经济变革可以通过理性的论证来实现。这些早期的社会主义者不接受这样的观点，即不同的社会阶级会成为敌人，这些阶级永远不会被理性说服去违背他们的阶级利益。他们相信阶级和谐是一个可实现的目标。他们反对使用武力，甚至反对压迫性资本家：他们谴责使用武力剥削劳动穷人。他们政治思想的缺陷是显而易见的，但是他们连同政治改革者们的努力，确实有助于确保一系列温和渐进的经济改革，这些改革开启了漫长的演化进程，逐渐改善了工业化英国的劳动穷人极其恶劣的环境。19世纪，英国议会出台了多项法律，在一定程度上保护了工人阶级的利益。1831年，英国议会甚至成立了“缩减劳动时间委员会”来解决工人每天的工作时限问题。除了保障成年男性工人的权益外，议会主导的工厂改革法案也涉及儿童与妇女权益的保护。比如女性不得从事挖煤工作。虽然当时的法律还未禁止雇用童工，但规定工厂主有义务承担童工的教育责任。这表明政府在解决社会问题上从自由放任转向了国家干预和治理的轨道。1819 年，罗伯特 · 皮尔提出法案，禁止 9 岁以下的儿童在纺织厂工作，童工的工作时间被限制在每天 9—12 小时。从今天来看，这样的法案依然不够合理，但在当时毕竟限制了滥用童工的状况。1844 年，议会再次通过法案，规定 8—13 岁的儿童每天工作 6.5 个小时，外加 3 小时的受教育时间。年轻工人与妇女每天不得工作超过 12 个小时。1847 年，议会最终通过了《10 小时工作法案》。1855 年，新的《工厂法》颁布，再次对工人阶级的工作时间进行规范。1867 年，保守党政府也通过一系列法律，保护金属厂、印刷厂、造纸厂以及玻璃制造厂工人的权益。这一系列法律使 140 多万工人受益。与此同时，工人阶级争取选举权的运动也在如火如荼地进行着。1867 年，英国进行了第二次议会改革，选民总数从 135 万增加到 225 万。英国一半的成年男性获得了选举权。从阶级范围来看，工人阶级中熟练工人获得了选举权。1884 年，英国第三次议会改革之后，绝大多数男性工人获得了选举权。总体来看，英国在面对日益变化的社会结构与经济形势之时能够主动作出调整。经过改革，英国的普选权不断扩大、议席分配逐渐合理化，贵族寡头控制议席和控制国家政治的局面被打破，英国政治生活逐渐实现了民主化和公开化。

英国政治与经济研究

8—12 世纪西欧的集会政治 *

[英] 蒂莫西 · 路透（张建辉　译）**

题目中的“集会政治”明显具有歧义：它既指通过集会实施的政治，也指在集会上实施的政治。处理看上去狭窄的主题，其实是要处理更加宽泛的难题：我们将看到，其实主要是在集会上，中世纪早期和盛期的国家组织才能够运行并确实存在。对过去的人类活动而言，此处的“国家组织”和“政治”是中性的符号，在今天的社会中，我们也可能使用相同的词汇；它们的使用不表明此时期显赫的世俗和教会要人设想他们任何的活动都是“政治”，或者他们控制的任何领域都是“国家组织”。① 事实上，为了准确地理解这点，便引发了在处理我们遥远的历史时如何避免时代错误的问题。现行的主要方法回避了这个难题。我们可以撰写此时期传统的政治史，将之描述为重要人物为获得、保持和增强他们的权力所从事战略、策略的记录，以及这些目标互相冲突的方式。但是，如果我们这样做了，历史的多样性将被消除。传统的政治史把统治者和统治表现为持续地从事政治活动及谋划，我们的材料不

---

* 本文节选译自 Timothy Reuter，“Assembly Politics in Western Europe from the Eighth Century to the Twelfth”，in Peter Linehan and Janet L. Nelson eds.，*The Medieval World*，London and New York：Routledge，2001，Chapter 25。

** 蒂莫西 · 路透（Timothy Alan Reuter，1947—2002），德裔英国历史学家，南安普敦大学教授，长于中世纪德国史研究。著有《中世纪早期的德国：800—1056 年》（*Germany in the Early Middle Ages，c. 800—1056*，Longman，1991）、《中世纪的国家组织与现代心态》（*Medieval Polities and Modern Mentalities*，Camb.，2006）等，主编《新编剑桥中世纪史》（第 3 卷）（*The New Cambridge Medieval History*，Vol. 3，Camb.，1999），为英美中世纪史学界与德国中世纪史学界的交流作出贡献。张建辉，南京大学历史学院博士后，河南师范大学历史文化学院副教授。

① 关于此时期政治思想中概念抽象的有限程度，见 Nelson，1994：65。

可能这样表现它们，但是包含在这些著作中的叙述方式将重塑历史，使其看起来如此，如同电影中的演员一样——除非是非常试验性的——被认为是或暗示为即使在离开镜头时也在从事着表演。

从政治史转向宪政史或制度史，以介绍其他的情况而避免了这个困难。由于辞藻华丽的宪政史恰恰存在于，赋予历史中的某些活动较其他活动更特殊的意义，这样看起来历史的多样性被恢复了。但这是一种源自当前物体化（reification）而不是历史真实的多样性。统治者和被统治者行为的模式——如果模式真能反映他们的情况——被抽象化，以重新书写在有关不断增强的、体制性的、隐含的宏大叙事中。结果，经常是宏大叙事不能完全地确保搁置怀疑。我们可以回想起卡尔·莱泽（Karl Leyser）令人印象深刻的评论，对一个世纪以来宪政史家有关奥托王朝国家组织的著作，他写道：

> 陈旧的学派假定——尽管有些例外——国家和大量政府从来不细问它们是如何日复一日工作的。这是具有抽象概念制度史的阴影，没有真正存在过。
>
> （Leyser，1982b：80）

这种批评也许能轻易地从奥托王朝的宪政史中找出材料，但是运用到一个更加成形的、集中的国家组织，如英格兰的宪政或制度史时，便显示出一定的困难，值得讨论。如果不是非常极端的例子，近来的研究，如亨利·洛因（Henry Loyn）和刘易斯·沃伦（Lewis Warren）的《中世纪英格兰的统治》(*Governance of Medieval England*)，其中抽象化和物体化的程度是很高的（Loyn，1984；Warren，1987）。全部否定他们所描述世界中“统治”的存在，可能是错误的，然而，也很难接受这些就是涉及统治者与政治团体之间的全部关系。

集会是当代这种关系记述中最重要的特征，然而，中世纪史学家也倾向于理所应当地、或多或少地采用它。我们对集会的过程和结果感兴趣，而不大关注其形式和功能，尽管这些在我们选择探讨的时期极为重要。在某种程度上起点选择得有些武断，然而尽管集会并不是突然在8世纪开始存在，我们几乎不能在先前的时期获得关于它们特点和功能的足够信息，以令人信服地、合乎逻辑地解释它们。终点大约在1200年比较清楚，以从集会向原始议会（proto-parliaments）和其他代议制机构的转变为标志，这种转变在西班牙从12世纪80年代开始，在英国从13世纪初期开始，在法国略晚一些，在德国照例相当不同和晚来（Bisson，1982）。[①] 约从1200年开始，我们明显开始向一个政治互动不再局限于集会的世界前进，政府逐渐连续地统治而不是短暂地迸发。人们的态度也可能从13世纪开始转变，在集会上表达他们的观点，从义务转变成权利，或许还带着喜悦，尽管这可能是由逐渐丰富的原始材料产生的错觉。

宪政史家的方法不可能是最有益的，在这种情况下建构集会无疑存在问题，而且也需要满意的答案，特别是关于集会召开的频率和参与的问题。到12世纪末，如亨利二世和弗雷德里克·巴巴罗萨（Frederick Barbarossa）这样的统治者，一年内召集数次集会（Schimmelpfennig，1996：89—90）。情况常是如此吗？显然，存在证据和定义的难题。在我们几乎所有的拉丁文献中，用于这种集会的专门用语极富变化，包括：*placitum*（“请愿”），*curia*（“法庭”，这两个词常常意味着司法会议，但并不局限于这样的用法），*colloquium*（“会议”），*conventus*（“集会”），*concilium*（“协商会议”），*synodus*（“教会会议”，这两个词主要用于教会集会，但同样并不是独有的），*magiscampum*（“五月校场”，在8世纪和9世纪早期），*exercitus*（字面意思，“军队”）。[②] 难题不仅在于不能确定是否同时代的人使用不同的专门用语意味着细微不同的事物，也在于当我们碰巧从各种各样的证据中了解了它，而这些证据丝毫不会妨碍应用术语时，我们是否能把某些事物称为集会。

通过考察一种相关的会议——教会集会，能很好地说明这个难题。10

① 关于议会见Moraw（1989），他强调从宫廷会议（Hoftag）发展出帝国议会（Reichstag）所用的时间；Blockmans（1978）、Reynolds（1977）提供了此时期政治（及其他的）团体自觉意识的基本知识。

② 专门用语见Niermeyer，1954—76：cols. 201—2，235，270，288—90，392，801—4；Mittellateinisches Wörterbuch，1968—97：cols. 866—7（*colloquium*），1175—7（*concilium*），1822（*conventus*）；Latham and Howlett，1975—97：383，419—20，479—80，537。也见Waitz，1883：563—4；Ganshof，1968：22—3。

世纪西法兰西亚或法兰西的教会集会几乎没有发布过法律，因此我们知道这些集会大部分是通过在集会上颁布的宪章。其中一些宪章明确指出它们发布的会议是教会会议，其余的则没有，但是没有理由认为这些差异反映了那时这些会议的真正区别（Schröder，1980：13—32）。当我们处理世俗集会时，困难依然较大，因为这里的宪章是由国王发布的，而不是由主教团。在11世纪晚期之前，欧洲的王室宪章很少有联署人名单。至少在理论上，由于他们是自己的证明，实质上不可挑战，所以他们不需要联署人名单（Bresslau，1912：642—6；Bresslau，1931：202—4）。[①]结果，王室宪章可能在集会上发布（我们知道总是如此），但是它们常常不告诉我们这些，如同它们常常不通过联署人名单告诉我们谁参加了集会。一个重大例外是盎格鲁—撒克逊时期的英格兰，它仅仅给我们提供一套不同的难题，不能确定大量王室宪章的真伪，这些在欧洲其他地方已消失很久，盎格鲁—撒克逊时期的公文并不是在任何情况下都包含了发布的时间和地点的详细信息，因此，即使我们有充分理由确认一件特殊的宪章的真实性（或至少它的联署人名单），我们也不能必然将其所提供的信息转换为这个集会在特定时间和地点召开的信息（Keynes，1981：126—34，232—4）。因为我们关于欧洲集会及其参加者的知识越来越依赖于——如果我们能回到从前的话——叙事性的材料和偶然遗存下来的法律材料，如法典和教会法典。

作为补偿，我们都有一些从早期而来的过去规范的证据。无论是盎格鲁—撒克逊时期、盎格鲁—诺曼早期的英格兰，还是奥托王朝、萨利安王朝的德国，我们都有充足的理由认为统治者在三个大的教会节日——圣诞节、复活节和圣灵降临节——经常举行大的集会，他们可能会正式地佩戴王冠出席。[②]即使在加洛林王朝时期，从皇家法兰克编年史时起，编年史家总

① 在德国，联署人名单直到12世纪早期才普遍，在法国要早一些（参见 Lemarignier，1965：42—78）。在早期王室宪章中，通过那些“调停”以促进和解者的名字，联署人名单的作用某种程度上实现了，参见 Bresslau，1931：193—201；Faußner，1973：388，435—6；Gawlik，1976。

② 关于盎格鲁—撒克逊时期、盎格鲁—诺曼早期的统治者见 Biddle，1986；关于奥托王朝的惯例见 Hüschner，1993。关于佩戴王冠的习惯，除 Biddle 外，还见 Brühl，1989b；Jäschke，1970；Brühl，1989c；Ott，1998。

是记载统治者庆祝圣诞节和复活节的地点，这种方式表明，集会的惯例并不是后加洛林时期的发明。庆祝教会节日本身不仅表明一个大的集会，而且几乎可以肯定佩戴王冠也是如此，因为没有必要在由密友、直系亲属和当地主教组成的小圈子里佩戴王冠。当统治者在其合法性被侵犯后，需要布吕尔（Brühl）称之为 *Befestigungskrönung*（“确证的加冕典礼”）时［如在 871 年，路易二世（Louis II）被贝内文托人俘虏后；1146 年，斯蒂芬（Stephen）在伦敦的加冕，1141 年，他在伦敦兵败被俘；1194 年，理查一世（Richard I）被囚交付赎金回归后］，情况更是如此。但是集会也在更加正常的情况下举行，如能从马姆斯伯里的威廉（William of Malmesbury）关于威廉一世集会时民众的描述中看出（Biddle，1986：51—2）。

正常的集会也能从加洛林王朝时期看出，我们有兰斯的安克马尔（Hincmar of Reims）的声明——或他的资料——在他关于加洛林王室政府的描述中，即《宫廷礼仪》(*De Ordine Palatii*)。在加洛林王国，一般一年有两次集会，一个是一般性的，一个是更加专门的预备会，只有王国中最重要的人和统治者的首要谋臣参加（Gross and Schieffer，1980：82—5）。[①] 关于这种说法有大量不确定性的争论。真正的难题在于，尽管加洛林王朝的集会非常容易确认，因为它们不时打断 8 世纪和 9 世纪主要编年史家的叙述，但它很难反映除谁参加了会议和什么规模之外的更多的东西（Waitz，1883：563—78；Seyfarth，1910：78—81；Weber，1962：75—84；Rosenthal，1964；Ganshof，1968：21—3）。然而，安克马尔说在法兰克王国一年有一个一般性的集会，与更早期的一个习俗——三月校场相平行，是一年一度法兰克人在 3 月初的“全民武装”集会。近年来有种趋势否认三月校场的存在，并争论说它可能和“战神之地”（即战场）相混淆（Lévillain，1947/8；Wallace-Hadrill，1962：95，n.1；Bullough，1970：85 and n.3；Bachrach，1974）。但是如此争论忽略了大量的事实，它们表明在 7 世纪和 8 世纪，法兰克人确实认为在 3 月 1 日将有一个大的政治集会，而且也不顾及这一事实，即当这种集会在 8 世纪中期移到 5 月时立即更名为“五

① 关于安克马尔的用法见 Adalhard 一本较早的著作，见 ibid.：11。

月校场”。当然这也并不意味着这种集会每年都发生，中世纪早期的政治并不如此运作。[①] 它仅仅意味着有一个一般性的、在其他各点都相同的情况下的假设，在那时政治团体中将有一个集会，除非有别的原因不举行或者在别的时间举行。如果采取这种观点，我们将看到，安克马尔明显的看法是9世纪一年应该有一个一般性的集会，以代表旧法兰克惯例的延续。大陆王室集会的起源也在军事—政治的集会中被发现，与托马斯·比森（Thomas Bisson）和卡尔·莱泽的研究相一致，其中集会与军事之间的界线是模糊的，即使和平时期代理司法审判的集会也被叫做 *exercitus*，而这个动词在拉丁资料中被用于召集集会，也被用于召集军队（Bisson，1966；Leyser，1994b：62）。

我们已面对定义和参与的问题。如果在法兰克世界存在如此意义上的一般性集会，其至少一年召开一次，通常在春季，而且也存在如此意义上的重大教会节日，其时统治者将“正式”出席，那么我们明显有不同种类的集会，或者至少有在不同的时间，我们能称之为集会的会议。实际上，当我们辨别一个集会时，不可能将其定义超越为：无论何时，一个统治者在一大群人面前出现，而这些人不是他固定的随从。尽管这个定义不可避免地有循环论证的因素（Lindner，1990；Schimmelpfennig，1996）。重要的是，这种集会不限于王室团体。有准王室地位的亲王也可能召开集会，降低一下规模，在盎格鲁—撒克逊晚期和盎格鲁—诺曼时期的英格兰，郡会议经常召开，在加洛林王朝和后加洛林王朝的省区，公共会议也经常举行。或许这些可被认为是地方集会，当地或地区的政治团体聚集在地方集会上，如同统治团体出现在王室集会上（Fleming，1995；Schmidt-Wiegand，1984；Anstey，1947）。

这种会议是如何传达和召开的，可能很大程度上是无法回答的问题。尽管在现存的材料中，这类活动没有留下多少迹象，人们还是有时被召集（Waitz，1896：428—3）。我们从加洛林王朝和东法兰克（德国）的证据知

① 关于法兰克王国集会确切时间的讨论见 Seyfarth，1910：62—71，87—99；Weber，1962：68—72；Rosenthal，1964；Sierck，1995：276—322。Sierck 特别强调了在教会礼仪年中意义特别重大的时刻举行集会的倾向（除三大节日：圣诞节、复活节、圣灵降临节外，还有主要的节日）。

道，无论是召集王室的集会还是地方的集会，你确实被期待出席。① 但是政治团体中有资格出席集会的成员，即使没有被召集，会出席他们知道即将举行的集会吗？至少在法兰克和后法兰克世界，看起来在一般性的集会和受邀请的集会之间有了确实的区分。如我们前面指出的，安克马尔描述了这种区别，但是 11 世纪和 12 世纪所有的会议，无论是世俗的还是教会的，常常被称为 *frequens*。这并不意味着它们经常举行，而是它们到会者众多。有时这个词暗示这种集会任何想去的人都能参加，很可能存在不同种类的集会。②作为一个基本的政治礼节，可以明确的是：那些已参加集会的人，无论是否被明确地邀请，没有统治者的许可不能离开，尽管很难说这种责任深入社会—政治等级有多深（Reuter，2001：n.27）。③ 早退或不经许可离开，如贝克特（Becket）在 1164 年北安普敦（Northampton）会议时做的那样，明显是表现不满或反对（Reuter，2001）。同样地，在极少的场合下，当一个统治者过早地离开集会，或没有举行一个正式的结束典礼而离开集会，如德国的亨利四世（Henry IV）在 1073 年夏天所做的，英国的亨利二世于 1163 年 10 月在威斯敏斯特（Westminster）会议结尾时所做的，也意味着表示不满（Lohmann，1937：31—2；Reuter，2001：n.17）。

关于参与的另一点是，即使"王室的"集会也在特征上远甚于"主要的"集会，集会也通常有一个地区性的汇聚区。我们能从西撒克逊统治者的惯例中看出，10 世纪他们通常在沿泰晤士河（Thames）的地区召开会议，很可能是方便麦西亚贵族的出席，麦西亚当时理论上是王国的一部分，但感觉上依然不是一个整体（Hill，1981：85—92），或者如同东法兰克（德国）王国连续的统治者为了巴伐利亚人在雷根斯堡（Regensburg）举行集会，或为了士瓦本人在沃尔姆斯（Worms）和中莱茵（mid-Rhine）地区召开集会，在 12 世纪，当德国的政治重心移向南部时，为了撒克逊贵族在富尔

① 参见 Mitteis，1927 和 Reuter，1991b：319—25，关于在"政治"审判中抗命或不出庭的角色。在相当低的层次，注意 *admallare*（"出庭"）的用法：Niemeyer，1954—76：20。关于 13 世纪郡法庭的参与，见 Coss，1991：4—5。

② 参见 1149 年底 Wibald of Stavelot 致 Anselm of Havelberg 的信："将在 Bavemberch 召开会议，但是并不常去，相对亲密者被要求参加。"（Jaffé，1864，330，no.211。）

③ 关于 9 世纪的例子，见 Nelson，1991：119（864）。

达（Fulda）等地召开集会（Mayer，1959；Müller-Mertens，1980：210—21；Müller-Mertens，1992：318—22）。这个原则表现为：统治者在其统治核心区边缘的适当地点召集集会，鼓励那些位于统治者权力核心区之外的人比平常更大规模地参加会议。

关于这些问题及聚会地点，可以说得更详尽些（由于是较大的聚会，集会通常是露天会议，住在帐篷里，当然王室和教会的宫殿也被用于住宿）。然而，简单地以召开频率和人员构成作为考察集会的基础，可能忽略集会一些至关重要的特征。我们需要考察集会上互动的方式：从什么人、什么时间转向怎样。然后我们需要转向什么，以回答为什么集会如此重要。将怎样和什么一起考察，我们可以尝试整体地回答这个问题，而不是只简单地列出它们一些不同的功能。集会到底是怎样运行的呢？主题的一个奇怪特征是，涵括悠久时期、覆盖广袤地域的集会，我们知之甚少。那些非常熟悉英国史的人可能假定，从威廉二世到理查一世统治下的 11 世纪晚期和 12 世纪，关于集会的丰富记载是其标准。但情况并不是这样，实际上，仔细地依据盎格鲁—诺曼和安茹英格兰关于审讯和会议的记载，如果集会被更加宽泛地认识，就需要更多的分析，而不是集会是怎样运行的。来自别的时期和地区的材料非常少，例如维杜金德（Widukind）和蒂特马尔（Thietmar）虽然告诉了我们一些 936 年和 1002 年选举集会的情况，但是并没有比其他的场合多些什么；关于 987 年的选举，里歇尔（Richer）为我们提供了非常华丽的套话，但是他并没有告诉我们多少这次或类似场合的动态（Leyser，1994 c：174—7；Latouche，1930—7：ii. 150—63）。这并不意味着我们无法可话——需要更多的信息，我们才能拼接破碎的证据——而只是指出，我们可能把什么看作完整的集会记录，而不是应该如何。加洛林时期的集会也是如此。比如，864 年在皮特（Pîtres）召开的集会，是西法兰克统治权明确的时刻之一，也是编年史家安克马尔需要大量组织和描写的时刻之一。

> 6 月 1 日，在一个叫皮特的地方，查理（Charles）举行了一个一般性的集会，他不仅收到了年礼，而且也收到来自布列塔尼（Brittany）的贡金……他命令沿塞纳河（Seine）修建堡垒，以阻止北方人的出现。

在其忠实臣属的建议下，遵循其前任及祖先的习俗，查理制定了37条谕旨，他命令在整个王国中要像法律一样遵守它们。

（Nelson，1991：118）[①]

这条记载以其丰富性是个相当特殊的例外。它告诉我们做了些什么，但是没有告诉我们怎样去做。即使我们拥有更为详细的集会记载，大体上只涉及特殊的方面，如其法庭功能、选举机构功能。要想获得集会活动一些更加一般性的特征，我们需要继续探索。

第三在研究教会会议时，和我们的主题有明显的相似。直到相对较近的时期，这些依然被教会史家视为未知领域。我们十分明白教会会议是什么——高级教士的集会，也明白教会会议的结果是什么——一系列的教会法令。因此，除非正好在这种集会上有争论被记载下来（这些记载主要考察其主题问题，而不是告诉我们这些争论是如何发生的），我们才能读到些细节。然而最近，为庆祝一个宗教会议而编定的《礼仪指导书》(*Ordines*）的详尽版本（Schneider，1996），其研究表明宗教会议主要采用礼仪庆典的方式。教会活动基本的《圣经》基础是——基督说，以我的名义无论在什么地方聚会的少数人，我将降临——在集会时及其后进行持续的礼拜仪式表演，从小的主教管区的宗教会议直到整体拉丁教会的重大会议。[②]

我们不能简单地把集会等同于教会会议，尽管在我们关注的许多地区与时期内，它们的界限是易变的。晚期加洛林王朝试图明确区分两者，而查理大帝和虔诚者路易（Louis the Pious）并没有这样做（Hartmann，1989：7—10；Ganshof，1957：27—8），但这很难在奥托王朝的德国被察觉到，在盎格鲁—撒克逊时期的英格兰甚至更难（Wolter，1988：482—9；Oleson，1955：91—100；Vollrath，1985：10—18；Cubitt，1995：44—59）。重要的是，我们应该将集会理解为表演场合。它们并不是简单地聚在一起的集会，按照实

① 关于Hincmar的角色见Nelson，1993。关于集会上法兰克统治者和追随者的关系，也见Hannig，1982。

② Matthew，18：20，被两本早期最具影响力的《礼仪指导书》引用，编者为Schneider，1996，nos. 3 and 7（p.211，p.311）。

际和特别的基础继续下去是必要的，如托马斯·比森所指出的，集会是庆祝和劝说的时刻（Bisson，1982）。许多这样的庆祝是仪式化的，除了非常特殊的情况外，所有的集会都有圣餐，尽管在教会会议和集会之间有明确的区分，教会会议本身就是完成礼拜仪式的时刻，而集会，虽然总是在一年中仪式化鲜明的时刻举行，本身也含有仪式化的因素，但并不限定或完全限制为仪式（Sierck，1995；Schaller，1974）。如列队行进、连祷、晨祷和欢迎仪式等要素被认为是降临节的仪式，但在集会的叙述性记载中很少被提及。当然，在一部演出指导中，礼仪指导书是不会减少其作用的。这些事情总是被提及，表明它们是这种集会自然和标准的一部分。奥托一世的最后一次集会，在马格德堡（Magdeburg）和奎德林堡（Quedlinburg）之间延续，不时被向教堂行进的队列打断，奥托——据我们所知，按其习惯——前去教堂时由主教相伴，回来（举行宴会）时，由一大群教会人士、公爵和伯爵相伴。贝克特出席1164年在北安普敦举行的集会时迟到了，他在马斯（Mass）碰上了亨利二世（Holtzmann，1935：76；Reuter，2001）。这里，仪式的要素没有被提及，极可能是它们被作者和观众认为是理所当然的，而不是它们没有发生。

当然，指出表演性和仪式化或象征化集体行动的特征，并不必然去否认更为特别的、较少精心安排的因素的存在。因此，理解这些集会的方法是合理地看待表演的阶层和仪式化的活动，将之作为显而易见的，并深入探讨。任何人，只要熟悉我们文化中类似性质的集会（如各种层次的政党集会，议会，地方议会，公司、大学、医院财团的董事会），都知道它们举行时也伴随着仪式和预期，也知道不可能阻止要么不可预料的，要么公开的、常常是相当紊乱的争论，甚至是冲突。然而我们的文化期望和允许这些：当集会中表演和仪式的存在被指出时，我们接受它，然而我们主要将集会当作功能性互动的场所。我们考察时期的集会参与者可能将表演与仪式作为首要的，当共识和全体一致不能实现时，可能比我们更麻烦。公开冲突的例子被记载下来，表明存在少有的和令人震惊的事件。1157年，在贝桑松（Besançon）举行的集会上，维特尔斯巴赫的奥托（Otto of Wittelsbach）被达瑟尔的雷纳尔德（Rainald of Dassel）翻译的一封教皇致弗雷德里克·巴巴罗萨的信激怒，他拔出剑来威胁教皇的使节（Waitz and von Simson，1912：176—7）；当安塞尔姆（Anselm）和贝克特发现自己面对的不像是集会，而是由一群王室支持者组成的审判团时，这些支持者威胁要成为施用私刑的暴民（Barlow，1983：338—42；Barlow，1986：111—15；Knowles，1970：94—100；Reuter 2001）；在1035年的集会上，卡林西亚公爵阿达尔贝罗（Duke Adalbero of Carinthia）的命运被决定，当康拉德二世（Conrad II）被他儿子和弗赖辛（Freising）主教的行为严重干扰时，他大发雷霆（Bulst，1949：49—52，no.27；Heidrich，1971；Althoff，1997b：41—3）①——这些并不是普通的事件。它们是集会预定程序的崩溃，由之产生了强有力的集体行动，以恢复被扰乱的和谐。

格尔德·阿尔特霍夫（Gerd Althoff）最近的系列研究考察了位于这些态度之后的东西。以跨度宽泛的10、11和12世纪德国政治活动的记载为基础，阿尔特霍夫的结论是，我们所论述的政府全体，恐惧和回避公开表示冲突或不满（Althoff，1997c）。之所以如此做，是因为他们缺少一种语言能使冲突或反对以一个可控制的形式表达。在公开场合反对或抵触，就是侮辱。而侮辱，在一个保护荣誉就是紧密地保护财产、权利乃至权力、地位的社会，是会引起世仇的。因此，公共政治活动的特征不是对公开表示的不同利益或要求进行光明正大的调解，而是通过隐晦的仪式化活动象征结束，并重申尽可能被视为没有受到威胁的秩序。

这可以应用到小事件，也可以应用到大事件。阿尔特霍夫、我和其他人已用一些时间表明德国的叛乱是如何以仪式化的投降和屈服而结束的，同样，这些洞见肯定也能应用于除德国以外的欧洲其他部分（Reuter，1991b；Althoff，1997d；Althoff，1997e）。例如，贝克特冲突，如我在别处已指出的，开始于集会上秩序与一致的公开崩溃，使双方都感到一种几乎不可挽回的伤害感，终结争论的重重困难和深深延迟，反映了在精心安排的结束仪式上取得一致的困难（Reuter，2001）。然而，在具体内容上，事情可能较少争论，当我们有足够的资料去判断时，在集会上，从任命主教、修道院院长、

① 更普遍的，见Althoff（1998）以及Rosenwein（1998）中其他作者关于“公开表露的”王室愤怒的描述。

高级世俗职位到授予特权都优先执行并适当举行。

程序的表演性意味着有表演管理者和操纵者。然而不像古代拜占庭政府，也不像如中国王朝那样久远的世界，表演控制并不采取预定的形式，而是由记载下来的传统及其专家和有文化的守护者控制的、更加灵活的、可操纵的仪式。统治精英中相对较低的文化和正规教育，意味着基于参考仪式记录的交谈——参考或意味着顺从，或谨慎，以及有意识的延期、违反、暗示——不可能在此时期发生，在西欧，其无疑是从 14 世纪开始的（Reuter，1998：369—71）。此时期的表演控制更多地意味着同意仲裁者提出的条款和方式。冲突的解决尤其需要中间人，即那些被双方信任的人，他能拟定相当微妙的、在随后的结束仪式中能被公开陈述的条款，以及有名誉的担保人和解决冲突所涉及的人（Althoff，1997b：30）。如果仔细研究此时期最著名的政治危机和冲突的记载，无论是 830—840 年间帝国秩序的瓦解，或是亨利四世与教皇格列高利七世（Gregory VII）之间的争执，还是贝克特争端，我们发现，无论是在主要解决此种争端的集会召开前还是期间，仲裁人都是努力地工作着。[①]

也有证据显示存在更为私密协商的领域，一些不能“当众”说的事情可以在这里讨论。这种集会详细记录存在的一个特征是，它们总是提到个人参与者要求中止集会以便咨询。当美因茨（Mainz）大主教康拉德被亚历山大三世（Alexander III）要求，接受萨尔茨堡（Salzburg）而不是恢复美因茨，作为 1177 年在威尼斯（Venice）解决教会分裂的一部分时，他请求休会，在同意之前“和他的朋友们共同商讨”，这肯定不是一个特殊的例子（Arndt，1866：455）。认为在政治中公开表达的语言具有谨慎表演的天性，并不排除在别的背景下应用这种政治谋划语言，我们在书信集中偶然发现它们，在家庭对话和秘密对话的描述中发现它们，严格区分在私人会议和公共讨论中使用的政治谋划语言，完全是不合适的。

当我们将寻求集会运行的方式转向思考它们处理什么时，明显的是——

① 关于仲裁人，见 Althoff（1997a）各处；特别关于 Carolingian 内战，Lauer，1926：68—74（在 Fontenoy 之前的调解尝试），和 92—4（841 年晚期的和平倡议）；关于 Canossa 的仲裁人，Reuter，1991b：322—3 和 Althoff，1997d：240—4；关于他们在 Becket 争端中的角色，Reuter，2001。

除了军事运动之外，它们经常是在边界举行的一种集会——涉及中世纪早期和盛期国家组织的重大事件，主要或专门在集会上处理：立法、外交、政治精英的法庭听证会、军事计划、任何关于王国状况的商议。

集会是公布法律或指导次级立法的地方。这是查理大帝、虔诚者路易和秃头查理（Charles the Bald）所做的（Ganshof，1957：35—40，52—62；Hannig，1982；Nelson，1992），他们的例子被10世纪早期加洛林化的威塞克斯霸主模仿（Wormald，1978；Wormald，1999）。后加洛林时代西欧大部分地区立法重要性的衰落，意味着集会立法功能的衰落，但是它并没有转移到别的地方去，当12世纪世俗的立法复兴时，立法功能仍是集会的主要方面，无论是在亨利四世、弗雷德里克·巴巴罗萨和路易七世的《国土和平》（*Landfrieden*）中，还是在西西里罗杰二世（Roger II of Sicily）和英格兰亨利二世的集会中（Wadle，1986；Leyser，1994g：151—3；Hudson，1995：255 with n.4）。即使当统治者或其代理人以一种更加原绝对主义（proto-absolutist）的风格发表法律时，它依然主要呈现为是统治者位于统治团体中的结果。"assise"这个词在12世纪经常被使用，在其拉丁和方言同根词中意味着"集会"，坐在一起（Niermeyer，1954—76：65）。它也被应用于以集会的权威发布立法，即使它没有如此起源。现存最早的西西里王室法律声称，是1140年罗杰二世和他的王国在阿里亚诺（Ariano）召开的集会上发布的，尽管事实上，它是12世纪80年代源自不同资料的博学的编辑物（Zecchini，1980；Ariano，1996；Houben，1997：136—48；Matthew，1992：185—8）。个人受益者的特权（教会、修道院、大小世俗官员），是此时期欧洲更为一般形式的立法（Krause，1965），在集会上也有发布的优先权，尽管以我们的知识，鉴于其在集会上存在的重要性，流行的看法有一定的危险。① 当然，特权典型的形式，至少在法兰克和后法兰克世界是具有象征性的物体，具有精巧装饰的书写、非常显眼的印章。伴以适当的仪式，某些重要的物品确实被公开递交，或许还包括正式宣读其内容，而不仅仅是在该付酬金时向大法官法庭的书记员付费（Reuter，1994：194—6；Reuter，

① 见上文总结的讨论，在n.4。

1998：377）。

此时期，如果没有王室集会的背景，外交更加不可想象。从8世纪到12世纪，欧洲的君主很少碰面，尽管当他们碰面时，通常是在集会上（Voss，1987；Kolb，1998）。而且，他们通过重复参与交换新娘、礼物和大使，限定他们排外群体的成员资格。就像加冕礼，这种交换如果在私下发生，就会缺少许多的特征。需要观众，而集会提供了。在集会上，大使正式到任和正式离任回到其主人身边（如Reuter，1992：67，73，75）。如果他们正好出现在没有预定的集会，他们会被要求等到一个集会召开时。如果他们带有礼物，在集会上，礼物的包装纸就被当众拆开（Leyser，1982c：114—17；Leyser，1994d：81—3）。如果是来娶亲，新娘将在集会上被送行，并为她加入新的团体举行一个初步的欢迎会。①此类活动的记载几乎完全明显地限定在王室集会；然而鉴于众所周知的趋势，大贵族在行动上模仿其君主，小贵族又模仿大贵族，很可能类似公众交换、致谢的形式，已深入社会—政治等级的底层。

也是在集会上，政治团体成员间的争执（包括统治者与其政治团体成员间的冲突）被正式解决。这是一项被详细记载、深入研究的集会功能。典型的，统治者尽管像主持法庭一样主持集会，但是他并不亲自宣布判决：他通常会邀请一个或多个地位更高的人出席并宣布判决，这样既是他的判决，也是那些出席并宣布团体的判决。即使当统治者是冲突的当事人时也是如此：在盖尔恩豪森（Gelnhausen），贵族的判决谴责了狮子亨利（Appelt，1985：360—3，no.795）；而在北安普敦会议的最后一幕，更为困难的是找到一个人愿意而且能够公布亨利二世对贝克特发出的宣判决定（Knowles，1970：97—9）。

最后，但并非最不重要，除了发生紧急自卫的险情，是在集会上正式通过军事战役以及提议对它们的支持。②这仅仅是更为普遍原则中的一个独

① 例如，1176年英格兰的Joanna（Warren，1973：143）。更早的例子在Gregory of Tours，见Krusch and Levison，1937—51：318；Chilperic邀请法兰克人的重要人物庆祝他女儿Rigunth与西哥特王的订婚仪式。

② 见以上关于Mayfield的讨论，和Leyser，1994e：29—30。

特例子。任何与之相关的咨询后来被称为 *status regni*（“王国状况”，也可能是“王国事务”），可能通常地、自然地在集会上举行。而且，*regnum* 此处不仅仅意味着“王国”，它也被卡尔—费迪南德·维尔纳（Karl-Ferdinand Werner）在这种意义上定义为：具有连续政治（也可能有法律和文化）认同感的、被合理、仔细限定的地域实体（Werner，1981）。如我们已指出的那样，除了规模外，在王室集会与贵族集会之间没有真正的区分，如 11 世纪时诺曼底（Normandy）公爵、阿奎丹（Aquitaine）公爵、佛兰德（Flanders）伯爵召开的会议，巴塞罗那（Barcelona）伯爵召开的会议，巴伐利亚公爵在 932 年、933 年和 990 年召开的集会（我们碰巧知道名字的一些场合）。如果我们考虑到那些由统治者召集但关注特定地区受保护者的集会，王室集会与贵族集会之间的区分更加模糊不清。任何种族的或以统治为基础的政治集团都能在集会上发现自身并限定自身。

而且，只有以集会的形式才最容易发现集体行动，事实上也才能发现集体行动。如果我们回顾一下集会上正式所做事情的列表，就会发现这些事情可能很难在别的地方完成，我们认识到正是赋予本身作为一个集会，通贯本章的“政治团体”才被赋予权力，能够执行政务。于尔根·哈贝马斯（Jürgen Habermas）指出，“公共空间”不仅仅被认为是“私人空间”的反义词，而是作为一种“社会等级永久监督国家权力的原则”，是启蒙运动的产物，在 18 世纪以前没有也不能存在（Habermas，1962：17—21；cf. Althoff，1997d：229）。其作为一个对中世纪和近代早期经历的说法是相当成问题的，但是随着社会学家对最近过去经常性的冒险，他们常常使我们的洞察力敏锐，即使我们发现不能接受他们的观点。对我们所探究的时代，说存在一个“公共空间”可能更为真实，也许除了在重大危机和局势更加紧张的时刻外，这种公共空间不会永久地存在，它在集会上形成，当集会结束时，又归于消散。所以，实际上任何形式的政治在很大程度上都是如此：

> 在农业上和礼拜仪式上，岁月持续向前，以不同的速度，循环其周期；在政治上，除了在战争和集会外，时间停滞了。在大多数情况下，

正是在集会上，运动和互动才可能同时存在。集会并不仅仅是统治者可以亲自声称自己是统治者的场合，它们可能还是国家能声称其为国家的唯一场合。在集会之外，是采邑的和宴会的地方政治，只有在集会上，无中心的国家才能限定自身，就统治者而言确实如此，这也是德国的世俗权贵最终如何看待他们自身。

（Reuter，1998：378—9）

这段特指奥托王朝的德国，但是可以考虑将它应用得更普遍些：即使更小的团体，如主教辖区和封邑，也是如此运作，在教区宗教会议和地方集会（大会、公共会议、伯爵会议）上聚在一起。在一个很大程度上缺乏超越个人永久性、不间断公共领域、充分交流的世界，差不多任何重要的事情都不得不面对面解决，从解决冲突到接见大使和任命官吏。按正规，是统治者召集集会，而且这些是他的集会，如果他不存在，国家将不得不创造它们。事实上，直到1200年前后，西欧的大部分地区，正是国王不复存在时，国家不得不创造自己的集会。除非一个已故的统治者由其成年的儿子继任，并已确认执政（甚至常常是其后），不得不举行一个集会以确定王国或公国的继承。相反，一个处于严重政治危机中仍健在的统治者，当他的重要人物开始自己召集集会并在集会上碰面时，这是一个明确的信号，这些行动表明，作为一个统治者，他可能不复存在，如果更为不幸，作为一个人也是如此（Giese，1979：149—54，186—91；Holt，1992：225—36）。

尽管1200年被选为终点，但应该指出的是，即使在12世纪晚期，当一种更为现代的国家要素非常明显时，西欧王国依然如它们所做的那样，提供庆祝或宗教的机会聚在一起。我们能在亨利二世于12世纪60年代在克拉伦登（Clarendon）和北安普敦举行的大型会议上看到这些，或者，1176年在威斯敏斯特举行的盛大集会，那时全欧洲的大使都来了，他的女儿乔安娜（Joanna）嫁与她的丈夫——西西里的威廉二世（Warren，1973：143），或者1155年路易七世在苏瓦松（Soissons）召开的集会，在那里宣布了全面和平——事实上，路易六世治下王室会议的增多表明卡佩王朝正再次成为一个名副其实的王朝（Bournazel，1975：134—43，157—61）。这在由弗雷德里克·巴巴罗萨于1184年和1188年召开的两次大型集会上，是明显的并非最不重要的，第一次是庆祝他两个最年长的儿子被册封为骑士，第二次被称为“耶稣基督的集会”，是在耶路撒冷（Jerusalem）陷落后宣告一场新的十字军东征。关于第一次集会，历史学家进行了很多的讨论（Linder，1994；Fleckenstein，1972；Moraw，1988），我们明显处在一个以炫耀性消费和竞争性演出为标志的重大节日世界，具有欧洲中世纪晚期和近代早期的特征。然而，从加洛林时代到新时代前夕有明显的延续性，在新时代，这种集会将不可觉察地合并到议会中（同时也保留着许多庆典和旧集会意识提高的因素）。

这个集会主导世界的缓慢转变需要几句话作结语。首先要指出的是，从12世纪晚期开始，集会呈现更为不同的功能。当然，它们并没有消失，但是它们开始被置于一个更加连续政治活动的语境中。13、14世纪欧洲的王国和公国，不再仅仅通过那些利益相关者和在他们聚会的时刻被限定。宫廷（意味着有永久或半永久王室随员）和王室驻跸的增长，同质司法（homogenous judicial）网和管理机构网的密化，最后但并非最不重要，超越个人国家观念的发展，都意味着集会（不管是否有“代表性”）慢慢地转变成国家功能性的部分，而不是成为国家从虚拟转向真实的场合。① 但是在我们涉及的时期，它们确实如此。

本文有许多明显模糊的特征，需要更广泛详细的研究去提炼和明确表达。显然，如盎格鲁—撒克逊和盎格鲁—诺曼国家，尽管显示了许多与其大陆同伴类似的地方，但在一些地方是微妙不同的，有必要去恰当地探究。同样明显的是，本文中的大多数证据和例子来源于西欧而不是南欧，主要是由于此时期南欧的历史著作缺乏。或许前面的概括没有很好地涵括意大利和西班牙基督教国家。在别处，我们也可能假定或猜想存在地区差别，而且各种各样残存的证据可能会永久地消除它们。尽管《斯韦雷萨迦》（*Sverrissage*）和《挪威王列传》（*Heimskringla*）更加当代的部分，以及布拉格的科斯马斯

① 我已经勾勒了统治权机构密化的大部分背景，尽管没有特别提及集会，见Reuter，1994。现在有大量的德国学者研究王室驻跸的发展。关于中世纪晚期“现代”国家的发展，可以参见Genet，1990。

（Cosmas of Prague）和匿名的加卢斯（Gallus Anonymous）提供了一些材料，但 12 世纪之前的斯堪的纳维亚（Scandinavia）和斯拉沃尼亚（Sclavinia），我们知道的很少。然而即使我们已讨论的更加适用于阿尔卑斯山以北欧洲的加洛林王朝和后加洛林王朝核心区，而不是其他地区，这依然是欧洲的重心，代表了中世纪早期和盛期欧洲政治实践持久和鲜明的部分。

英国法律史档案概观

冷　霞*

由于英伦岛国的特殊地理因素以及较为稳定的政治环境，英国（尤其是英格兰）历史上未经太多战火兵灾，非常幸运地保留了大量自中世纪以来的原始文献。在这些史料中，数量最多、规模最大的当属政府和机构档案，其中的一些档案几乎自12世纪以来就不曾间断地保存至今。大体而言，与英国法律史相关的史料则涉及政府和机构档案、判例报告、学者著作和实践手册等多种类型。虽然由于留存于世的史料数量太过庞大，迄今为止，已经整理的部分只占总量的少数，但其相对数量也已颇为可观。作为英国法律史研究的重要组成部分，这些原始文献的整理刊布不断地刷新并且加深着我们对于英国法律史，尤其是中世纪英国法律史的认识。本文即对英国法律史的档案及其整理成果进行初步梳理。

一、英国法律史史料整理机构

自19世纪开始，在浪漫主义和批判史学运动推动之下，英国官方开始着手组织对英国数量庞大的历史文献的整理、编目、翻译和刊布工作。1800年，英国政府成立了档案委员会（Record Commission，1800—1837），任命专员对官方档案的保管和公共开放问题进行调查。此后在1800—1837年间

* 冷霞，华东政法大学外国法与比较法研究院副教授。

先后任命了六个档案委员会，致力于公共档案的整理出版。虽然这些委员会努力不辍，但成效不彰。① 为此，英国政府又陆续成立了一系列官方机构来负责历史资料，尤其是公共档案的保管和整理工作，如公共档案馆（Public Record Office）、皇家历史学会（The Royal Historical Society）②、历史手稿委员会（Historical Manuscripts Commission）、卷筒卷宗协会（The Pipe Roll Society）等都是基于这一目的而设立。在这些机构中，最初成立的档案委员会以及后起的公共档案馆、卷筒卷宗协会所保存、整理的史料中不乏与英国法律史相关者。此外，英国法律史史料，尤其是中世纪史料的刊布在很大程度上还依赖于一些非官方的学术机构的工作。其中最为重要的有塞尔登协会、美国的埃姆斯基金会，以及数量众多但成果参差不齐的地方历史协会。③

1. 官方机构

1800 年，英国政府成立档案委员会，任命专员对官方档案进行调查。该委员会也负责出版各种历史档案，其中包括《1714 年之前的英格兰和大不列颠王国制定法》(Statutes of the Realm of England and Great Bitain to 1714）以及《1707 年之前的苏格兰议会法案》(Acts of Parliament of Scotland to 1707），以及大量重要的中世纪档案。尽管从技术上而言，前后相承的六个委员会彼此独立，但它们之间存在着相当程度的连续性，因此，通常将它们视为一个实体，统称为档案委员会。

档案委员会的工作为建立公共档案馆铺平了道路。1838 年 8 月 14 日，议会通过第一个《公共档案法》，确定成立英国公共档案馆，由卷宗主事官领导。这是英国唯一的中央级综合性档案馆。自 1838 年成立以来，公共档案馆就成为保存、整理、刊布英国国家档案的核心机构。由于相关档案的规

---

① Aidan Lawes，*Chancery Lane 1377—1977：The Strong Box of the Empire*，London：1996，p.17，档案委员会出版物参见 http://5hm1h4aktue2uejbs1hsqt31. wpengine. netdna- cdn.com/ wp-content/ uploads/ 2014/09/ recordcommissioners.pdf。

② 皇家历史学会下属历史协会和研究计划参见 http://royalhistsoc.org/publications/national-history-and-record-societies/。

③ E.L.C.Mullins 所著的《文本与记录大全：系列出版物的分析导论》一书对这一时期许多学术和地方协会颁布的资料的文本和记录大全进行了概述。参见 E.L.C.Mullins，*Texts and Calendars：An Analytical Guide to Serial Publications*（*1958—1983*），Textbook Publishers，2003。

模过于庞大，任务极为繁重，因此自1890年开始，公共档案馆的政策进行了调整，不再致力于档案的全文刊布，而是将精力主要集中于档案的记录大全（calendar）①及目录索引的整理和出版上。其特许状卷宗（patent rolls）②和密闭卷宗（close rolls）③的记录大全系列分别始于1891年和1892年，“目录和索引系列”（series of Lists and Indexes）于1892年开启。2003年，公共档案馆与历史手稿委员会合并，组建为国家档案馆（National Archives），其领导为卷宗主事官。

卷筒卷宗协会是公共档案馆于1884年建立的一个协会，该机构致力于财政署卷筒卷宗及相关的中世纪文献的编辑和出版。至2018年，该协会已经完成99卷相关文档的整理出版工作。④在这些出版物中，除了卷筒卷宗之外，还有少量与法律相关的其他档案，涉及诉讼卷宗档案、诉讼协议文书附尾档案以及特许状、条约、契据的档案汇编。据我统计，相关诉讼卷宗档案共有3卷，分别是梅特兰编辑的第14卷⑤、1900年出版的第24卷⑥，以及1957年出版的新系列第31卷⑦。诉讼协议文书附尾档案则有第17、20、23、24、65、67、70卷，共7卷，覆盖了自理查一世登基至约翰王去世这一历史阶段。⑧特许状、契据、条约等档案汇编则有第10、74、78、81、84、

① 指由政府档案局出版的概括其所保存的不同种类文件的各种汇编本。

② 记载1202年以来关于国王岁入、司法、官职的授予和确认以及其他事项的文件的文秘署卷宗（Chancery Rolls）。

③ 该卷宗记录了密封令状和国王对特定人的许可。

④ 具体出版物参见 http://www.piperollsociety.co.uk/page4.htm。

⑤ F.W.Maitland ed., *Three Rolls of the King's Court in the Reign of King Richard the First, A.D. 1194—1195*, Vol.14, London: Wyman & Sons, 1891.

⑥ *Feet of Fines of the Tenth Year of the Reign of King Richard I, A.D. 1198 to A.D. 1199, excepting Those for the Counties of Bedford, Berkshire, Buckingham, Cambridge, Devon, and Dorset. Also a Roll of the King's Court in the Reign of King Richard I*, Pipe Roll Society Publications, Vol.24, London: Love & Wyman, 1900.

⑦ R.Allen Brown ed., *The Memoranda Roll for the Tenth Year of the Reign of King John, 1207—1208, together with Curia Regis Rolls of Hilary 7 Richard I, 1196, and Easter 9 Richard I, 1198, a Roll of Pate Held by Hugh de Neville, 9 John, 1207—1208, and Fragments of the Close Rolls of 16 and 17 John, 1215—1216*, Pipe Roll Society Publications, Vol.69, London: Pipe Roll Society, 1956.

⑧ *Feet of Fines of the Reign of Henry II and of the First Seven Years of the Reign of King Richard I, A.D. 1182 to A.D. 1196*, Pipe Roll Society Publications, Vol.17, 1894; *Feet of Fines of the Seventh and Eighth Years of the Reign of King Richard I, A.D. 1196 to A.D.1197*, Pipe Roll Society Publications, Vol.20, London: Wyman & Sons, 1896; *Feet of Fines of the Ninth Year of the Reign of King Richard I, A.D. 1197 to A.D. 1198*, Pipe Roll Society Publications, Vol.23, London: Wyman & Sons, 1898; *Feet of Fines of the Tenth Year of the Reign of King Richard I, A.D. 1198 to A.D. 1199*, （转下页）

88、97卷，共7卷。①

目录和索引协会（List and Index Society）由埃尔顿爵士（Sir Geoffrey Rudolph Elton，1921—1994）等人创建于1965年，该协会分担了公共档案馆关于英国中世纪及近代早期历史档案的目录、索引、记录大全的部分整理出版工作，也出版相关专著。至2018年，该协会以公共档案馆的国家档案为对象的标准系列已经出版359卷。以非国家档案的文献的参考目录和文件编辑为内容的特别系列也已经有57卷。这两个系列都包含了大量法律文献整理成果，如1910年出版的《诉讼卷宗目录》(List of Plea Rolls-in the Public Record Office）等。② 该协会近年来所从事的主要的法律文献整理包括多卷本的《伊丽莎白特许卷宗记录大全》(The Calendar of Patent Rolls Elizabeth）以及以国家档案馆HO 47系列档案为素材的《关于犯罪的法官判例报告，1783—1830》(the Judges' Reprots on Criminals，1783—1830）。此外还有4卷本的《肯特郡法律，1602》(Kent at Law，1602）③，提供了1602年这一年肯特郡的法院档案，4卷分别收录了郡管辖权（巡回审判和治安季审法院）、地方管辖权（自治市镇、自由权和采邑）、星室法院、衡平法院（大法官法

（接上页）*excepting Those for the Counties of Bedford, Berkshire, Buckingham, Cambridge, Devon, and Dorset. Also a Roll of the King's Court in the Reign of King Richard I*, Pipe Roll Society Publications, Vol.24, London: Wyman & Sons, 1900; B. Dodwell ed., *Feet of Fines for the County of Norfolk for the Tenth Year of the Reign of King Richard the First, 1198—1199, and for the First Four Years of the Reign of King John, 1199—1202*, Pipe Roll Society Publications, Vol.65, London: Pipe Roll Society, 1952; M.S.Walker ed., *Feet of Fines for the County of Lincoln for the Reign of King John, 1199—1212*, Pipe Roll Society Publications, Vol.67, London: Pipe Roll Society, 1954; B. Dodwell ed., *Feet of Fines for the County of Norfolk for the Reign of King John, 1201—1215, for the County of Suffolk for the Reign of King John 1199—1214*, Pipe Roll Society Publications, Vol.70, London: Pipe Roll Society, 1958.

① J.H.Round ed., *Ancient Charters, Royal and Private, Prior to A.D. 1200. Part I*, Pipe Roll Society Publications, Vol.10, London: Wyman & Sons, 1888; P.M.Barnes and C.F.Slade ed., *A Medieval Miscellany for Doris Mary Stenton*, Pipe Roll Society Publications, Vol.74, London: Pipe Roll Society, 1962; B. Dodwell ed., *The Charters of Norwich Cathedral Priory, Part I*, Pipe Roll Society Publications, Vol.78, London: Pipe Roll Society, 1974; E.Mason ed., *The Beauchamp Cartulary: Charters, 1100—1268*, Pipe Roll Society Publications, Vol.81, London: Pipe Roll Society, 1980; B. Dodwell ed., *The Charters of Norwich Cathedral Priory, Part II*, Pipe Roll Society Publications, Vol.84, London: Pipe Roll Society, 1985; William T. Reedy, *The Bassett Charters c.1120—1250*, Pipe Roll Society Publications, Vol.88, London: Pipe Roll Society, 1995; Nicholas Vincent, *Norman Charters from English Sources: Archives, Antiquaries and the Rediscovery of the Anglo-Norman Past*, London: Pipe Roll Society, 2013.

② 其出版物目录参见 http://www.listandindexsociety.org.uk/allpubs.html。

③ http://www.listandindexsociety.org.uk/.

院）四个方面的案件。

2. 塞尔登协会

19世纪八九十年代，英国中世纪档案的整理工作进入高潮，大量的历史档案得以整理编目、刊行出版。[①]正是在这一背景下，1887年，著名的法律史学家梅特兰在英美两国的法官、律师公会、大学以及法律职业群体的支持下创立了塞尔登协会（Seldon Society）。该协会以英国17世纪著名历史及语言学家、律师约翰·塞尔登（J.Seldon，1584—1654）的名字命名。作为英国唯一完全致力于英国法律史的学术团体和出版机构，塞尔登协会研究并且出版与法律相关的史料，包括法律观念的发展、法律职业、法院和其他法律机构、个体的法官和律师、法律文献和档案、法律语言、法律人物肖像和服饰等几乎所有富有英国普通法特色的东西，其中大多是此前未曾付梓的原始文献，这一工作确立了该协会在英国法律史学界的标杆地位。

塞尔登协会的主要成果分为两类[②]，一是其年度系列的出版物，每年出版1卷，其内容涉及普通法的重要原始资料，如年鉴，诉讼卷宗和法院档案，巡回法官的巡回法院卷宗，王座法院、大法官法院、星室法院、海事法院、恳请法院、财政署内室法院（Exchequer Chamber）和枢密院的判例选，以及地方法院、采邑法院、教会法院和商人法院的判例选等。贸易公司的特许状选集、自治市镇习惯以及公共工程的档案则表明工商企业和地方政府的发展。此外，还包含表明法律职业、早期法律教育、律师公会及其教学方式的发展的早期论著、程式汇编、法官笔记、律师公会讲师对制定法的讼讲。1887—2015年间，年度系列已经出版128卷。每卷除了初始文本之外，还附有现代英文翻译，此外每卷本文之前的导论对本卷文献进行概览和讨论，提供文献的法律和历史背景，实际上，这些导论本身就构成了相关领域的现代研究的权威成果。二是自1965年起，塞尔登协会开始出版补充系列（supplementary series）出版物，该系列将数个世纪以来法官和杰出律师的手

---

① A.MacFarlane，*A Guide to English Historical Records*，Cambridge University Press，1983，pp.6—7.

② 塞尔登协会出版物名单可参见 http://www.law.harvard.edu/programs/selden_society/pub.html。

稿书目、名单列表以及因篇幅相对短小而不适于收入年度出版物的法律史出版物纳入其中。至 2015 年已经出版 18 卷。

此外，塞尔登协会出版物还包括：讲座系列，其内容为自 1952 年以来塞尔登协会年会召开期间邀请著名学者所作的讲座；与其他出版商合作出版 5 卷出版物，均为英国法律史上的经典著作的翻译和编纂；以及其他零星出版物。

3. 埃姆斯基金会

20 世纪初，美国书商索尔（C.C.Soule）有意出版全套年鉴，他获得埃姆斯、比奇洛（Bigelow）、沃巴夫（Wambaugh）、比尔（Beale）等杰出的美国法律学者的支持，并试图与塞尔登协会进行合作。由于基本理念的不同，梅特兰拒绝了索尔的合作邀请。虽然索尔的这一出版计划最终夭折，但支持索尔的美国学者决定在塞尔登协会的既有工作之外，独立进行未曾出版的理查二世时期年鉴的整理工作，基础工作由埃姆斯和比尔完成，由此促成了埃姆斯基金会（Ames Foundation）于 1912 年的建立。

该机构致力于继续提升法律知识和帮助法律的完善，同样重视出版关于英国法的重要历史文献，其核心内容就是出版年鉴。迄今为止，埃姆斯基金会已经出版 7 卷 1377—1399 年间理查二世统治时期的年鉴。① 最新的一卷是 1996 年出版的《理查二世时期的年鉴：理查二世第六年，1382—1383》[*Year Books of Richard II*：*6 Richard II*，*1382—1383*（1996）]。埃姆斯基金会出版的年鉴除了保留手稿本身的法文文本，并附有案件档案的拉丁文文本外，还增加了对前两个文本的英文翻译。此外，还增加了重要的学术导论、表格和详细的索引。这些细致的工作使得这些成果成为早期英国法律史的重要渊源。②

4. 地方历史档案协会

随着现代各郡和其他地方档案协会的发展，英国各地方的历史档案协会

① *Year Books of Richard II*（*1378—1379*，*1382—1390*），7 vols.，Cambridge，Massachusetts：Harvard University Press，1914—1937.

② 其出版物目录参见 http://amesfoundation.law.harvard.edu/pub.html。

也成为英国法律档案整理研究的重要力量。① 尤其是关于地方法律史料的整理，几乎已经成为地方历史档案协会的专属领域，塞尔登协会甚至奉行不随意侵入严格意义上的地方史领域的政策。

这些地方历史档案协会不仅在其整理的本地历史档案的综合出版物中收录部分法律档案，还进行与法律相关的专题档案整理和研究。以贝德福德郡为例，该郡历史档案协会的系列出版物中的第1卷中就包含该郡巡回审判1202年巡回审判的档案，而且该协会自1903年至今出版的94卷出版物②中，与法律相关的档案整理成果涉及巡回审判③、契据登记簿④、财产转让档案（以土地税评估为基础的土地转让研究）⑤、贝德福德法人会议备忘录⑥、采邑法院卷宗⑦、验尸官卷宗⑧、教会法院登记的遗嘱⑨、治安集会卷宗⑩、

① 关于英国各地方历史档案协会及其出版物参见皇家历史协会网站（Royal Historical Society）：http://www.royalhistoricalsociety.org/t&cenglishsocieties.php。

② 相关出版物书目参见 http://www.royalhistoricalsociety.org/bedshistrecsoc.pdf。

③ George H.Fowler ed.，*The Bedfordshire Eyre*，*1202*，Bedfordshire Historical Record Society Publications，Vol.1，London：Aspley Guise，1913；George H.Fowler ed.，*Roll of the Justices in Eyre at Bedford*，*1227*，Bedfordshire Historical Record Society Publications，Vol.3，London：Aspley Guise，1916；George H.Fowler ed.，*Roll of the Justices in Eyre*，*1240*，Bedfordshire Historical Record Society Publications，Vol.9，London：Aspley Guise，1925；George H.Fowler ed.，*Calendar of the Roll of the Justices on Eyre*，*1247*，Bedfordshire Historical Record Society Publications，Vol.21，London：Aspley Guise，1939.

④ George H.Fowler ed.，*Cartulary of the Cistercian Abbey of Old Wardon*，Publications of the Bedfordshire Historical Record Society，Vol.13，Manchester：The Manchester University Press，1931；J.Godber ed.，*The Cartulary of Newnham Priory*，Publications of the Bedfordshire Historical Record Society，Vol.43，1963—1964.

⑤ E.O.Payne ed.，*Property in Land in South Bedfordshire*，*1750—1832*，Publications of the Bedfordshire Historical Record Society，Vol.23，1946.

⑥ G.Parsloe ed.，*The Minute Book of Bedford Corporation*，*1647—1664*，Publications of the Bedfordshire Historical Record Society，Vol.26，1949.

⑦ M.K.Dale ed.，*Court Roll of Chalgrave Manor*，*1278—1313*，Publications of the Bedfordshire Historical Record Society，Vol.28，1950.

⑧ R.F.Hunnisett ed.，*Bedfordshire Coroners' Rolls*，Publications of the Bedfordshire Historical Record Society，Vol.41，1961，这些材料为 R.F.Hunnisett，*The Medieval Coroner*（1961）一书所充分倚重和利用。

⑨ P.Bell ed.，*Bedfordshire Wills*，*1480—1519*，Publications of the Bedfordshire Historical Record Society，Vol.45，1966；M.McGregor ed.，*Bedfordshire Wills Proved in the Prerogative Court of Canterbury*，*1383—1548*，Publications of the Bedfordshire Historical Record Society，Vol.58，1979；P.Bell ed.，*Bedfordshire Wills 1484—1533*，Publications of the Bedfordshire Historical Record Society，Vol.76，1997.

⑩ E.G.Kimball ed.，*Sessions of Peace for Bedfordshire*，*1355—1359*，*1363—1364*，Publications of the Bedfordshire Historical Record Society，Vol.48，Historical Manuscripts Commission，Joint Publications，Vol.16，1969，该档案记录了1355—1359、1363—1364年间的贝德福德郡的治安集会（Sessions of the Peace for Bedfordshire），其中包含2卷拉丁文的治安卷宗，附有所有条目的英文概要。其导论描述了卷宗及专员的处理、法官、治安集会、不法行为及对不法行为者的处罚。

治安法官笔记①、监狱档案②、贝德福德郡国王增收法庭档案③、选举投票档案④、末日审判书⑤、郡长卷宗⑥等多个方面。

在地方历史档案协会整理的诸多档案中，与英国普通法发展关联最为密切的莫过于巡回审判档案。事实上，虽然巡回审判属于中央司法的范畴，但由于巡回审判卷宗大多保留在各郡，因此，这一领域的法律档案的整理在很大程度上依赖于这些地方历史档案协会的努力。除前述贝德福德郡之外，白金汉郡⑦、剑桥郡⑧、德比郡⑨、德文郡⑩、林肯郡⑪、伦敦⑫、北安普敦郡⑬、诺森伯兰郡⑭、

---

① A.F.Cirket ed., *Samuel Whitbread's Notebooks, 1810—1811, 1813—1814*, Publications of the Bedfordshire Historical Record Society, Vol.50, 1971.

② E.Stockdale, *A Study of Bedford Prison, 1660—1877*, Publications of the Bedfordshire Historical Record Society, Vol.56, 1977.

③ Y.Nicholls ed., *Court of Augmentations Accounts for Bedfordshire*, 2 vols, Publications of the Bedfordshire Historical Record Society, Vol.63—64, 1984.

④ J.Collett-White, *How Bedfordshire Voted, 1685—1735: Evidence of Local Poll Books, Vol.I, 1685—1715*, Publications of the Bedfordshire Historical Record Society, Vol.85, 2006; J.Collett-White, *How Bedfordshire Voted, 1685—1735: Evidence of Local Poll Books, Vol.II, 1716—1735*, Publications of the Bedfordshire Historical Record Society, Vol.87, 2008; J.Collett-White ed., *How Bedfordshire Voted, 1735—1784, The Evidence of Local Documents and Poll Books*, Publications of the Bedfordshire Historical Record Society, Vol.90, 2011.

⑤ G.H.Fowler ed., *Bedfordshire in 1086: An Analysis and Synthesis of Domesday Book*, Quarto Memoirs of the Bedfordshire Historical Record Society, Vol.1, 1922.

⑥ G.H.Fowler ed., *Rolls from the Office of the Sheriff of Beds and Bucks*, 1332—1334, Quarto Memoirs of the Bedfordshire Historical Record Society, Vol.3, 1929.

⑦ Lesley Boatwright ed., *The Buckinghamshire Eyre of 1286*. Buckinghamshire Record Society Publications, Vol.34. Aylesbury: Buckinghamshire Record Society, 2006.

⑧ William M.D.Palmer ed. and trans., *The Assizes Held at Cambridge A.D. 1260 (Sic): Being a Condensed Translation of Assize Roll 82 in the Public Record Office*, Linton: Eagle Printing Works, 1930.

⑨ Aileen Hopkinson ed., *The Rolls of the 1281 Derbyshire Eyre*, Chesterfield: Derbyshire Record Society, 2000.

⑩ Summerson Henry ed., *Crown Pleas of the Devon Eyre of 1238*, Devon & Cornwall Record Society, N.S.Vol.28, Torquay, England: Devonshire Press, 1985.

⑪ Doris M.P.Stenton ed., *The Earliest Lincolnshire Assize Rolls, A.D. 1202—1209*, Lincoln Record Society Publications, Vol.22. Lincoln: The Society, 1926.

⑫ Helena M.Chew and Martin Weinbaum ed., *The London Eyre of 1244*, London Record Society Publications, Vol.6, Leicester: London Record Society, 1970; Martin Weinbaum ed., *The London Eyre of 1276*, London Record Society Publications, Vol.12. Leicester: London Record Society, 1976.

⑬ Doris M.P.Stenton ed., *The Earliest Northamptonshire Assize Rolls, A.D. 1202 and 1203*, Northamptonshire Record Society Publications, Vol.5. London: J.W.Ruddock, 1930.

⑭ A.H.Thompson ed., *Northumberland Pleas from the Curia Regis and Assize Rolls, 1198—1272*, Newcastle upon Tyne Records Committee, Vol.2, 1922; D.M.Stenton ed., *The Earliest Northamptonshire Assize Rolls, A.D. 1202 and 1203*, Northamptonshire Record Society, Vol.5, 1930; William Page ed., *Three Early Assize Rolls for the County of Northumberland, Saec. XIII*, Publications of the Surtees Society, Vol.88, Durham: Andrews and Co. for the Society, 1891.

牛津郡①、斯坦福郡②、萨里郡③、威尔特郡④以及约克郡等地方郡县的历史档案协会都已经整理出版了当地部分历史阶段的巡回审判档案。

总之，上述官方及民间机构各尽所能、各展所长，对政府及机构档案、判例报告乃至学者著作和实践手册等英国法律史史料进行整理和研究，获得丰硕的成果。

二、政府及机构档案

1. 政府档案

在英国法律史史料中，政府档案数量最多，大致可分为中央与地方两个层面，比较而言，中央政府档案的保存较为系统、完整，地方档案由于缺乏中央政府的档案保存能力和方法，遗失情况较为严重。大体来看，政府机构的立法、司法甚至行政诸部门制作和保存的档案多少与英国法律相关联，主要可分为立法档案和司法档案两类。具体而言，君临议会和君临谘议会是中央的立法机关，它们制作并保存了英国最为核心的立法档案。英国中世纪

---

① James E.T.Rogers ed., *Oxford City Documents: Financial and Judicial, 1268—1665*, Oxford Historical Society Publications, Vol.18, Oxford: Clarendon Press, 1891; Janet Cooper ed., *The Oxfordshire Eyre, 1241*, The Oxfordshire Record Society, Vol.56, Oxford: The Oxfordshire Record Society, 1989.

② Chadwyck-Healey, Sir Charles E.H., and Lionel Landon eds., *Somersetshire Pleas (Civil and Criminal), from the Rolls of the Itinerant Justices*, 4 vols. Somerset Record Society Publications, Vol.11, 36, 41 & 44. London: The Society, 1897—1929，此外还有乔治·胡罗特索（George Wrottesle）担任总主编编纂的系列丛书《斯坦福郡史选粹》，该丛书是维多利亚时代英格兰各郡史计划（the Victoria History of the Counties of England Project）的一部分，其中第3、4、5、6及新系列的3、4、6卷中包含了斯坦福郡巡回审判的相关档案。See George Wrottesle ed., *Collections for a History of Staffordshire*, Publication of William Salt Archaeological Society, Vol.3, 4, 5 pt.1, 6 pt.1, 7, 9—17; N.S.Vol.3, 4, 6, London: Harrison and Sons, 1882—1996。

③ Cecil A.F.Meekings and David Crook eds., *The 1235 Surrey Eyre*. 2 vols. Guildford: Surrey Record Society, 1979; Andrew H.Hershey ed., *The 1258—1259 Special Eyre of Surrey and Kent*, Surrey Record Society Publications, Vol.38, Woking: Surrey Record Society, 2004; Susan M.Stewart ed., *An Edition of the Surrey Eyre Roll of 1262—1263*, London: University of London, 2001; Susan M.Stewart ed., *The 1263 Surrey Eyre*, Surrey Record Society Publications, Vol.40, Woking: Surrey Record Society, 2006.

④ M.T.Clanchy ed., *Civil Pleas of the Wiltshire Eyre, 1249*, Wiltshire Record Society Series, Vol.26, London: Devizes, 1971; Cecil A.F.Meekings ed., *Crown Pleas of the Wiltshire Eyre, 1249*, Wiltshire Record Society Series, Vol.16, Devizes: Wiltshire Archaeological and Natural History Society, 1961.

的法院（包括文秘署和财政署的司法分支）则制造了大量司法档案，王国的一般正义通过普通法法院予以维持，司法不公则通过由国王谘议会衍生出来的衡平法院，尤其是大法官法院予以救济。在地方上，最底层的村巡警（Village Constable）至高级巡警（High Constable）、治安法官和郡长保证了王国法律体系的顺畅运转，他们也制造了大量文书。这些英国政府机构自 12 世纪至 19 世纪期间所制造的档案大多得以较好的留存，构成了西方世界规模最为宏大并且持续的政府档案。当然，也正是由于这些档案的数量巨大和复杂，迄今为止只有其中的极少一部分为历史学家们所整理和利用。

（1）立法档案及相关史料整理

① 议会诞生前立法史料的整理

在议会诞生之前，国王是英国立法的主体。自盎格鲁—撒克逊时代开始直至安茹王朝，历代英王都曾颁布法律。由于国家建制尚不完善，因此这些立法文本形式多样，并且未能以官方档案的形式得到很好的保存。但其中也有不少通过编年史家的记述、学者的著作以及零散的文件副本等多种形式得以保留。至 19 世纪，这些资料经由史家的梳理得以呈现于世人面前。

关于盎格鲁—撒克逊时代的法律，自阿尔弗雷德开始直至 1066 年之前，留下了大量立法文献。其中许多已经获得了整理、翻译。收录了盎格鲁—撒克逊时期全本法律文本的史料集主要有两部，一部是索普的《古代英国的法律和制度》（*Ancient Laws and Institutes of England*）①，另一本则是利伯曼（Felix Liebermann，1851—1925）编辑的 3 卷本《盎格鲁—撒克逊人的法律》（*Die Gesetze der Angelsachsen*）②。后者尤为重要，作为对盎格鲁—撒克逊法进行大规模编辑的成果，该书至今仍是研究早期英国法最为重要的著作。利伯曼以他哲学、历史学和古文书学的研究，为盎格鲁—撒克逊法的研究者乃至所有中世纪史的研究者确立了一个标杆。他的分析倾向于将盎格鲁—撒克逊时期视为一个法律统一体，但对这五个多世纪的立法的内在发展并未给予太多关注。无论如何，此后所有关于早期英国法的研究在很大程度上都以利

① B.Thorpe ed., *Ancient Laws and Institutes of England*, London: Eyre & Spottiswoode, Vol.1, 2012 (First published in 1840).

② Felix Liebermann, *Die Gesetze der Angelsachsen*, 3 vols, Halle A.S.M.Niemeyer, 1903—1916.

伯曼的编辑为基础。也正是由于这一成果的重要意义，为了纪念该书出版百年，2010 年出版了由一批专精于中世纪法律文化的国际顶尖学者撰写的文集《大宪章之前的英国法》（*English Law before Magna Carta*）①。该文集不仅介绍了利伯曼的生平及学术遗产，还讨论了早期法研究中的一系列主要问题，例如古老的英国法律文本和忏悔规则书文本之间的关系、早期英国法律手稿的出处、大宪章之前的立法的制作和日期，以及盎格鲁—撒克逊及诺曼法律实践和程序的性质等等。

此后，关于盎格鲁—撒克逊时期的法律文本的翻译成果还有阿滕伯勒（F.L.Attenborough）的《早期英国国王的法律》（*The Laws of the Earliest English Kings*）② 和罗伯逊（A.J.Robertson）的《自埃德蒙到亨利一世的英格兰国王的法律》（*Laws of the Kings of England from Edmund to Henry I*）③。前者实质上是对利伯曼所编辑的版本的一个英文译本④，辑录了 7 部盎格鲁—撒克逊时期的法典，但 10 世纪中期之后的 4 部法典未收入；而后者则是对自埃德蒙至亨利一世时期诸位英王立法所做的英文译文和注释，其中恰好包含了前者未曾收入的 4 部法典。比尔·格里菲斯（Bill Griffiths）所著《早期英国法导论》（*An Introduction to Early English Law*）⑤ 一书中也包含了埃塞尔伯特、阿尔弗雷德大帝、埃德蒙、埃塞尔雷德的法律，还对埃塞尔伯特的法律进行了翻译。阿兰·肯尼迪（Alan Kennedy）则翻译了 1018 年克努特第一部法典。⑥ 此外，斯塔布斯的《英国宪法史特许状选编》（*Select Charters and Other Illustrations of English Constitutional History*）⑦ 以及怀特洛克（Dorothy Whitelock，1901—1982）编辑的《英国历史档案，卷一：公元 500—1042》

---

① Stefan Jurasinski et al. eds.，*English Law before Magna Carta*，The Netherlands：Brill，2010.

② F.L.Attenborough，*Laws of the Earliest English Kings*，Cambridge：Cambridge University Press，1922.

③ A.J.Robertson，*Laws of the Kings of England from Edmund to Henry I*，Cambridge：Cambridge University Press，1925.

④ 可能也是因为利伯曼的著作恰好于一战时期出版，因此非德国学者难以获得。

⑤ Bill Griffiths，*An Introduction to Early English Law*，Hockwold cum Wilton，1995.

⑥ Alan Kennedy，The First Code of Cnut（Cn 1018），in "Cnut's law code of 1018"，*Anglo-Saxon England*，Vol.11，1983，pp.72—81.

⑦ W.Stubbs，*Select Charters of English Constitutional History*，9th edn. Oxford：Clarendon Press，1913.

（*English Historical Documents Vol.I：500—1042*）[①]一书中也有相关片段摘录。这一领域的较新成果当属奥利弗（Lisi Oliver）编辑的《英国法的开端》（*The Beginnings of English Law*）[②]，该书研究了三部最早的盎格鲁—撒克逊法——《埃塞尔伯特法》《洛希尔和埃德里克法》以及《威特雷德法》，并提供了相关译文。

诺曼征服之后，自诺曼至安茹王朝的历代君主均颁布了法令，并且部分留存至今。尽管这些文件并不完全符合现代意义上的立法，但多少具有立法性质。例如，威廉一世时期颁布的一些具有立法性质的令状和特许状，亨利一世及斯蒂芬即位时颁布的加冕特许状等，此外亨利二世时期的多项法令通过诸如豪登的罗杰（Roger of Howden）这样的前王室法官所撰写的编年史的记载而得以保留。

这些早期的英国法文献也为后世的学者们所梳理。除斯塔布斯的《英国宪法史特许状选编》摘编的部分内容外，戴维·贝茨（David Bates）在其著作《威廉一世的法令，1066—1087》（*The Acta of William I，1066—1087*）[③]一书中提供了威廉一世时期所有存世的立法性令状和特许状，包括威廉一世的伦敦令状、威廉一世处理英国人与法国人之间诉讼的令状（Willelmes cyninges asetnysse）以及威廉一世关于教会法院的令状。此外，布鲁斯·奥布赖恩（Bruce O'Brien）的著作《上帝的和平与国王的和平：忏悔者爱德华的法律》（*God's Peace and King's Peace：The Laws of Edward the Confessor*）一书中则收录了《忏悔者爱德华的法律》的译文。[④]需要说明的是，《忏悔者爱德华的法律》名实不符，实质上是亨利一世时期的一部法学著作汇编。

② 议会档案及其整理

自议会诞生并且逐渐获得立法权之后，英格兰最重要的立法机构是君临

---

① D.Whitelock ed.，*English History Document*，Vol.1，London：Eyre Methuen，1979.

② Lisi Oliver ed.，*The Beginnings of English Law*，Toronto Medieval Texts and Translations，Vol.14，Toronto：University of Toronto Press，2002.

③ David Bates，*Regesta Regum Anglo-Normannorum*：*The Acta of William I，1066—1087*，Oxford：1998.

④ Bruce O'Brien，Laws of Edward the Confessor，Version 2（ECf2），in *God's Peace and King's Peace*：*The Laws of Edward the Confessor*，Philadelphia：1999.

议会，其立法活动产生了多种形式的议会档案。

A. 制定法卷宗与议会法律刊录

议会最早的立法档案系列是“制定法卷宗”（statute rolls）。这一卷宗系列仅仅记录最终形式的议会法令，而不涉及产生这些法令的相关议事记录。中世纪英格兰每届议会都会汇编一部法令集，整合成一部制定法，该法以国王的年号命名，每项特定的议会法令都构成该制定法的一条或一章。第一卷制定法卷宗所记载的第一部制定法是1278年《格罗塞斯特制定法》。该卷宗先后汇编了6卷，汇集了1278—1431年及1445—1468年间经英格兰议会制定的法律和许多从未被看作具有制定法效力的文件的文本。最终，制定法卷宗因议会法令的最终形式开始登记于议会卷宗中而终止。该卷宗后被收录为《王国制定法》（*Statutes of the Realm*）① 的第1—2卷，并翻译为英语。

自1483年开始，“议会法律刊录”（*Inrollments of Acts of Parliament*）成为收录获国王批准的议会法令的正式抄本的官方档案。此后至今，它都被视为英国制定法的主要的初始权威。其间唯一的缺漏是大空位时期，即1642—1660年间。包括经确认并送交文秘署（Chancery）的议会法律。1849年之前，所有议会法律均誊抄在羊皮纸上，由议会书记官（Clerk of the Parliaments）签署并确认，与其他档案一并存放于议会档案馆（Rolls Chapel）。自1849年起，由王室印刷局（Queen's Printer）用仿羊皮纸印刷每一份议会法律，一式两份，经议会两院的官员核证后，一份存放于上院，一份存放于公共档案馆。

B. 议会卷宗

议会卷宗（parliament rolls）是与制定法卷宗大致并行的议会档案系列。该卷宗由国王任命的文书编撰和保存，主要记载了产生议会法令的中世纪英格兰议会的议事进程，特别是诉愿人或下院的请求及相应的答复，但在1483年之前，很少记录制定法本身，而是将制定法文本纳入制定法卷宗中。

议会卷宗的出版始于18世纪。1767—1777年间，由约翰·斯特雷奇（John Strachey）牧师担任总编辑对该系列1272—1504年间的卷宗进行

① *Statutes of the Realm*，9 vols，Record Commission，1810—1828.

了整理，最终于1783年以6卷本的形式出版，取名《议会档案》(*Rotuli Parliamentorum*；*ut et Petitiones*，*et Placita in Parliamento*)。1832年，档案委员会为该版编制并出版了一个索引卷，但这个版本事实上并不完整。最早的议会档案并非保存于伦敦塔的文秘署档案中，而是保存于探索不多的威斯敏斯特财政署档案中，其中的一些直至19世纪才被首度发现。而且，文秘署档案本身也不完整。这些都导致1783年的《议会档案》中存在许多缺失。针对其中1279—1373年间的遗漏，理查德森和塞莱斯编纂了《未出版之英格兰议会档案》(*Rotuli Parliamentorum Anglie hactenus inediti*)予以补充。[①] 2005年，由利华休姆基金会（Leverhulme Trust）赞助、英国国家档案馆与议会史信托基金合作完成了议会卷宗的新版，名为《中世纪英格兰议会卷宗》(*The Parliament Rolls of Medieval England*，*1275—1504*)。该新版共17卷，吸收了梅特兰和理查德森、塞莱斯等人编辑的材料，因此内容更为丰富。

C. 议会日志

至16世纪，议会卷宗的地位为议会日志（journals of parliament）所取代。议会日志是两院就所议事项制作的记录，但议员所作讲话不在其列。其中，上院日志始于1509年，其早期内容并不完整，存在许多缺漏。直至伊丽莎白一世时期，才成为对于下院程序的完整记录。下院日志则始于1547年。迄今为止，这些日志尚未得到系统的整理和利用。

D. 制定法法规集

印刷术于15世纪末年引入英格兰之后，很快就有人为了公众使用的目的而印刷出版制定法法规集。早期最有名者当属《新律汇编》(*Statuta Nova*)及《旧律汇编》(*Statuta Antiqua*)两种。至16世纪，印刷出版的制定法法规集数量迅速增长，名目众多。据统计，在1600年之前印刷出版的制定法的数量超过300多种。但总体而言，并无杰作。唯一值得一提的是普尔顿（Pulton）于1618年完成的一部《制定法大全》(*Statutes at Large*)。由于制作相对精良，该制定法法规集连出6版，一直风行至1670年。此后，在18

① H.G.Richardson and G.O.Sayles ed.，*Rotuli Parliamentorum Anglie hactenus inediti MCCLXXIX MCCCLXXIII*，Royal Historical Society，Camden Society，3rd series，Vol.li，London：1935.

世纪，出现了许多与普尔顿的制定法大全风格近似的出版物，著名的出自拉夫赫德（Ruffhead）、丹比·皮克林（Danby Pickering）等人。

欧文·拉夫赫德（Owen Ruffhead，1723—1769）编辑的“赫德版”《制定法大全》为其中最知名者。该书于1763—1765年间首次出版，共9卷，覆盖了自《大宪章》至乔治三世四年时期。此后，在1771—1780年间，又出版了10—13卷，1786年出版了第14卷。1786年，查尔斯·朗宁顿（Charles Runnington，1751—1821）再版14卷的赫德版《制定法大全》，其覆盖时间延伸至乔治三世二十五年法令。此后，1789—1794年间，出版了朗宁版的第11—12卷，1798—1800年间出版了第13—14卷，其覆盖时间也延续至1800年。此外，丹比·皮克林编纂的《制定法大全》篇幅更为庞大。其收录的制定法自《大宪章》至1761年，首版24卷出版于1762—1766年，此后40年间又增补了22卷，共46卷。

至19世纪，制定法法规集的整理、出版更具官方色彩。档案委员会于1810—1828年间出版了11卷本的《王国制定法》(*Statutes of the Realm*)①一书，既包括所有为此前出版的法令集所收录的1235—1713年间的制定法，也包含大量此前未曾收入的内容，同时还囊括《大宪章》、亨利一世至爱德华一世时期的诸多自由特许状等其他重要的早期文件。其法令文本一般取自《制定法卷宗》或者后来的《议会法规刊录》，如有缺失，则以议会档案和其他渊源中保存的初始法案予以填补。

《王国制定法》一书并未收录17世纪中叶英国大空位时期的议会立法，但这一时期的立法活动极为频繁，并且具有重要的历史意义。为此，制定法委员会（Statute Law Committee）决定搜集并且再版这些法令。该工作于1899年启动，先后由利德尔（F.F.Liddell）与格雷姆·哈里森（W.M.Graham Harrison）两位先生任总编。由此完成的三卷本的《大空位时期的法令和敕令》(*Acts and Ordinances of the Interregnum*, *1642—1660*）涵盖了自内战爆发至查理二世复辟这一大空位时期的议会通过制定法。鉴于这一时期政治的特殊性，该书既包括两院共同通过的立法，也包括众议院在独揽立法权之后

① *Statutes of the Realm*: *Printed by Command of His Majesty King George the Third ... from Original Records and Authentic Manuscripts*, 9 vols, Record Commission, 1810—1828.

独自通过的法律。此外还收录了 1653—1654 年间一度替代议会法的护国主及其委员会发布的条例（ordinance）。该书于 1911 年重印。①

1831 年之后，英国皇家文书出版署（H.M.S.O.）开始按年出版官方版本的制定法，包括《普通公共法和措施法令集》(*Public General Acts and General Synod Measures*) ② 与《地方法与私人法令集》(*Local and Personal Acts*) ③ 两种，前者为当年议会制定、颁布的所有普遍适用的法律、法令，后者则涉及议会制定、颁布的非普遍适用的法令。以上法令均全文刊登，但不附加任何解释说明。

其他较为重要的制定法汇编有英格兰、威尔士判例报告编纂委员会（Incorporated Council of Law Reporting for England and Wales）出版的《判例汇编，制定法》(*Law Reports*，*Statutes*)，这一系列是对皇家文书出版署印行的《普通公共法令集》(*Public and General Acts*) 的再版。它每年颁布数卷，最后会将该年所颁布的数卷装订在一起。一般在皇家文书出版署印行数个月后再出版，并且不包含注释。此外还有《奇蒂实用制定法》(*Chitty's Statutes of Practical Utility*) ④、《制定法：自亨利三世二十年至乔治六世十二至十四年第 10 章》(*The Statutes*：*From the Twentieth Year of King Henry the Third to the Tenth Chapter of the Twelfth*，*Thirteenth*，*and Fourteenth Years of King George the Sixth A.D. 1235—1948*) ⑤、《霍尔斯伯里英格兰与威尔士制定法》(Halsbury's Statutes of England and Wales) ⑥ 等。

③ 谘议会档案

除议会外，国王谘议会也是中世纪重要的立法机构，该机构为君主提供咨询和建议。其规模与构成不断变化，但通常由国家重臣、少数主教、

---

① C.H.Firth and R.S.Tait ed.，*Acts and Ordinances of the Interregnum*，*1642—1660*，3 vols，London：1911.

② 1837 年至今有效的英国议会普通公共法参见 http://www.opsi.gov.uk/acts。

③ 1857 年至今有效的英国议会地方法参见 http://www.opsi.gov.uk/local-acts。

④ 又名《奇蒂年度制定法》(*Chitty's Annual Statutes*)，是自 1235—1948 年间的制定法选集，主要供执业律师使用。

⑤ Robert Drayton ed.，*The Statutes*：*From the Twentieth Year of King Henry the Third to the Tenth Chapter of the Twelfth*，*Thirteenth*，*and Fourteenth Years of King George the Sixth A.D. 1235—1948*，3rd rev. ed，该书包含自 1235—1948 年间的制定法。

⑥ 其中包含自 1267 年以来迄今依然有效的制定法。

世俗贵族以及高级王室的内府（household）官员构成。至都铎王朝，谘议会转化为枢密院，该机构至16—17世纪达至顶峰。除咨询功能外，还负有司法、行政和部分的立法功能。就其立法功能而言，枢密院负责签发诰示（proclamations）、枢密院君令（Order in Council）、枢密院令（Order of Council）以及其他行政性立法文件（statutory instruments）。

诰示全称为王室诰示（royal proclamations），是由国王所作的正式公告，其性质多变，既可宣告战争或紧急状态，也可用于宣告召集或解散议会，及宣布法律。由于诰示的签发通常需要枢密院的同意，因此可在枢密院文件中找见。已经整理出版的诰示成果有《都铎王室诰示，1485—1605》① 和《斯图亚特王室诰示》(1603—1646) ② 两本。

枢密院的决定表现为命令（Orders）的形式，最基本的分类是枢密院君令和枢密院令。枢密院君令是一种形式的行政立法性文件，由君主根据枢密院的建议而作出。可以分为两类：制定法性质的和特权性质的。制定法性质的枢密院君令（Statutory Order）是基于议会立法中所包含的诸多授予女王的权力而制定的命令，特权性质的枢密院君令（Prerogative Order）则是基于国王的固有权力对立法未曾立法的事项进行规定。大部分制定法性质的枢密院君令是行政立法性文件（Statutory Instruments）。根据1946年《行政立法性文件法》(*the Statutory Instruments Act*）的规定，任何1948年1月1日之后通过的、由议会法案授权制定的枢密院君令都是行政立法性文件。枢密院君令与枢密院令（Orders of Council）的区别就在于，后者是由枢密院成员（the Lords of Privy Council）根据其自身的权利而制定，无需征求国王的同意。基于其制定是根据议会法案授权还是本身特权，枢密院令同样可分为制定法性的和特权性的。

（2）中央司法档案

英国判例法包括普通法和衡平法两大渊源。普通法由主要由三大中央普通法法院以及巡回法院实施，衡平法则主要由大法官法院及其他衡平法院实施。这些法院的司法活动留下了大量司法档案，成为英国政府档案的重要组

① P.L.Hughes and J.F.Larkin ed., *Tudor Royal Proclamations*, *1485—1605*, Yale: 1964, 1969.
② P.L.Hughes and J.F.Larkin ed., *Stuart Royal Proclamations*, *1603—1646*, Oxford: 1973, 1983.

成部分。

① 王廷卷宗

普通法包含两个主要分支，即关于国王和个人之间的诉讼的“国王之诉”，以及关于个人之间的诉讼的“普通之诉”。国王之诉主要涉及刑事诉讼以及涉及国王利益的民事诉讼，普通之诉则是普通大众之间的民事诉讼。由这两种诉讼产生的相关档案被称为诉讼卷宗（plea rolls）。在普通法发展的早期，这两种诉讼均由王廷法院（curia regis）进行审理，其档案最初被称为王廷法院卷宗（curia regis rolls）[①]，现在则被称为“早期诉讼和缺席允准卷宗”（early plea and essoin rolls），其中包含理查一世五年至亨利三世五十六年（1194—1272）王室法院的两个部分（the Bench and coram rege）的诉讼卷宗和缺席允准卷宗，还有理查一世时期所有留存下来的总巡回审法院卷宗（eyre rolls），以及少量约翰王统治时期的总巡回审法院卷宗，总计约234卷。作为公共档案中最早的法院卷宗，它们记录了那些法院中所实施案件的诉讼过程，不仅提供了关于普通法的早期历史信息，而且也提供了当时的国家政治和王室行政的信息。13世纪，王廷法院分离为普通诉讼法院与王座法院，两者的档案也就此分离。

关于王廷卷宗的整理编纂，早在1800年，这些档案当时的保管者乔治·罗斯（George Rose，1744—1818）就向档案委员会三次呈递报告，建议出版这些卷宗档案的摘录、索引或摘要。但经档案委员会协商后，仅于1811年批准整理出版了由威廉·伊林沃斯（W.Illingworth，1764—1865）编辑的《牧师会礼堂古代诉讼卷宗节略》（*Placitorum in Domo Capitulari Westmonasteriensi Asservatorum Abbreviatio*）[②]一书。该书是对理查一世至爱德华二世统治时期王廷卷宗的精选摘录和注释，由“伊丽莎白一世女王时

---

① 最初存于威斯敏斯特礼堂的早期卷宗，其内容涉及王国法院的诉答程序或司法诉讼的条目，其时代涵盖理查一世、约翰王和亨利三世时期，通常名为“王廷卷宗”，这一名称尽管不完全准确，却足以解释这些重要档案内容的总体性质。在亨利三世之后，卷宗被分为“王座法院卷宗”（Rolls of the King's Bench），该系列始于爱德华一世时期，终于亨利五世统治结束，以及“普通诉讼法院卷宗”（Rolls of the Common Pleas），始于爱德华一世登基，终于亨利七世统治结束。参见Sylvanus Urban ed.，*The Gentleman's Magazine*，New Series，Vol.II，1834，September，p.242。

② W.Illingworth ed.，*Placitorum in Domo Capitulari Westmonasteriensi Asservatorum Abbreviatio*，*Temporibus Regum Ric. I*，*Johann.*，*Henr. III*，*Edw. I*，*Edw. II*，Record Commission，London：1811.

期的阿瑟·阿加德（Arthur Agard，1540—1615）和其他档案保管者制作”，还有一些后来的王座法院和普通诉讼法院的资料，但其质量也并不令人满意。[①]后来，这本书被公共档案馆作为编辑王廷卷宗第1卷的参考，补充其中遗失、损坏或者字迹模糊之处。1835年，弗朗西斯·帕尔格雷夫爵士（Sir Francis Palgrave，1788—1861）编撰的2卷本《王廷卷宗》（*Routuli Curiae Regis*）由法律文献委员会出版，该书涉及1194年米勒加节至1200年复活节开庭期这一时间段。[②]此后，卷筒卷宗协会一度于1891年出版了一卷理查一世时期的卷宗，由梅特兰撰写导论和注释[③]，但卷筒卷宗协会的这一工作并未持续，直至1957年方由艾伦·布朗（R.Allen Brown）编辑了另一卷。[④]

自塞尔登协会建立之后，由于梅特兰认为诉讼卷宗是最为重要的司法权威，因此其整理出版被列为塞尔登协会的首要任务。1888年出版的年度系列的第1卷就是由梅特兰本人亲自整理的《国王之诉案例精选》（*Select Pleas of the Crown*）[⑤]，这是迄今该系列中唯一一本刑事卷宗。就民事诉讼而言，贝尔顿（Baildon）整理完成了约翰王统治早期（1200—1203）的诉讼卷宗选集——《民事诉讼案例精选》（*Select Civil Pleas*）。[⑥]此后相继出版了弗劳尔（C.T.Flower）撰写的《王廷卷宗导论》（*Introduction to the Curia Regis rolls, 1199—1230 A.D.*）（1943年第62卷）[⑦]，及斯滕顿夫人（D.M.Stenton）编辑

---

① See Sylvanus Urban ed., *The Gentleman's Magazine*, New Series, Vol.II, 1834, September, pp.242—245.

② Francis Palgrave ed., *Rotuli Curiae Regis: Rolls and Records of the Court Held before the King's Justiciars or Justices (6 Richard I-1 John)*, 2 vols. London: Commissioners on the Public Records, 1835.

③ Frederic W.Maitland ed., *Three Rolls in the King's Court in the Reign of King Richard the First. A.D. 1194—1195*. 2 vols. Publications of the Pipe Roll Society, 14 and 24. London: Wyman & Sons, 1891，该书包含了帕尔格雷夫的《王廷卷宗》（*Rotuli Curiae Regis*）中未曾出版的卷宗，出版了留存至今最早的王室法院卷宗，即1194年威尔特郡（Wiltshire）巡回法院圣三一开庭期卷宗，以及1195年贝德福德郡（Bedfordshire）和白金汉郡（Buckinghamshire）的巡回法院卷宗，第一卷覆盖了1194—1195年这一时间段，第二卷包括1196年希拉里开庭期的卷宗。

④ R.Allen Brown ed., *Curia Regis Roll of Hilary 7 Richard I (1196) and Easter 9 Richard I (1198)*, New Series, Vol.31, 1957.

⑤ Frederic W.Maitland ed., *Select Pleas of the Crown: Volume 1, A.D. 1200—1225*, London: Bernard Quaritch, 1888.

⑥ W.Paley Baildon ed., *Select Civil Pleas. 1200—1203*, London: Quaritch, Vol.for 1889，这一系列未能完成，此后相关资料的整理出版工作转由公共档案馆承担。

⑦ C.T.Flower, *Introduction to the Curia Regis Rolls, A.D. 1199—1230*, London: Bernard Quaritch, Vol.62 for 1943。该卷是塞尔登协会不出版专著政策的唯一例外。

的4卷本《国王及其法官面前的诉讼》(*Pleas before the King or His Justices*)(1948年第67卷、1949年第68卷、1966年第83卷、1967年第84卷)。[①] 此外，梅特兰编辑的《布雷克顿笔记》(*Bracton's Note Book*)[②] 一书实质是亨利·德·布雷克顿(Henry de Bracton)从1217—1234年的普通诉讼(the Bench)卷宗以及1234—1239年的国王亲临(coram rege)卷宗中所做的拉丁文摘录。

塞尔登协会在王廷卷宗领域的最新研究成果是米金斯(C.A.F.Meeking)与戴维·克鲁克合作编撰的塞尔登协会补充系列第17卷、2010年出版的《亨利三世时期的王座法院和普通诉讼法院》(*King's Bench and Common Bench in the Reign of Henry III*)[③] 一书，其中收录了普通法形成期王座法院的前身国王亲临法院(Court Coram Rege)和普通诉讼法院的前身法院(Court de Banco)的相关档案。该书的编者之一米金斯对王廷卷宗的档案史有着专门、深入的研究。[④] 事实上，正是米金斯这一公共档案馆的传奇人物推动了自理查一世至亨利三世时期卷筒卷宗中相关司法档案的整理和研究工作。米金斯对1272年之前的这些卷宗以及相关的缺席允准卷宗(ession rolls)进行了彻底的检查，尤其关注它们创立以来数个世纪的保管和分类的历史。他同样关注这一时期的巡回法院法官卷宗，尤其是那些进行过总巡回审判的法官。少数留存下来的令状档案也获得了细致的审查，他还对数以千计的协议诉讼文书附尾进行了仔细梳理。充分利用财政署和文秘署档案的支持性证据，从而构建了当时王室管理，尤其是其司法方面的全景。[⑤]

与塞尔登协会采取的编辑精选集的方式不同的是，公共档案馆在西里尔·弗劳埃(Cyril Thomas Flower，1843—1907)爵士的主持下开始的王廷

---

① Doris M.P.Stenton ed., *Pleas before the King or His Justices*, 4 vols. SS, 67 for 1948, 68 for 1949, 83 for 1966, 84 for 1967. London: Bernard Quaritch, 1948—1967.

② F.W.Maitland ed., *Bracton's Note Book: A Collection of Cases Decided in the King's Courts during the Reign of Henry the Third*, 3 vols, London: 1887, reprinted 1999.

③ C.A.F.Meeking and David Crook ed., *King's Bench and Common Bench in the Reign of Henry III*, Supplementary Series Volume 17, London: Bernard Quaritch, for the Seldon Society, 2010.

④ See C.A.F.Meeking ed., *Lists and Indexes Supplementary Series No.1: List of Various Common Law Records*, 1970; David Crook, *Records of the General Eyre* (*P.R.O.Handbook, No.20*), London: H.M.S.O., 1982.

⑤ David Crook, *Records of the General Eyre* (*P.R.O.Handbook, No.20*), London: H.M.S.O., 1982.

卷宗（Curia Regis Rolls）的编辑出版，采取全文出版但不加翻译的方式，这一做法避免了材料删选的问题[①]，自1922—1935年间先后出版了自1196—1215年间共7卷卷宗。迄今为止，这一系列已经出版20卷，各卷均只采用拉丁文文本，且省略了缺席允准和巡回审判诉讼。其中，西里尔·弗劳尔（Cyril Flower）编撰了第1—10卷，塞西尔·米金斯编撰了第11卷[②]至第16卷，亚历山德拉·尼科尔（Alexandra Nicol）编撰了第17卷[③]，保罗·布兰德编撰了第18卷[④]，戴维·克鲁克（David Crook）编纂了第19—20卷，最后两卷分别于2002年和2006年出版。[⑤]

此外，地方历史档案协会及学术期刊也涉足部分王廷卷宗的梳理工作。[⑥]

② 王座法院档案

12世纪末，伴随着王廷法院逐渐分离为王座法院（the King's Bench）和一般法庭（the Bench）两个部分，其卷宗也逐渐出现分离的趋势，最终分离为王座法院诉讼和普通诉讼法院卷宗。

王座法院卷宗包含王座法院自爱德华一世至威廉三世时期王座法院民事（Plea Sides）和刑事（Crown Sides）方面的诉讼档案。该档案自1272—1702年间大约有2149卷，其中的主要系列被称为国王亲临卷宗（the cram rage rolls），该名称源自这样的拟制，即王座法院的诉讼是在国王亲临（coram rege）的情况下进行的。值得注意的是，自1290年之后，国王之诉与民事

① The Literary Directors ed., *A Centenary Guide to the Publications of the Selden Society*, London: Seldon Society, 1987, p.34.

② 第11卷文本部分主要仍是由西里尔·弗劳尔（Cyril Flower）完成，导论由米金斯撰写。

③ Alexandra Nicol ed., Cyril Flower & L.C.Hector trans., *Curia Regis Rolls Vo.XVII（26—27 Henry III）（1242—1243）*, London: Boydell Press, 1991.

④ Paul Brand ed., *Curia Regis Rolls XVIII（27 Henry III to 30 Henry III）（1243—45）*, Vol.XVIII, London: Boydell Press, 1999.

⑤ David Crook ed., *Curia Regis Rolls of the Reign of Henry III Preserved in the Public Record Office（1250）*, Vol.XIX, London: Boydell Press, 2002; David Crook ed., *Curia Regis Rolls of the Reign of Henry III Preserved in the Public Record Office（1250）*, Vol.XX, London: Boydell Press, 2006.

⑥ See William Salt Archaeological Society, "Historical Collections"（Collections for a History of Staffordshire）Vol.III（1882）, pp.1—165; G.Herbert Fowler ed., "The Bedford Eyre, 1202", Bedfordshire Historical Record Society, Vol.1, 1897; G.H.Fowler, *English Historical Review*, Vol.37（July 1922）, pp.403—405; D.M.Stenton ed., "The earliest Lincolnshire Assize Rolls: A.D.1202—1209", Lincoln Record Society, Vol.22, 1926; H.M.S.O., Lists and Indexes, IV, "List of Plea Rolls-in the Public Record Office", 1910, pp.1—2; D.M.Stenton ed., "The Earliest Northamptonshire Assize Rolls, A.D. 1202 and 1203", Northamptonshire Record Society, Vol.5, 1930.

诉讼开始分离，前者的档案在顶端标以“国王”(Rex）的标题。这一分离至1324年彻底完成，国王之诉的档案（Rex Roll）自此开始独立编号。总体看来，王座法院的刑事卷宗系列相当完整。在爱德华一世之后的档案中所出现的7个开庭期空缺均有据可查，其原因或是因为战争，或是因为黑死病，或是因为农民起义、詹姆士二世和威廉三世之间的大空位时期等原因。

除诉讼卷宗外，王座法院的档案还包括所谓的“古代大陪审团起诉书”(ancient indictments)。由于王座法院不仅处理直接向其呈递的案件，还有权从其他法院，尤其是从它所授权的巡回法官以及治安委任法官或者季审法院那里通过调卷令调取大陪审团起诉书（indictments）[①]、起诉报告(presentments）[②]以及有罪判决（convictions），这就使得王座法院获得了许多下级法院文书，这些档案的年代上至13世纪末，下至19世纪。自1500年之后的两个半世纪中，与这些文件一起归档的还有验尸官的回呈及他们对所有突然死亡的调查报告。

就相关档案的整理而言，涉及王座法院卷宗的最早成果是菲利莫尔(W.P.W.Phillimore，1853—1913）编辑的《爱德华一世二十五年圣三一开庭期王座法院诉讼》[*Placita Coram Domino Rege*：*Pleas of the Court of King's Bench*，*Trinity Term*，*25 Edward I*（*1297*）]一书。[③]此后，塞尔登协会也成为王座法院卷宗的编纂主力，其最早成果是弗劳埃（Flower）编纂的两卷本《中世纪法中的公共工程》(*Public Works in Medieval Law*)(1952年第32卷，1923年第40卷）[④]，其中涉及的公路、桥梁和公共水道案件，多从这一系列的卷宗中选取。此后，在塞莱斯教授（G.O.Sayles，1901—1994）的加盟下，塞尔登协会对王座法院卷宗的整理工作取得了较大的进展。在1936—1971

① 公诉书草案：是指向大陪审团提交的，请求其确定是否存在足够的证据以对被告人提出正式的刑事起诉的文件。

② 大陪审团在未有申请公诉书（bill of indictment）的情况下根据自己对案件的调查和了解主动提出的书面报告，相当于申请公诉书。

③ W.P.W.Phillimore ed.，*Placita Coram Domino Rege*：*Pleas of the Court of King's Bench*，*Trinity Term*，*25 Edward I*（*1297*），British Record Society，Index Library，Vol.19 for 1898.

④ C.T.Flower ed.，*Public Works in Medieval Law Vol.I*，Vol.32 for 1915；C.T.Flower ed.，*Public Works in Medieval Law Vol.II*，Vol.40 for 1923.

年间，该协会共出版了7卷《王座法院案例精选》(*Select Cases in the Court of King's Bench*)(1936年第55卷、1938年第57卷、1939年第58卷、1955年第74卷、1957年第76卷、1965年第82卷以及1971年第88卷)，时间跨度自爱德华一世至亨利五世。此外，塞莱斯还与理查德森（H.G.Richardson，1843—1974）合作完成了早期诉状程序研究，编辑了《亨利三世时期无令状程序案例精选》(*Select Cases of Procedure without Writ under Henry III*)(1941年第60卷)①。虽然亨利六世和爱德华四世时期的王座法院卷宗尚未获得整理，但1977年出版的第94卷《斯佩尔曼报告》(*Spelman's Reports*)②对1495—1545年间的卷宗进行了充分的利用。

③ 普通诉讼法院档案

普通诉讼法院（最初被称为Bench，后来称为Court of Common Pleas）的管辖权极为普遍，包括对物之诉、对人之诉以及混合之诉。尤其对不动产诉讼，它几乎享有完全排他性的管辖权。该法院活跃于12—19世纪，因此产生了数量惊人的档案。

普通诉讼法院最主要的档案系列是自1273—1874年间的诉讼卷宗（plea rolls，也被称为de banco rolls），该卷宗记录了普通诉讼法院（最早被称为the Bench）的诉讼，其时间接续于王廷法院卷宗（curia regis rolls）之后，始于爱德华一世统治时期。每卷覆盖一个开庭期，其内容是关于法庭上的诉答和程序的格式记录，但并不像年鉴那样记载了高级代诉律师和法官实际所说的内容。自1327—1875年为止，这一系列卷宗几乎未曾中断过。在1853年将土地诉讼移入土地收回卷宗（recovery rolls）之后，诉讼卷宗一般被称为"普通卷宗"(common rolls)，而土地收回卷宗则仍被称为诉讼卷宗（plea rolls）。诉讼卷宗在17世纪早期达到最大规模，此后衰落，部分是因为普通诉讼法院业务的衰落，部分是因为起草它们的代理律师自此经常不再上交档案以归档。

---

① Henry G.Richardson and George O.Sayles ed., *Select Cases of Procedure without Writ under Henry III*, London: Bernard Quaritch, for the Seldon Society, Vol.60 for 1941.

② J.H.Baker ed., *The Reports of Sir John Spelman Part II*, London: Bernard Quaritch, for the Seldon Society, Vol.94 for 1977.

除此以外，普通诉讼法院的重要档案还有“协议诉讼文书附尾”或者“终局协议”（final concords of feet of fines）。

尽管普通诉讼法院的诉讼卷宗数量惊人，但总体而言，尚未得到有效的整理，目前除了相对独立的协议诉讼文书附尾档案外，仅有公共档案馆制作了该系列卷宗中1327—1328年卷宗的索引，作为其“目录与索引”系列第32卷出版，该书分为两个部分，第一部分是自贝德福德郡（Bedford）至诺福克郡（Norfolk），第二部分则是自诺桑普顿郡（Northampton）至约克郡（York），各郡按照原告姓氏字母排序。[①] 对于卷宗中的圈地裁决（enclosure awards），可参见“公共档案局部分圈地裁决目录”（List of Some Enclosure Awards in the Public Record Office）。

关于协议诉讼文书附尾档案的整理出版，最早始于1835年、1844年出版乔舒亚·亨特（Joseph Hunter）编辑的两卷本的1195—1214年间的档案。[②] 该书仅复制了原稿的拉丁文文本，每卷制作了一个总索引，其中仅包含贝德福德郡（Bedfordshire）、伯克郡（Berkshire）、白金汉郡（Buckinghamshire）、剑桥郡（Cambridgeshire）、康沃尔（Cornwall）、坎伯兰（Cumberland）、德比郡（Derbyshire）、德文郡（Devonshire）以及多赛特郡（Dorsetshire）的档案。此后，卷筒卷宗协会成为出版协议诉讼文书附尾档案的主力机构，其出版的系列出版物之第17、20、23、24、65（新27）、67（新29）、70（新32）卷即为对不同时期协议诉讼文书附尾档案的整理。此外，各地方历史档案协会也纷纷编辑出版本郡的相关档案。[③]

④ 巡回法院档案

王座法院和普通诉讼法院的法官不仅在威斯敏斯特坐堂问案，他们还作为巡回法官至各个巡回区处理纠纷。14世纪中叶，早期的总巡回审判制度逐渐为专门巡回审判制度所取代，法官们根据国王签发的专门委任状履行司法

---

① *Index of Placita de Banco, A.D. 1327—1328*: *Preserved in the Public Record Office*, By Public Record Office, Dublin: 1909.

② Joseph Hunter ed., *Fines sive Pedes Finium*: *sive Finales Concordiae in Curia Domini Regis*: *ab anno septimo regni Regis Ricardi I ad annum decimum sextum Regis Johannis, A.D. 1195—A.D. 1214*, 2 volumes, 1835, 1844.

③ 具体可参见 http://www.medievalgenealogy.org.uk/fines/counties.shtml。

职责。①专门巡回审判制度自14世纪中叶一直持续至20世纪70年代，留下了大量档案，但保存下来的仅仅是其中的一小部分。这些档案大致可以分为16世纪之前和16世纪之后两个阶段。

16世纪之前的档案被称为“巡回法院法官和其他法院档案”（Records of Itinerant Justices and Other Court Records，1198—1528），该系列档案涉及中央对地方司法的控制，包括四个部分：

第一，总巡回审、专门巡回审、刑事巡回听审法院的法官及治安法官的卷宗和案卷（Justices in Eyre，of Assize，of Oyer and Terminer，and of the Peace：Rolls and Files，1201—1482）。这一卷宗系列包含大部分自12世纪晚期至15世纪各种英格兰王室巡回法官所审理案件的诉讼程序以及许多其他相关内容。如标题所示，该系列卷宗主要可分为四块，其中数量最多的是自1199—1348年间的总巡回审卷宗（eyre rolls）。大部分总巡回审卷宗是关于单个郡，其中绝大多数的日期可追溯至1294年之前。较早的包括民事诉讼（civil pleas）、缺席允准（excuses）、任命代理律师、国王之诉（crown pleas）以及罚款和罚金（由总巡回审施加的刑罚），等等。其次是专门巡回审判卷宗（assize rolls），涉及1248—1482年间的占有之诉（possessory assizes）。第三是刑事听审法官（justices of oyer and terminier）的卷宗和案卷，他们被授权听审并且判决重罪和侵害之诉，包括王室和其他官员滥用权力的行为，所涉时间为1260—1443年，另有一份1528年的卷宗。在1305年之前，大多数一般刑事巡回听审登记在专门巡回审判卷宗上，但此后独立登记变为常态。此外还有一些由负责调查但不审判的委员会制作的卷宗，它们类似于刑事巡回听审法院卷宗。最后，还包含一些治安法官、作为治安法官前身的治安官（keepers of the peace）以及劳动法官（justices of labourers）诉讼程序的卷宗，覆盖时间自1277—1414年，另有1502年的一部分。

第二，验尸官卷宗和案卷，以及同类文件（Coroners' Rolls and Files，with Cognate Documents）。验尸官卷宗和案卷是类似于郡长国王诉讼卷宗和

① 此类委任状主要有4种：自动移审委任状，授权法官处理相关民事案件；刑事听审委任状，使得法官处理叛国罪、重罪以及侵害行为；一般清监提审委任状，授权法官们处理监狱中的犯人；治安委任状（commission of the peace）则授权法官们作为治安法官坐堂。

催促被告出庭令状类似的档案，郡、自治市镇以及郡长管辖之外的特辖区都有制作。它们记录了对所有非自然和突然死亡、监狱中的死亡、重罪犯人的弃过宣誓（abjurations of the realm）、刑事私诉（appeals）、郡法院进行的强制收费和放逐法外、揭发同案者的私诉以及重罪犯的认罪供述的调查。

第三，清监提审法官的卷宗（Justices of Gaol Delivery：Gaol Delivery Rolls and Files）。这一系列档案涉及13—15世纪。该卷宗包括诉答记录、囚犯名单以及委任状副本。卷宗则包括审案日程表以及原始委任状、陪审团名单、治安法官及地方官员名单、验尸官死因调查以及重罪犯人的弃国宣誓记录、私诉、郡长调查报告书、良好行为的诉讼保证人名单、特赦副本（copies of pardons）以及支持它们的禁止骚扰令状、认诺判决委任书和各种其他类型的令状和信件。在15世纪时，巡回审判文书不再编撰清监提审卷宗或者将该卷宗送至财政署，使得这些档案实质上中断了近一个世纪，直至1559年才再度恢复。

第四，总巡回审及专门巡回审判法官：案卷（Justices in Eyre and Justices of Assize：Files，1248—1450）。这一系列档案主要涉及令状案卷，此外还有候审陪审团名单、审讯结果记录等案卷。总巡回审判于爱德华三世时期停止，其案卷也相应停止，但专门巡回审判及其案卷持续至15世纪中叶。

自1482—1559年间，专门巡回审判法院的档案（assize records）基本上未能留存下来。因此，巡回审判第二阶段的档案始于16世纪中叶，被称为“专门巡回法院、清监提审、刑事巡回听审以及自动移审的法官的档案”（Records of Justices of Assize，Gaol Delivery，Oyer and Terminer，and Nisi Prius，1554—1971）。

自16世纪以来留存下来的主要文件是大陪审团起诉书，它始于1559年。此类起诉书，类似于其他普通法法院的起诉书，在其关于时间、地点、职业和地位等细节方面经常存在错误。然而它们仍然有用，因为它们给予我们关于诸如谋杀、抢劫、夜盗以及重偷盗罪以及其他国王或者巡回法院的刑事法官们所关注的严重犯罪行为的基本细节。自动移审档案则是指在最初向威斯敏斯特法院提出但后来根据自动移审程序在专门巡回审判法院中审理的档案。这一系列档案根据巡回审判区排列，包括4类。

关于巡回法院法官和总巡回审法院方面的档案整理非常分散，经常零星散落于大型系列出版物中。例如，最早涉及总巡回审卷宗的成果就是前述威廉·伊林沃斯编辑的《牧师会礼堂古代诉讼卷宗节略》(*Placitorum in Domo Capitulari Westmonasteriensi Asservatorum Abbreviatio*)①，书中包含的1194年威尔特郡总巡回审判（Wiltshire eyre）的文本是现存最早的普通诉讼总巡回审判（common pleas eyre）卷宗。此后，档案委员会于1818年出版的《权利开示令状诉讼》(*Placita de Quo Warranto*)②一书几乎囊括所有总巡回审中的权利开示令状诉讼记录。公共档案馆则于1966年以微缩胶片的形式出版了《爱德华三世第三年诺丁汉郡总巡回审判档案》(*Eyre Records of Nottinghamshire During the Third Year of the Reign of Edward III*)一书，该书包含1329年诺丁汉郡及1330年贝德福德郡和德比郡巡回审判的档案。至1982年，公共档案馆出版的《总巡回审判档案》一书提供了关于总巡回审判档案的详细指南。③

塞尔登协会也是总巡回审法院的档案整理的重要力量，除年鉴系列外，塞尔登协会的年度系列中关于总巡回审判档案的首位整理者是博兰（Bolland），他于1914年出版了第30卷《总巡回审判起诉状精选》(*Select Bills in Eyre*)，其中包含大约150份以诺曼法语记录的、由贫穷并且通常不识字的原告提交给法官的请愿书。④此后，斯滕顿夫人编辑的三卷总巡回审法院卷宗⑤分别作为塞尔登协会年度系列的第53卷、56卷和59卷于1934年、1937年、1940年出版。迈克尔·克兰奇（Michael Clanchy）博士编辑的第90卷《1248年伯克郡总巡回审卷宗和令状案卷》(*The Roll and*

---

① William Illingworth ed., *Placitorum in Domo Capitulari Westmonasteriensi Asservatorum Abbreviatio: Temporibus Regum Ric. I, Johann, Henr. III, Edw.I, Edw. II*, London: Eyre and Strahan, 1811.

② W.Illingworth ed., Placita de Quo Warranto temporibus Edw. I et II et III, in *Curia receptae Scaccarii Westm. asservata*, Publication of the Record Commissioners, 1818.

③ D.Crook, *Records of the General Eyre*, PRO Handbooks no.20, London: H.M.S.O., 1982.

④ William Craddock Bolland ed., *Select Bills in Eyre, A.D. 1292—1333*, Publications of the Selden Society, v.30, London: B. Quaritch, 1914.

⑤ Doris M.P.Stenton ed., *Rolls of the Justices in Eyre for Lincolnshire and Worcestershire*, SS, 53 for 1934, London: Quaritch, 1934; Doris M.P.Stenton ed., *Rolls of the Justices in Eyre in Yorkshire (1218—1219)*, London: Quaritch, Seldon Society, Vol.56 for 1937; Doris M.P.Stenton ed., *Rolls of the Justices in Eyre for Gloucestershire, Warwickshire, and Shropshire, 1221, 1222*, Seldon Society, Vol.59, London: Quaritch, 1940.

Writ File of the Berkshire Eyre of 1248）尤其关注对巡回审判组织的细致阐释。[①] 阿兰·哈丁（Alan Harding）教授编辑的《1256年什罗普郡总巡回审卷宗》（*The Roll of the Shropshire Eyre of 1256*）作为第96卷于1980年出版。[②]

各个地方档案协会也相继整理出版了当地总巡回审档案。例如乔治·赫尔伯特·福勒（G.H.Fowler，1861—1940）编辑的《1202年贝德福德郡总巡回审法官卷宗》[③] 及米金斯编辑的《1249年威尔特郡总巡回审国王之诉》（*Crown Pleas of the Wiltshire Eyre，1249*）[④] 等。

关于专门巡回审判，公共档案馆于1975年出版了雷夫·皮尤（R.B.Pugh，1910—1982）编辑的《1305年和1306年伦敦刑事听审委员会审判纪录大全》（*Calendar of London Trailbaston Trials under Commissions of 1305 and 1306*）[⑤]。对于16世纪之后专门巡回审判的相关档案的主要整理成果是公共档案馆出版的由考克伯恩（J.S.Cockburn，1938—2010）编辑的《专门巡回审判档案纪录大全》（*Calendar of Assize Records*），迄今已有9卷。[⑥] 此外，各个地方档案协会，例如，林肯、约克、诺桑普顿以及萨默赛特各郡

---

① M.T.Clanchy ed. and trans.，*The Roll and Writ File of the Berkshire Eyre of 1248*，Seldon Society，Vol.90，London：Selden Society，1973.

② Alan Harding ed.，*The Roll of the Shropshire Eyre of 1256*，Seldon Society，Vol.96，London：Selden Society，1981.

③ G.H.Fowler ed.，*Rolls of the Justices in Eyre at Bedford，1202*，Publications of Bedfordshire Historical Record Society，Vol.1 for 1913，pp.133—247.

④ C.A.F.Meekings ed.，*Crown Pleas of the Wiltshire Eyre，1249*，Wiltshire Archaeological Society，Records Branch，Vol.16 for 1960.

⑤ R.B.Pugh ed.，*Calendar of London Trailbaston Trials under Commissions of 1305 and 1306*，London：H.M.S.O.，1975.

⑥ J.S.Cockburn ed.，*Calendar of Assize Records*，*Home Circuit Indictments*，*Elizabeth I and James I*：*Introduction*，London：H.M.S.O.，1985；J.S.Cockburn ed.，*Calendar of Assize Records*，*Sussex Indictments*，*Elizabeth I*，London：H.M.S.O.，1975；J.S.Cockburn ed.，*Calendar of Assize Records*，*Hertfordshire Indictments*，*Elizabeth I*，London：H.M.S.O.，1975；J.S.Cockburn ed.，*Calendar of Assize Records*，*Essex Indictments*，*Elizabeth I*，London：H.M.S.O.，1978；J.S.Cockburn ed.，*Calendar of Assize Records*，*Kent Indictments*，*Elizabeth I*，London：H.M.S.O.，1979；J.S.Cockburn ed.，*Calendar of Assize Records*，*Surrey Indictments*，*Elizabeth I*，London：H.M.S.O.，1980；J.S.Cockburn ed.，*Calendar of Assize Records*：*Hertfordshire Indictments*，*James I*，London：H.M.S.O.，1982；J.S.Cockburn ed.，*Calendar of Assize Records*：*Kent Indictments*，*Charles I*，*1625—1649*，London：H.M.S.O.，1989；J.S.Cockburn ed.，*Calendar of Assize Records*：*Kent Indictments*，*Charles II*，*1676—1688*，London：H.M.S.O.，1997.

的地方档案协会均整理出版了当地的专门巡回审判资料。①

值得一提的还有相关卷宗的目录、记录大全的制作。例如1206—1481年间的专门巡回审判卷宗的独立目录已经由目录和索引协会作为其系列出版物的第220卷出版。考克伯恩编辑的《西部巡回区专门巡回审判命令，1629—1648：记录大全》（*Western Circuit Assize Orders*，*1629—1648*：*A Calendar*）②作为英格兰皇家历史协会卡姆登第4系列第17卷出版。又如，大量清监提审卷宗也已经付印或者编制记录大全，如威尔特郡档案协会（Wiltshire Record Society，vol.XXXIII）、肯特考古协会（Kent Archaeological Society，Records Branch，vol.XIII）以及诺福克档案协会（Norfolk Record Society，vol.XLIV）均为各自地方编辑了相关记录大全。

此外，需要补充的是，有别于一般巡回法院的是中世纪森林巡回审判，塞尔登协会这一方面的工作由特纳（G.J.Turner，1867—1946）编撰的《森林之诉精选》（*Select Pleas of the Forest*，1899年第13卷）完成。③

⑤ 理财法院与财政署管辖权档案

在国家层面，还有另外两个法院涉及民事诉讼或者说普通之诉。一个就是理财法院（the Exchequer of Pleas），它最初只是处理财政案件，其普通法管辖权与财政署的官员以及国王的债务人相关。但自16世纪开始，它成功地使用法律拟制的方法将管辖权扩展至部分民事案件。此外，该法院也对帕拉丁领地、威尔士、爱尔兰、五港联盟（the Cinque Ports）以及海峡群岛（Channel Islands）拥有专门的管辖权。尽管它处理案件的数量从未像王

---

① K.C.Bayley ed.，"Two Thirteenth Century Assize Rolls for the County of Durham"（27 and 53 Henry III.），in *Miscellanea*，Surtees Society，Vol.127，1916，pp.1—105；W.S.Thomson ed.，*A Lincolnshire Assize Roll for 1298*，Lincoln Record Society，Vol.36 for 1939；C.T.Clay ed.，*Three Yorkshire Assize Rolls for the Reigns of King John and King Henry III*，Yorkshire Archaeological Society，Vol.44 for 1910；G.H.Fowler ed.，*Rolls of the Justices in Eyre at Bedford*，*1227*，Publications of Bedfordshire Historical Record Society，Vol.3 for 1916，pp.1—206；D.M.Stenton ed.，*Earliest Lincolnshire Assize Rolls*，*1202—1209*，Lincoln Record Society，Vol.22，1926；D.M.Stenton ed.，*Earliest Northamptonshire Assize Rolls*，*1202 and 1203*，Northamptonshire Record Society，Vol.5，1930； T.G.Barnes ed.，*Somerset Assize Orders*，*1629—1640*，Somerset Record Society，Vol.xv，1959；T.G.Barnes ed.，*Somerset Assize Orders*，*1640—1659*，Somerset Record Society，Vol.xxi，1971.

② J.S.Cockburn，*Western Circuit Assize Orders*，*1629—1648*：*A Calendar*，Camden Society，4th series，Vol.xvii，1976.

③ G.J.Turner ed.，*Select Pleas of the Forest*，London：Selden Society，Vol.13 for 1899.

座法院和普通诉讼法院那么巨大，但仍然留下了大量的材料，例如自1236—1875年间的大约209卷诉状和令状以及1499卷卷宗，还有少量记录了作为普通法法院工作的大法官法院的活动的卷宗。

至16世纪中叶，除了原有的普通法管辖权外，财政署还发展出了衡平管辖权。这些案件涉及土地权利、采邑权利、什一税、矿藏权、原属于修道院的土地、债务、遗嘱等。其程序类似于其他衡平法院。相关司法档案被保存在国王财务纪事官（King's Remenbrancer）的档案中。如同其他衡平法档案，多以英语写成。档案中最主要的部分是关于诉答程序，关于对证人的询问和质询书，也有大量的材料，包括在财政署男爵面前进行的质询书和基于委任书制作的质询书，以及展示证据。另外，还有"起诉书"（information）档案，在1842年之前也登记在国王财务纪事官的备忘录卷宗中，大多是关于排水、圈地、什一税以及其他农业事项。这一系列的档案随着1841年财政署的衡平管辖权被转移给大法官法院而停止。

以上法院档案的整理出版是塞尔登协会20世纪初工作的重点之一。该协会的相关成果包括希拉里·詹金森先生（Hilary Jenkinson，1882—1961）与贝丽尔·弗莫伊夫人（Beryl Fermoy）合作编辑的《财政署诉讼案例精选》（*Select Cases in the Exchequer of Pleas*，*Covering the Reigns of Henry III and Edward I*）① 以及赫曼特（M.Hemmant）博士编辑的两卷本《财政署内室法庭全英格兰法官案例精选》（*Select Cases in the Exchequer Chamber before All the Justices of England* 〈*1461—1509*〉）②，还有与犹太人历史协会合作出版的詹姆斯·哈里森·瑞格（J.M.Rigg，1855—1926）编辑的《犹太人财政署卷宗之诉讼、契约及其他档案精选》（*Select Pleas*，*Starrs*，*and Other Records from the Rolls of the Exchequer of the Jews*，*A.D. 1220—1284*）③。另外，英格兰犹太人历史协会还于1905—1992年间相继独立编辑出版了5卷本的《犹太人

① Hilary Jenkinson，Mrs. Beryl Fermoy ed.，*Select Cases in the Exchequer of Pleas*，*Covering the Reigns of Henry III and Edward I*，London：Bernard Quaritch，for the Seldon Society，Vol.48 for 1931.

② M.Hemmant ed.，*Select Cases in the Exchequer Chamber before All the Justices of England* (*1461—1509*)，London：Bernard Quaritch，for the Seldon Society，Vol.51 for 1933，Vol.64 for 1945.

③ J.M.Rigg ed.，*Select Pleas*，*Starrs and Other Reards from the Rolls of the Exchequer of the Jews* (*1220—1284*)，London：Bernard Quaritch，for the Seldon Society，Vol.15 for 1901.

财政署诉讼卷宗记录大全》(*Calendar of the Plea Rolls of the Exchequer of the Jews*，*1218—1279*)①。

⑥ 谘议会法院档案

自14世纪开始，普通法出现了僵化。为了补救普通法的缺陷，国王谘议会行使剩余管辖权，由此衍生出了一系列谘议会法院(Concilliar Courts)，行使衡平的管辖权。在这些法院中，最重要的是大法官法院，其下级法院包括星室法院、恳请法院。此外，如前所述，财政署在16世纪也发展出了衡平管辖权。

大法官法院是最大并且最为长久的衡平法院。根据该法院的程序，可以将该法院的档案分为5类。首先是“诉答程序”(proceedings)，包括初始诉状(original bills)、答辩状以及进一步的答复等诉答文书，这些最初以诉状和答辩状发动的案件进程的记录被保存在被称为“判决和命令”书(“decree and order” book)的程序书中。第二类涉及举证，包括对证人的询问(examination)和宣誓作证(deposition)等内容。第三类是诉讼过程中的裁决和命令(decrees and orders)。第四类是大法官法院主事官的报告。第五类则是该法院的最终判决(decision)及对判决的上诉。法庭上的发言不被记录。与大量留存至今的诉讼程序和宣誓证词相比，大法官法院的判决遗失得较多。

除大法官法院外，国王谘议会还产生了两个相对短期的法院。一个是星室法院，它于1485年之后成为独立法院，但于1641年被废除。其管辖权包括民刑两个方面，尤其关注关于治安的严重犯罪，特别是暴乱和集会事项。由于其档案(1461—1649)并未根据程序分别归档，包括诉状、答辩状等诉答文书以及证人证词、质询书、判决等所有相关内容，因此利用起来更为便利。但该法院16世纪上半叶以及查理一世时期的多数档案已经遗失，并且大多未能编制记录大全。这些因素都阻碍了对档案的利用。

另一个是恳请法院(Court of Request)，该法院建立于1483年，致力于为穷人提供更为快捷便宜的王室司法及衡平，因此被视为穷人法院。作为国

① *Calendar of the Plea Rolls of the Exchequer of the Jews*，*1218—1279*，5 vols，Jewish Historical Society of England，London and New York：1905—1992.

王谘议会的分支机构，它适用与其他衡平法院的类似程序，处理与大法官法院类似的事务。由于相对于其他衡平法院而言，其程序更为快捷并且廉价，因此广受欢迎，虽然并非所有的诉讼者都是穷人，且相当一部分是妇女。其大量业务涉及关于圈地、高额地租、公地使用权和采邑习惯等内容，也涉及许多其他事项。如同星室法院，其档案是以初始诉状和答辩状及此后的质询书及询问放在一起的方式归档的。但与星室法院不同的是，该法院的司法及行政档保存得相当完好。这些档案止于1642年，其印章（privy seal）也于内战期间被收回。尽管该法院从未被正式废除，但其大量承办案件最终都被转移至地方小额索赔法院（small claims court）。

就上述法院的档案整理而言，塞尔登协会充当了主力。塞尔登协会整理的国王谘议会的司法活动的档案共有4本，包括利达姆（I.S.Leadam，1848—1913）编辑的两卷本《星室法院中国王谘议会之案例精选》(*Select Cases before the King's Council in the Star Chamber*)，该书的第1卷于1902年作为第16卷出版，覆盖1477—1509年，第2卷于1910年作为第25卷出版，涉及1509—1544年。[①] 此后，利达姆与鲍德温（J.F.Baldwin）合作编辑整理了《国王谘议会案例精选》(*Cases before the King's Council*)，包含了谘议会于1243—1482年间听审的40个案件。[②] 贝恩（C.G.Bayne，1860—1947）编辑的《亨利七世谘议会案例精选》(*Select Cases in the Council of Henry VII*）于1956年作为第75卷出版。[③] 此外，利达姆还编辑整理了《恳请法院案例精选》(*Select Cases in the Court of Requests*）[④]，回溯了由谘议会剩余管辖权衍生出来的下级法院——恳请法院自1497—1569年间的发展历程。

塞尔登协会关于大法官法院档案的整理始于1896年出版的第10卷《大

---

① I.S.Leadam ed., *Select Cases before the King's Council in the Star Chamber*, London: Bernard Quaritch, for the Seldon Society, Vol.16 for 1902, Vol.25 for 1910.

② I.S.Leadam and I.S.Leadam ed., *Select Cases before the King's Council*, London: Bernard Quaritch, for the Seldon Society, Vol.35 for 1919.

③ C.G.Bayne ed., *Select Cases in the Council of Henry VII*, London: Bernard Quaritch, for the Seldon Society, Vol.75 for 1956.

④ I.S.Leadam ed., *Select Cases in the Court of Requests*, London: Bernard Quaritch, for the Seldon Society, Vol.12 for 1898.

法官法院案例精选》(*Select Case in the Court of Chancery*)[①]，该书由佩利·贝勒登（W.Paley Bailodon，1859—1924）编辑，包括自1364—1471年间的衡平法上的诉状和答辩状。半个多世纪之后，耶尔（D.E.C.Yale）整理的两卷本《诺丁汉勋爵大法官法院案例集》(*Lord Nottingham's Chancery Case*)[②]作为第73卷和第79卷分别于1954年和1961—1962年出版。此后直至21世纪，布莱森（W.H.Bryson）教授整理的2卷本《衡平法与衡平法院相关案例集，1550—1660》(*Case Concerning Equity and the Court of Equity, 1550—1660*)[③]才作为第117—118卷于2000—2001年间出版。

此外，大法官法院诉讼档案的记录大全、索引的制作也已经获得诸多成果。早在1827—1832年间，档案委员会就出版了卡利（J.Caley）和贝勒（J.Bayler）编辑的《伊丽莎白一世时期大法官法院诉讼记录大全》(*Calendar of Proceedings in Chancery in the Reign of Queen Elizabeth I*)[④]，不列颠档案协会索引图书馆于1903—1904年间相继出版了四卷本的《查理一世时期大法官法院诉讼程序、诉状和答辩状记录大全》(*Calendar of Chancery Proceedings, Bills and Answers Filed in the Reign of Charles I*)，前3卷由菲利莫尔（W.P.W.Phillimore）编辑，第4卷则由弗赖伊（E.A.Fry）编辑。[⑤]此外，1887—1892年间，《系谱专家》杂志连载了托珀姆（R.Topham）编辑的《大法官法院诉讼记录索引，1603—1625年，仅A-L》[⑥]，公共档案馆不久也相继出版了《大法官法院诉讼记录索引》[⑦]及《大法官法院诉讼记录索引，桥

① W.Paley Bailodon, *Select Case in the Court of Chancery*, London: Bernard Quaritch, for the Seldon Society, Vol.10 for 1896.

② D.E.C.Yale, *Lord Nottingham's Chancery Case*, London: Bernard Quaritch, for the Seldon Society, Vol.73 for 1954, Vol.79 for 1961—1962.

③ W.H.Bryson, *Case Concerning Equity and the Court of Equity, 1550—1660*, London: Bernard Quaritch, for the Seldon Society, Vol.117 for 2000, Vol.118 for 2001.

④ J.Caley and J.Bayler ed., *Calendar of Proceedings in Chancery in the Reign of Queen Elizabeth I*, Record Commission, 1827—1832.

⑤ W.P.W.Phillimore ed., *Calendar of Chancery Proceedings, Bills and Answers Filed in the Reign of Charles I*, Vols.1—3, E.A. Fry ed., Vol.4, British Record Society Index Library, 1903—1904.

⑥ R.Topham ed., "Index of Chancery Proceedings, 1603—1625, A-L only", in *The Genealogist*, ns vols IV, VI-IX, 1887, 1889—1892.

⑦ *Index of Chancery Proceedings, James I, A-K only, PRO Lists and Indexes*, Vol.XLVII, 1922; *Index of Chancery Proceedings, PRO Lists and Indexes, 1558—1579*, Vol.VII, 1896; *1579—1621*, Vol.XXI, 1908; *1621—1660*, Vol.XXX, 1909.

部》[①]，不列颠档案协会索引图书馆于 1903—1904 年间出版了弗赖伊编辑的《大法官法院诉讼记录索引，雷纳森部，1649—1714》[②]。许多地方档案协会也相继出版了本郡的大法官法院诉讼记录目录。[③]

⑦ 海事法院档案及商人法档案

海事高等法院（High Court of Admiralty）是英国最重要的海事法院。1535 年的一部制定法使得该法院的运作发生了重大变化，因此该法院 1535 年前后的档案彼此相对独立。1535 年之前，该法院最早也最为知名的档案是 1450 年左右的《海事黑皮书》(*Black Book of the Admiralty*)。该书是在羊皮纸上以古法语书写的古代海事法规，可能开始编纂于爱德华三世时期，成书于亨利六世时期。内容涉及薪金、灯光、奖励、临检（visit and search）、船舶碰撞赔偿以及与海事有关的犯罪。它还包括一个《奥列隆海法》(*Laws of Olron*）的副本及《司法程序》(*Ordo Judiciorum*）的节本。该书于 1871—1876 年间由 Travers Twiss 译为英语。1535 年之后，海事高等法院获得了大量海上刑事案件的管辖权，涉及对于海盗及其他海上犯罪的指控，与其审判诉讼相关的档案（Records of Admiralty Sessions）包括刑事听审委任状档案及由此类诉讼产生的令状（warrants）档案。

塞尔登协会关于海事法院的最早成果是马斯登（R.G.Marsden）编辑的两卷本《海事法院诉讼精选》(*Select Pleas in the Court of Admiralty*）[④]，此书分别于 1892 年和 1897 年作为第 6 卷和第 11 卷出版，主要涉及 16 世纪。此后，理查德（M.J.Richard）与耶尔共同整理的《黑尔与弗利特伍德论海事管辖权》(*Hale and Fleetwood on Admiralty Jurisdiction*）[⑤] 于 1992 年作为第 108 卷出版，此书搜集了经典海事案例，其目的在于详细呈现 16—17 世纪时期对于海事管辖权的争论。

---

① *Index of Chancery Proceedings*，*Bridges' Division*，*1613—1714*，*PRO Lists and Indexes*，*A-C*，Vol. XXXIX，1913；D-H，Vol.XiI，1914；I-Q，Vol.XliV，1915；R-Z，Vol.XLV，1917.

② E.A.Fry ed.，*Index of Chancery Proceedings*，*Reynardson's Division*，*1649—1714*，British Record Society，Index Library，1903—1904.

③ See E.C.Mullins，*Texts and Calendars*，2 vols，1978，1983.

④ R.G.Marsden ed.，*Select Pleas in the Court of Admiralty*，London：Bernard Quaritch，for the Seldon Society，Vol.6 for 1892，Vol.11 for 1897.

⑤ M.J.Richard and D.E.C.Yale ed.，*Hale and Fleetwood on Admiralty Jurisdiction*，London：Bernard Quaritch，for the Seldon Society，Vol.108 for 1992.

与商业和贸易相关的英国法，除海事法院、自治市镇和地方法院的各卷中有所涉及外，专门成果首推塞尔登协会推出的三卷本《商人法案例精选》(*Select Cases Concerning the Law Merchant*)，其第1卷①由查尔斯·格罗斯(Charles Gross)教授编辑，论述了1270—1638年间的集市法院和商事法庭(staple court)，第2—3卷②由休伯特·霍尔(Hubert Hall)博士编撰，其内容主要是关于1270—1638年间中央法院的档案，所记录的通常是通过调卷令和上诉方式诉至中央的地方诉讼。后一阶段的商事活动反映在塞西尔·卡尔(Cecil Carr)编撰的《贸易公司特许状精选》(*Select Charters of Trading Companies*)③，该书主要从特许状卷宗中搜集了1530—1707年间贸易和制造公司的授权特许状。此外，前述瑞格(J.M.Rigg)编纂的《犹太人财政署卷宗之诉讼、契约及其他档案精选》(*Select Pleas, Starrs and Other Reards from the Rolls of the Exchequer of the Jews*)④搜集了亨利三世和爱德华一世时期关于犹太人的财政署诉讼卷宗，反映了英国犹太人进行金钱借贷的早期历史。

除塞尔登协会外，埃姆斯基金会于1998年推出的《商人法和法律多元主义：13世纪晚期的论著及其后世》(*Lex Mercatoria and Legal Pluralism: a Late Thirteenth-Century Treatise and Its Afterlife*)⑤一书编辑并且研究了13世纪的一本论述商人法的著作，揭示了爱德华一世时期英国商业的法律框架。

⑧ 特权法院档案

都铎时期设立了大量特权法院，这些法院也都拥有各自的法庭档案。例如，1535年，国王设立了增收法庭(court of augmentation)处理当时因宗

---

① Charles Gross ed., *Select Cases Concerning the Law Merchant* (*Vol.I, Local Courts, 1270—1638*), London: Bernard Quaritch, for the Seldon Society, Vol.23 for 1908.

② Hubert Hall ed., *Select Cases Concerning the Law Merchant* (*Vol.II, Central Courts, including Assizes, 1239—1633*), London: Bernard Quaritch, for the Seldon Society, Vol.46 for 1929; Hubert Hall ed., *Select Cases Concerning the Law Merchant* (*Vol.III, Central Courts, 1257—1779*), London: Bernard Quaritch, for the Seldon Society, Vol.49 for 1932.

③ Cecil Carr ed., *Select Charters of Trading Companies*, London: Bernard Quaritch, for the Seldon Society, Vol.28 for 1913.

④ J.M.Rigg ed., *Select Pleas, Starrs and Other Reards from the Rolls of the Exchequer of the Jews*, London: Bernard Quaritch, for the Seldon Society, Vol.15 for 1901.

⑤ Mary Elizabeth Basile, Jane Fair Bestor, Daniel R.Conquillette and Charles Donahue ed., *Lex Mercatoria and Legal Pluralism: A Late Thirteenth-Century Treatise and Its Afterlife*, Cambridge, Mass.: The Ames Foundation, Harvard Law School, 1998.

教改革没收的修道院财产而引发的诉讼，该法庭属于存卷法庭，制作了大量相关档案，尤其是关于修道院土地的充公档案。在增收法庭于 1554 年被废除之后，接手其业务的总调查法院 / 土地勘测员法院（Court of General Surveyors）也产生了大量的法庭记录。另外两个亨利八世时期设立的处理财政问题的重要的特权法院是初年圣俸与什一税征收法院（Court of First Fruits and Tenths）以及王室监护法院（Court of Wards and Liveries），也都制作了相应的档案。

1873—1875 年间的《司法法》改革实现了英格兰中央法院组织体系的大变革，原先并立的普通法法院和衡平法法院合并为一体，建立了高等法院、上诉法院及上院司法委员会三个审级。就高等法院（Supreme Court of Judicature）而言，它吸收了既有的普通法和衡平法的中央法院，因此其分庭仍保留了原先旧法院的名称，如大法官分庭和王座分庭，其诉讼业务和档案也有所沿袭。大法官分庭听审已故之人的地产权，合伙，抵押，对于土地、信托、不动产的其他控告，未成年人的监护等案件，其档案分为命令、诉答、宣誓书三类。王座分庭也处理许多民事案件，诸如契约争议、诽谤、债务、人身伤害等争议则是其与大法官分庭共享的管辖权。

值得注意的是，虽然上述档案大多按照不同法院的司法活动进行整理，但自 20 世纪 80 年代开始，史料整理方式和研究视角发生了改变，主题式整理研究方式受到了重视，研究视角发生了由横向至纵向的转变。以塞尔登协会为例，首批成果有莫里斯 · 阿诺德（Morris S.Arnold）整理的两卷本《国王法院的侵害之诉案例精选，1307—1399》（*Select Cases of Trespass from the King's Courts 1307—1399*）[①] 和理查德 · 赫姆霍尔兹（Richard H.Helmholz）整理的《1600 年前的诽谤案例精选》（*Select Cases on Defamation to 1600*）[②]，这些成果不再局限于特定法院、特定时代，而是聚焦于契约、侵权或者刑法等某个专题展开研究，其选取的案件既有王室法院卷宗，也有来自教会法院、

① Morris S.Arnold ed., *Select Cases of Trespass from the King's Courts 1307—1399*, London: Bernard Quaritch, for the Seldon Society, Vol.100 for 1984, Vol.103 for 1987.

② Richard H.Helmholz ed., *Select Cases on Defamation to 1600*, London: Bernard Quaritch, for the Seldon Society, Vol.101 for 1985.

采邑法院等其他法院的档案，并且跨越了1200—1600年间的五个世纪。①

（3）地方法律档案

虽然中央司法机构规模宏大且持续不断，但没有地方上的行政和司法机构的配合，它们无法运作。这些地方机构的运作也产生了大量的档案，其中部分留存至今。除国家档案馆保留了部分地方法院司法档案外，各郡档案馆（County record offices）也保存了大量地方司法档案，尤其是与治安法官司法活动相关的小治安法庭（petty sessions）②和季审法庭（quarter sessions）的档案。此外，各郡档案馆还保存了许多由律师和个人制作、保留的法律案件文件。

① 地方法院卷宗

地方法院卷宗档案记录了地方层面的公共法院、特权法院、采邑法院以及其他法院的诉讼。其中最为主要的法院是采邑民事法院（court baron）和采邑刑事法院（court leet）。采邑民事法院是采邑的最高土地保有人的法院，它负责规制采邑内部的事务。该法院由自由土地保有人和根据领地习惯的土地保有人（其中最重要的是公簿地产保有人）参加。采邑刑事法院实施郡长对百户区进行的每年两次的治安管辖权。

地方法院卷宗档案包含了英国社会的最低阶层成员及地方问题方面的丰富的信息，通常包括：转让财产权的案件，尤其是公簿地产保有权；在既定时间内土地的占有；法律和秩序的实施，包括涉及债、盗窃或者轻微人身伤害（petty assault）等轻微纠纷案件；农业事务的规制；关于共有地、沟渠和农作物的地方规定的实施、劳动役务的实施；地方官员的选举；公路和水道的堵塞；采邑领主的姓名等内容。采邑法院中实施的事务种类自18世纪起逐渐衰落，更多地涉及公簿土地的交还和承认。后来由于土地不断转化为租赁保有地，公簿地产数量日益减少，相关诉讼的数量也随之减少。

塞尔登协会在地方法院的早期成果主要是对采邑法院卷宗的整理。虽然采邑法院卷宗的数量相当巨大，但其中内容大多类似，并且更多与地方的社会、经济史而非法律史相关。最初，梅特兰编纂的《采邑和其他封建法庭精

---

① The Literary Directors ed., *A Centenary Guide to the Publications of the Selden Society*, London: Bernard Quaritch, for the Seldon Society, 1987, pp.35—36.

② 处理轻微事项且由治安法官主持，现在被称为magistrates courts。

选案例》(*Select Pleas in Manorial and Other Seignoral Courts*) ① 主要选取了13 世纪的采邑法院和数个修道院的封建法院卷宗中涉及古地保有（ancient demesne)、集市法院的封建管辖权以及十户联保制的史料。两年后，由梅特兰和贝尔顿共同编撰的《采邑民事法院：采邑和其他地方法院诉讼之先例》(*The Court Baron*：*Precedents of Pleading in Manorial and Other Local Courts*) ② 收录了数本 13—14 世纪的关于封建法院裁决的小册子和手稿。此后直至 20 世纪末，普斯（L.R.Poos）和劳埃德·邦菲尔德（Lloyd Bonfield）共同整理的《采邑法院案例精选：财产法和家庭法，1250—1500》(*Select Cases in Manorial Courts*：*A Property Law and Family Law*，*1250—1500*) ③ 才得以出版，与梅特兰 1888 年的成果关注最早的部分采邑法院卷宗的一个横截面的视角不同，该卷编者考察更为漫长的历史时期，通过纵向视角来观察采邑法院处理所有权和家庭法律问题的方式的变化。

塞尔登协会的其他数卷则涉及城镇和自治市镇，包括威廉·哈德森（William Hudson）编撰的《诺维奇城采邑刑事法院》(*The Leet Jurisdiction in the City of Norwich*，1891 年第 5 卷）④，该书是对 13—14 世纪的采邑刑事法院卷宗的整理，还有亚瑟·利奇（Arthur F.Leach）编辑的《贝弗利镇文件》(*Beverley Town Documents*) ⑤，该书收录了大量中世纪行会的资料。这一系列中最为杰出的作品是玛丽·贝特森（Mary Bateson）编辑的两卷本《自治市镇习惯》(*Borough Society*，1904 年第 18 卷，1906 年第 21 卷）⑥。此后，由于梅特兰和玛丽·贝特森的相继去世，塞尔登协会在这一领域的探索中断。

自 20 世纪以来，地方历史档案协会的蓬勃发展使得地方法律史料的整

---

① F.W.Maitland ed., *Select Select Pleas in Manorial and Other Seignoral Courts* (*Reigns of Henry III and Edward I*), London: Bernard Quaritch, for the Seldon Society, Vol.2 for 1888.

② F.W.Maitland and W.P.Baildon, *The Court Baron*: *Precedents of Pleading in Manorial and Other Local Courts*, London: Bernard Quaritch, for the Seldon Society, Vol.4 for 1890.

③ L.R.Poos and Lloyd Bonfield ed., *Select Cases in Manorial Courts*: *A Property Law and Family Law*, *1250—1500*, London: Seldon Society, Vol.114 for 1997.

④ William Hudson ed., *The Leet Jurisdiction in the City of Norwich*, London: Bernard Quaritch, for the Seldon Society, Vol.5 for 1891.

⑤ Arthur F.Leach ed., *Beverley Town Documents*, London: Bernard Quaritch, for the Seldon Society, Vol.14 for 1900.

⑥ Mary Bateson ed., *Borough Society*, London: Bernard Quaritch, for the Seldon Society, Vol.18 for 1904, Vol.21 for 1906.

理几乎已经成为这些协会的专属领域，在它们的努力下，包括采邑法院①、百户法院②、郡法院③乃至自治市镇法院④在内的地方法院档案得以大量整理出版。

② 治安法官档案和验尸官档案

自14世纪开始，由地方士绅担任的治安法官成为英国地方政府的核心角色，该制度一直持续至20世纪，被梅特兰评价为“英国政府机构中最具英国特色的部分”⑤。治安法官不仅处理基层司法事务，而且也负责诸如规制程序和工资、许可、维护桥梁和公路，执行反对宗教不服从的法律以及监督济贫法等事项。其他的事务包括监督征税、检查度量衡等。就其所承担的司法职能而言，治安法官主持两类法院，一类被称为季审法庭（quarter session），得名自每年开庭4次的做法，其管辖权低于巡回审判法院的管辖权，另一种被称为小治安法庭，仅处理非常轻微的案件。

与治安法官的司法活动相关的司法档案主要包括季审法院档案、小治安法院档案以及治安法官工作笔记。季审法庭档案数量非常大，自14世纪早期以来，其中仅仅很小的一部分被记录下来。自1540年之后，治安法官召

---

① W.N.Landor ed., *Alrewas Court Rolls, 1259—1261, 1268—1269, 1272—1273*, Wm. Salt Archaeological Society, New Series, Vol.10, 1907, pp.245—293; M.K.Dale ed., *Court Roll of Chalgrave Manor, 1278—1313*, Bedfordshire Historical Record Society, Vol.28 for 1948; J.Amphlett, S.G.Hamilton, R.A.Wilson ed., *Court Rolls of the Manor of Hales, 1270—1307*, Worcestershire Historical Society, Part I, 1910, Part II, 1912, Part III, 1933; W.P.Baildon, J.Lister, J.W.Walker ed., *Court Rolls of the Manor of Wakefield, from 1274*, Yorkshire Archaeological Society, Vol.29 for 1900, Vol.36 for 1906, Vol.57 for 1917, Vol.78 for 1930; Vol.109 for 1944; W.O.Massingberd ed., *Court Rolls of the Manor of Ingoldmells*, Spottiswoode, 1902; W.O.Ault ed., *Court Rolls of the Abbey of Ramsey and of the Honor of Clare*, Yale University Press, 1928; “Extracts from Court Book”(St. Albans), in A.E.Levett, *Studies in Manorial History*, Oxford University Press, 1938, p.300; A.J.Taylor ed., *Records of the Barony and Honour of the Rape of Lewes*, Sussex Record Society, 1940.

② B.Farr ed., *Rolls of Highworth Hundred, 1275—1287*, Wiltshire Archaeological Society, Vol.21 for 1965, Vol.22 for 1966.

③ G.H.Fowler ed., *Rolls from the Office of the Sheriff of Bed and Bucks, 1332—1334*, Bedfordshire Historical Record Society, quarto memoirs Vol.3, 1929; “Extracts from Rolls of County Court of Cornwall, 7 Ed.III”, in W.A.Morris, *The Early English County Court*, University of California Press, 1926, p.181 ff; R.Stewart-Brown ed., *Calendar of County Court, City Court and Eyre Rolls of Chester, 1259—1297*, Chetham Society, New Series Vol.84, 1925.

④ A.Hopkins ed., *Selected Rolls of the Chester City Courts*, Chetham Society, 3rd Ser. Vol.2, 1950; A.H.Thomas ed., *Calendar of Early Mayor's Court Rolls of the City of London, 1298—1307*, Cambridge University Press, 1924; A.H.Thomas ed., *Calendar of Plea and Memoranda Rolls of the City of London, 1323—1364*, Cambridge University Press, 1926.

⑤ F.W.Maitland, *The Collected Papers of Frederic William Maitland*, 1911, p.470.

集的季审法院的档案并未常规化保存，尽管自伊丽莎白时代往后更仔细地加以保存，但1740年前的季审法院档案从未完整过。由于小治安法院的程序不像季审法院那么正式，因此留存下来的档案材料较少。以埃塞克斯郡为例，较为完整系统的记录只有1801年之后该郡切姆斯福德城小治安法院的记录。治安法官的其他档案涉及罚金摘录（extracts of fines）、大陪审团起诉书摘要以及由巡回法院或者王座法院根据调卷令所审理的从季审法庭调去的案件目录等内容。这些档案所剩不多，主要涉及17世纪后期之后，其内容在《埃塞克斯档案馆指南》(*Guide to Essex Record Office*）一书中有充分描述。

关于治安法官档案的整理工作，各郡历史协会成为主力，自19世纪末以来，它们陆续有选择地出版了本郡的季审法院档案。[①]此外，埃姆斯基金会出版的伯特南（B.H.Putnam）编辑的《14—15世纪治安法官诉讼记录，爱德华三世至理查二世》(*Proceedings before the Justices of the Peace in the Fourteenth and Fifteenth Centuries*，*Edward III to Richard III*）一书中收录了大量源自治安卷宗的诉讼记录。[②]伯特南撰写的《劳工制定法的实施，1349—1359》一书中则收录了一些自劳工法官卷宗中摘录的条目。[③]值得一提的是，治安法官的工作笔记虽然并非真正的政府档案，但提供了治安法官司法工作的近距离观察的视角，最大程度上还原了当时的历史。因此，受到了历史学家的关注，迄今已有多本出版。[④]

---

① 约翰·韦斯特将19世纪后期以来各郡出版的季审法院档案进行了系统列举，参见John West, *Village Records*，Chichester：Phillimore，1986，pp.89—91。

② B.H.Putnam ed.，*Proceedings before the Justices of the Peace in the Fourteenth and Fifteenth Centuries*，*Edward III to Richard III*，Ames Foundation，1938.

③ B.H.Putnam，*The Enforcement of the Statutes of Labourers during the First Decade after the Black Death*，Columbia，New York：1908.

④ Elizabeth Crittall ed.，*The Justicing Notebook of William Hunt*，*1744—1749*，Devizes：Wiltshire Record Society，1982；Ruth Paley ed.，*Justice in Eighteenth-Century Hackney*：*The Justicing Notebook of Henry Norris and the Hackney Petty Sessions Book*，London：London Record Society，1991；Elizabeth Silverthorne ed.，*Deposition Book of Richard Wyatt*，*JP*，*1767—1776*，Guildford：Surrey Record Society，1978；Alan F.Cirket ed.，*Samuel Whitbread's Notebooks*，*1810—1811*，*1813—1814*，Ampthill：Bedfordshire Historical Record Society，1971；Gwenda Morgan and Peter Rushton ed.，*The Justicing Notebook*（*1750—1764*）*of Edmund Tew*，*Rector of Boldon*，Woodbridge：Boydell for the Surtees Society，2000。同时，"英国历史在线"（http://www.british-history.ac.uk）发布了米德尔塞克斯郡亨利·诺里斯的工作笔记。

除治安法官外，各个自治市镇和郡所设之验尸官也是国王之诉的监督者以及维护地方法律和秩序的关键人物。为此，塞尔登协会的首位美国编辑查尔斯·格罗斯（Charles Gross）编辑了《验尸官卷宗精选案例》(*Select Cases from the Coroners' Rolls, 1265—1413*)[①]。此外，各郡的地方档案协会也对各自的验尸官卷宗进行了整理，如前述贝德福德郡的最早的验尸官档案由贝德福德郡历史档案协会作为其系列出版物第41卷出版。

③ 中央刑事法院档案

虽然至17世纪，大多数自治市镇法院的司法特权已经消失，转由专门巡回审判法院负责当地的刑事司法审判。但作为伦敦城和米德尔塞克斯郡的刑事法院的"老贝利"(the Old Bailey)却顽强地保存了下来。至1834年，该法院成为中央刑事法院（Central Criminal Court），但"老贝利"一名得以沿用。在1834年之前，该法院的管辖权范围涉及伦敦城、米德尔塞克斯，但不包括伦敦城泰晤士河南岸的部分。自1834—1964年间，其管辖权范围涉及伦敦、米德尔塞克斯、埃塞克斯、肯特和萨里部分地区以及先前由海军部法院（Admiralty Sessions）审理的在公海或者海外其他地方所犯下的罪行；自1964年起，其管辖权领域被限定于大伦敦地区。其审理的犯罪包括重罪以及严重的轻罪案件，具体如下：盗窃、杀人、强奸、纵火、某些类型的暴动和企图伤害罪、叛国、伪证、伪造文书及伪造货币罪以及先前由海军部法院审理的在公海或者海外其他地方所犯下的罪行。根据1856年《中央刑事法院法》(*Central Criminal Court Act of 1856*)，为保证公正审判，当存在地方偏见或者当它能够提供一个较早的审判，从而避免当事人为了等待下一次的巡回审判而导致的迟延的时候，该法院也听审其一般管辖权外的案件。当1971年的司法改革以皇家刑事法院（crown courts）取代专门巡回审判法院的时候，中央刑事法院仍然被保留为伦敦地区的皇家刑事法院。该法院也留下了大量刑事审判的档案。

有关老贝利法院的档案主要包括两类：一类为17世纪70年代之后对老贝利法院审判的重罪案件进行描述的出版小册子，最初它是为了娱乐大

---

① Charles Gross ed., *Select Cases from the Coroners' Rolls, 1265—1413*, London: Bernard Quaritch, for the Seldon Society, Vol.9 for 1895.

众，作为饭后谈资，但后来出版越来越正规，受官方约束也越来越大，对案件的记录也逐渐走向真实和客观。由于其作为连续出版物时间跨度很大，一直延续到 1913 年 4 月，因此成为难得的史料而被学者们利用，“老贝利诉讼在线”就是一个主要将 1674—1913 年的出版物《老贝利法院诉讼记录》加以电子化发布的网站。① 另外一类即通常意义上所说的法院档案记录，即由老贝利法院秘书记录的该法院证人提供的证据陈述和法官对被告的询问情况等，此种档案则由“伦敦生活”网站发布。②

④ 巴拉丁领地特许法院

除上述法院外，还有一些巴拉丁领地特许法院。所谓巴拉丁领地是指享有王权的贵族领地，这些特权领地在很大程度上脱离国王的统治，形成事实上的国中之国，因此其司法的运行自成一体，独立于王国的其他地方，也拥有自己的独立档案。达勒姆巴拉丁领地特许法院的档案涉及该巴拉丁领地的法律和财政管理，主要包括大法官法院（书记官和衡平法）、普通法法院（普通诉讼和专门巡回审判法院）及约克教省法院法官（auditor）的档案。切斯特巴拉丁领地特许法院的档案涉及切斯特巴拉丁领地的财政和司法管理的档案，包括切斯特财政署的档案以及郡法院的档案和切斯特以及弗林特的巡回法院（Courts of Great Sessions）的档案。③ 兰开斯特巴拉丁领地档案主要涉及该巴拉丁领地的法律管辖权，包括文秘署行政档案、大法官法院档案、普通诉讼法院档案和王室法院档案。

① Clive Emsley, Tim Hitchcock and Robert Shoemaker, “Publishing History of the Proceedings”, Old Bailey Proceedings Online, at http://www.oldbaileyonline.org/.

② Clive Emsley, Tim Hitchcock and Robert Shoemaker, “Sessions Papers: Justice’s Working Documents (PS)”, London Lives, 1690—1800, at http://www.londonlives.org/.

③ 主要编辑整理的成果有 *Welsh Records. Calendar of Deeds, Inquisitions, and Writs of Dower, Enrolled on the Plea Rolls of the County of Chester—Henry 3 and Edward 1* (Henry III to Henry VIII); *Henry III and Edward I: The Twenty-Sixth Annual Report of the Deputy Keeper of the Public Records, Appendix*, London: 1865, pp.36—55; *Edward II: The Twenty-Seventh Annual Report of the Deputy Keeper of the Public Records, Appendix*, London: 1866, pp.94—123; *Edward III: The Twenty-Eighth Annual Report of the Deputy Keeper of the Public Records, Appendix*, London: 1867, pp.20—71; *Richard II to Henry VII: The Twenty-Ninth Annual Report of the Deputy Keeper of the Public Records, Appendix*, London: 1868, pp.49—98; *Henry VIII: The Thirtieth Annual Report of the Deputy Keeper of the Public Records, Appendix*, London: 1869, pp.121—165。

2. 机构档案

（1）教会法院档案

① 档案情况

教会法院档案大多保存于教区档案馆（diocesan record offices），它们通常涉及特定教区并且记录教会和教会机构的司法活动，例如兰贝斯宫图书馆（Lambeth Palace Library）就覆盖了坎特伯雷教区，而约克大学的博思威克档案研究所（Borthwick Institute for Archives）则覆盖了约克教区。

② 档案整理和研究

关于教会法院档案的整理，塞尔登协会已经出版了一批高质量的整理和研究成果。最早的一本是诺玛·亚当斯（Norma Adams）和查尔斯·多纳霍（Charles Donahue）两位教授于1978—1979年合作整理出版的第95卷《坎特伯雷教省教会法院案例精选，1200—1301》(*Select Cases from the Ecclesiastical Courts of the Province of Canterbury*，*c. 1200—1301*）①。教授于1985年整理出版的《1600年之前诽谤案例精选》(*Select Cases on Defamation to 1600*）一书搜集整理了教会法院的30个诽谤案件，并且讨论了教会法上的诽谤。由戴维·米利翁（David Million）编辑的2009年出版的第126卷《国王法院之教会案件精选》(*Select Ecclesiastical Cases from the Kings Court*）②一书搜集了爱德华一世时期普通诉讼法院、王座法院和巡回审判中审理的涉及与教会法院管辖权冲突的案件，在导论中，编者对这些案件中应用的程序和实体法进行了全面的解释，对传统观点提出了挑战，认为爱德华一世的管辖权界限仍然与既有实践相一致。此外，2010年出版的第127卷，由赫尔霍姆兹教授整理的《三位民法学家的笔记：1580—1640》(*Three Civilian Notebooks*：*1580—1640*）③一书搜集了16世纪下半叶、17世纪上半

① Norma Adams and Charles Donahue eds., *Select Cases from the Ecclesiastical Courts of the Province of Canterbury*，*c. 1200—1301*，London：Bernard Quaritch，for the Seldon Society，Vol.95 for 1978—1979.

② David Million，*Select Ecclesiastical Cases from the Kings Court*，London：Bernard Quaritch，for the Seldon Society，Vol.126 for 2009.

③ R.H.Helmholz，*Three Civilian Notebooks*：*1580—1640*，London：Bernard Quaritch，for the Seldon Society，Vol.127 for 2010.

叶三位英国民法学者编撰的笔记，这些笔记的内容主要是对坎特伯雷宗教裁判上诉法院和其他伦敦教会法院、伊利教区法院以及其中一位民法学者科尔曼（Colman）自己的副主教法院中诉讼的注释和评论。

（2）律师档案

① 档案情况

作为出庭律师的居住、训练及职业的所在，伦敦四大律师公会都拥有各自可以回溯数个世纪的档案。尽管这些并非法院档案，但它们可以提供对于法庭运作以及相关法庭文化的信息。相关档案被收藏于四大律师会所图书馆中。近年来，其中的一些档案已经被数字化处理，可在律师会所的网站获得。例如，林肯律师会所的成员登记册及相关事务备忘录档案（俗称“黑皮书”）即可在线查询。①

代理律师和事务律师是当事人在诉讼中的代表。他们经常也是代表其客户履行正式诉讼的法庭官员，但是与出庭律师不同的是，他们并不当庭为当事人进行诉答。与这些律师相关的档案散见于各法院档案及事务律师协会的档案中。

1728 年《代理律师和事务律师法》[*The Attorneys and Solicitors Act of 1728*（*2 Geo.2，c.23*）] 规定代理律师和代诉律师必须在实习期内担任五年文书，他们必须按照规定宣誓，并且他们的名字必须登记在卷宗中。这些代理律师卷宗通常按照字母顺序以及编年的准入顺序排列。自 1749 年之后，当年一部法律（22 Geo.2，c.46）要求证明实习期的恰当执行的宣誓书在法庭准入的 3 个月内予以归档。这些宣誓书的等级也表明了代理律师或者事务律师为谁担任了学徒。自 1785 年开始，在代理律师或者事务律师执业之前要求年度准入证书。此类证书存根簿也可在各法院档案中找到。自 1790 年开始，印刷版的法律指南正是以这些证书存根簿为基础。

上述档案仅仅涉及中央法院官员。1830 年之后，在季审法院以及切斯特和威尔士的巡回法院（Great Sessions）执业的代理律师们被允许在威斯敏斯特法院登记。自 1843 年开始，《事务律师法》（6 & 7 Vic.，c.73 s.45）允许在

---

① 具体网址为 https：//www.lincolnsinn.org.uk/library-archives/digitised-records/。

兰开斯特公爵领地法院或者兰开斯特巴拉丁领地法院以及达勒姆巴拉丁领地法院执业的代理律师和事务律师在威斯敏斯特法院登记的集会。

事务律师协会拥有代理律师和事务律师的登记册档案，该档案设立于1843年。其中包括自1845年开始的准入名单以及大约自1790年开始由大多数法院的准入名单，以及自1860年起一些学徒期文书资格登记名单。

② 档案整理和研究

作为英国法律教育的核心机构，律师公会及预备律师公会成为法律职业研究的主要内容。塞尔登协会在这一领域的成果包括律师公会讲师讼讲的讲稿，包括萨缪尔·索恩（Samuel E.Thorne）编撰的两卷本《15世纪律师公会的讼讲和模拟法庭》(*Readings and Moots at the Inns of Court in the Fifteenth Century*)①以及贝克编撰的《约翰·斯佩尔曼关于权利开示令状的讼讲》(*John Spelman's Reading on Quo Warranto*: *Gray's Inn*, *Lent 1519*)②。此外，同样由贝克编撰的《律师公会和预备律师公会的讲师与讼讲》(*Readers and Reading in the Inns of Court and Chancery*)③更是全面反映了14世纪中叶至17世纪中叶英国律师公会和预备律师公会全盛期的教育制度，书中不仅包括这些律师公会中讲师名录及传记，还包含讲座的教材、笔记及近2000个教材书目。

关于律师公会和预备律师公会的研究成果还包括《克雷蒙律师公会养老金簿》(*Pension Book of Clement's Inn*)④以及布兰德（D.S.Bland）整理的《律师公会和预备律师公会书目》(*A Bibliography of the Inns of Court and Chancery*)⑤、布鲁克斯（C.W.Brooks）编撰的现存预备律师公会最早的行政

---

① Samuel E.Thorne ed., *Readings and Moots at the Inns of Court in the Fifteenth Century*, Vol.71 for 1952, Vol.105 for 1989。另外，索恩教授编辑的《14世纪林肯律师公会讲师的讲稿》(*Robert Constable's Reading on Prerogativa Regis*)由耶鲁大学出版社出版。

② J.H.Baker ed., *John Spelman's Reading on Quo Warranto*: *Gray's Inn*, *Lent 1519*, London: Bernard Quaritch, for the Seldon Society, Vol.113 for 1997.

③ J.H.Baker ed., *Readers and Reading in the Inns of Court and Chancery*, London: Bernard Quaritch, for the Seldon Society, Supplementary Series Volume 13, 2000.

④ Cecil Carr ed., *Pension Book of Clement's Inn*, Publications of the Seldon Society, Vol.78, London: Bernard Quaritch, for the Seldon Society, 1960.

⑤ D.S.Bland ed., *A Bibliography of the Inns of Court and Chancery*, London: Bernard Quaritch, for the Seldon Society, Supplementary Series Volume 3, 1965.

档案《伯纳德律师公会入学登记册》(*The Admissions Registers of Barnard's Inn, 1620—1869*)①。

关于律师职业和活动发展史的论述大多于各卷导论中有所涉及。例如特纳利用诉讼卷宗中律师（narratores）一栏的名字来分辨在爱德华二世时期的年鉴中发言的代诉律师，他也部分地说明了普通诉讼法院学徒（第22卷）。斯滕顿夫人在其关于缺席允准卷宗和最早的诉讼卷宗的著作中，追溯了英格兰职业律师的起源（尤其是在第83卷的导论中）；塞莱斯教授在他对王座法院卷宗的研究中解释了国王法律代表的起源，探索了该法院神职人员班子的早期历史，并且还整理了首份可信的1272—1422年间的法官和国王法律顾问名录。第94卷则包含1485—1547年间法官、国王法律顾问和中央法院神职人员担任的官员名录。贝克编辑的《高级代诉律师协会》(*The Order of Serjeants at Law*)②更是搜集各种渊源中关于代诉律师的档案，描述了自13世纪至1921年代诉律师公会的历史。约翰·圣蒂爵士（John Sainty）编纂的《爱德华一世至1984年间英国法律官员、国王代诉律师，以及优先权特许状持有人名单》(*List of English Law Offices, King's Counsel, and Holders of Patents of Precedence, from Edward I to 1984*)③一书完整整理了自最早直至1984年间关于国王代诉律师、总检察长、副总检察长、国王代诉人、国王代理律师（king's counsel）以及优先权特许状持有人的名字、任命日期以及任职时限。约翰·圣蒂编撰的《英格兰法官，1272—1990》(*The Judges of England, 1272—1990*)④则是第一份关于英格兰高级法院法官名单的完整、精确的整理，记录了王座法院、普通诉讼法院、理财法院、卷宗主事官、副大法官、上诉法院法官、高等法院法官以及上院常任上诉法官的名单及精确的任职期限。

---

① C.W.Brooks ed., *The Admissions Registers of Barnard's Inn, 1620–1869*, London: Bernard Quaritch, for the Seldon Society, 1996.

② J.H.Baker ed., *The Order of Serjeants at Law*, London: Bernard Quaritch, for the Seldon Society, Supplementary Series Volume 5, 1984.

③ John Sainty ed., *List of English Law Offices, King's Counsel, and Holders of Patents of Precedence, from Edward I to 1984*, London: Bernard Quaritch, for the Seldon Society, Supplementary Series Volume 7, 1987.

④ John Sainty ed., *The Judges of England, 1272—1990*, London: Seldon Society, Supplementary Series Volume 10, 1993.

三、判例报告

1. 年鉴

作为13—17世纪初英国法最为重要的渊源，年鉴的出版几乎与印刷术在英国的普及同时发生，因此在15—17世纪期间，大部分年鉴都已经被印刷出版①，其中较有名的是出版于1678—1680年间的大型对开版本“梅纳兹”版（Maynard’s Edition）②。但是，这些早期版本未经过细心的编辑，质量粗劣，且缺乏对应的英文译文。自19世纪开始，英美两国的多家官方和民间机构参与了对年鉴的编辑整理工作，大大提升了新版年鉴的质量。

如前所述，1857年开始的“卷宗丛书”（Roll Series）③中就包含了年鉴的内容。具体而言，在1866—1879年间，阿尔弗烈德·霍伍德（Alfred J.Horwood，1821—1881）整理出版了爱德华一世时期1292—1294年及1302—1307年间的年鉴共5卷④，并且开始从事此前未曾出版的爱德华三世时期的年鉴整理工作。当霍伍德于1881年去世之后，公共档案馆的卢克·欧文·派克（Luke Owen Pike）接手了这一工作，并至1911年最终完成了爱德华三世时期自1337年圣三一开庭期至1346年米勒加开庭期的15卷年鉴的整理出版工作。⑤此后，公共档案馆的麦克斯韦·莱特（H.C.Maxwell Lyte）一

---

① 至1610年，已经出版的年鉴有1—10 Edw. III、17—39 Edw. III、40—50 Edw. III（Quadragesms）、Liber assisarum Edw. III（assizes & circuit cases）、Hen. IV & V、1—20 Hen. VI、21—39 Hen. VI、Edw. IV、Long Quinto（5 Edw. IV）、Edw. V，Ric. III，Hen.VII & Hen. VIII。1678年，爱德华二世时期的年鉴首度出版。

② 在1679—1680年间，乔治·索布里奇（George Sawbridge）、威廉·罗林斯（William Rawlins）和塞缪尔·罗伊克罗夫（Samuel Roycroft）于1679—1680年再版了所有1610年之前已经出版的年鉴，共11卷，它们因被错误地与代诉律师梅纳德（Serjeant Maynard）相联系而被称为“梅纳德”版。虽然该版质量并不理想，但在相当长的时间内，对于法律人和法律史家而言，“梅纳德”版都被视为标准版，也称通行版（Vulgate）。

③ 该丛书全称为《中世纪大不列颠及爱尔兰编年史记事》（*Chronicles and Memorials of Great Britain and Irelend during the Middle Ages*）。

④ A.J.Horwood ed., *Year Books of the Reign of Edward I*（*20—22, 30—35 Edward I*），5 vols, London：1866—1879.

⑤ A.J.Horwood and L.O.Pike ed., *Year Books of the Reign of King Edward III*（*11—20 Edward III*），15 vols，London：1883—1911.

度计划了一个更为雄心勃勃的方案，但终因未能获得资金支持而搁置。①

塞尔登协会自成立以来就一直是整理、出版年鉴最为重要的机构。年鉴系列也成为塞尔登协会出版物中最为重要的系列，迄今已经出版 32 卷，占年度系列出版物总数的 1/4。事实上，由于在塞尔登协会成立之前，其他机构已经开始了新版年鉴的编辑工作，因此相关内容并未纳入塞尔登协会的工作计划之中。但至 1888 年，梅特兰已经改变想法。他于 1896 年提交了建议重新整理爱德华二世时期年鉴的报告，并获得批准。自梅特兰于 1903 年出版年鉴系列的第一本（第 17 卷）《爱德华二世第一年和第二年的年鉴》之后，塞尔登协会出版的 32 卷年鉴所涉时段包括爱德华二世、爱德华三世、爱德华四世与亨利六世以及亨利八世统治时期，其最新成果是贝克编撰的亨利八世时期的年鉴（2002 年第 119 卷，2003 年第 120 卷，2004 年第 121 卷）②。

埃姆斯基金会也是年鉴整理出版的重要力量。迄今为止，埃姆斯基金会已经出版 7 卷 1377—1399 年间的理查二世统治时期的年鉴。最新的一卷是 1996 年出版的《理查二世时期的年鉴：理查二世第六年，1382—1383》（*Year Books of Richard II*：*6 Richard II*，*1382—1383*）。③ 埃姆斯基金会出版的年鉴除了保留手稿本身的法文文本，并附有案件档案的拉丁文文本外，还增加了对前两个文本的英文翻译。此外，还增加了重要的学术导论、表格和详细的索引。这些细致的工作使得这些成果成为早期英国法律史的重要

① The Literary Directors ed., *A Centenary Guide to the Publications of the Selden Society*, London: Bernard Quaritch, for the Seldon Society, 1987, p.20.

② J.H.Baker, *Year Books of 12—14 Henry VIII*, London: Seldon Society, Vol.119 for 2002; J.H.Baker, *Reports of Cases in the Time of Henry VIII*, Vol.I, London: Seldon Society, Vol.120 for 2003; J.H.Baker, *Reports of Cases in the Time of Henry VIII*, Vol.II, London: Seldon Society, Vol.121 for 2004.

③ George F.Deiser ed., *Year Books of Richard II*: *12 Richard II*, Cambridge, Mass.: Harvard University Press, London: Humphrey Milford, 1914; Theodore F.T.Plucknett, *Year Books of Richard II*: *13 Richard II*, Cambridge, Mass.: The Ames Foundation, Harvard Law School, 1929; Isobel D.Thornley, *Year Books of Richard II*: *11 Richard II*, Cambridge, Mass.: The Ames Foundation, Harvard Law School, 1937; Morris S.Arnold, *Year Books of Richard II*: *2 Richard II*, Cambridge, Mass.: The Ames Foundation, Harvard Law School, 1975; L.C.Hector and Michael C.Hager, *Year Books of Richard II*: *8 & 10 Richard II*, Cambridge, Mass.: The Ames Foundation, Harvard Law School, 1987; Maurice J.Holland, *Year Books of Richard II*: *7 Richard II*, Cambridge, Mass.: The Ames Foundation, Harvard Law School, 1989; Samuel Thorne, *Year Books of Richard II*: *6 Richard II*, *1382—1383*, Cambridge, Mass.: The Ames Foundation, Harvard Law School, 1996.

渊源。

除上述机构之外，德国学者罗格斯（R.V.Rogers）编辑了一卷亨利五世时期 9—10 年的年鉴，在德国伍兹堡出版。①

关于年鉴研究的权威著作首推博兰（Bolland）的《年鉴：伦敦大学演讲集》（*The Year Books*：*Lectures Delivered in the University of London at the Request of the Faculty of Laws*）②。另外，波士顿大学法学院的达维德·塞普（David J.Seipp）教授制作了关于 1268—1535 年间的年鉴报告的索引和释义的在线数据库。③ 该数据库将 1268—1535 年间所有出版的编年系列判例报告和 1399—1509 年间以节略形式出版的材料，以及 1399—1535 年间的判例报告编制了索引，并对其中部分进行了释义，同时还提供了关于年鉴的现代学术研究书目。

2. 判例报告

至都铎时代，继年鉴之后出现了一种新形式的判例报告，其最大的特征在于注明了编著者的姓名，而非像年鉴那样采取匿名的形式。由于不存在有效的控制手段，书商们基于逐利的考虑，往往伪称作者为某位知名律师或法官。事实上，在 1700 年之前，仅有 3 套判例报告真正由其作者所出版，即《普罗登释义》（*Plowden's Commentaries*，*1550—1580*）、《柯克判例报告》（*Coke's Reports*，*1572—1616*）以及《布尔斯特罗德判例报告》（*Bulstrode's Reports*，*1610—1625*）。直至 1750 年，判例报告的标准才得以改进。1865 年成立了法律报告委员会（the Council of Law Reporting）。尽管英国判例报告（*The English Reports*）重印了所有 1865 年之前出版的主要私人判例报告，但仍有遗漏。

20 世纪 90 年代以来，塞尔登协会的工作重心之一就是整理并出版年鉴之前的判例报告以及年鉴之后、都铎早期一些未曾获得整理的私人判例

① R.V.Rogers ed., *Year Books of the Reign of King Henry the Fifth*：*Year Books 9—10 Henry V (1421—22)*，Wurzburg：1948.

② William C.Bolland，*The Year Books*：*Lectures Delivered in the University of London at the Request of the Faculty of Laws*，Cambridge：Cambridge University Press，1921.

③ 数据库网址参见 *http://www.bu.edu/law/faculty-scholarship/legal-history-the-year-books/*。

报告。前者如保罗·布兰德编撰的四卷本《最早英国判例报告》(*Earliest English Law Reports*，1995年第111卷、1996年第112卷、2005年第122卷、2006年第123卷）[①]，这一系列收集了1290年之前的可识别的判例报告。此外还有卡内冈编撰的两卷本《威廉一世至理查一世时期的英国讼案》(*English Lawsuit from William I to Richard I*，1990年第106卷、1991年第107卷）[②]，卡内冈将1066—1199年间编年史、特许状等渊源中的所有重要的诉讼记录汇编到了一起。后者均为贝克编撰的系列私人判例报告，包括两卷本《约翰·斯佩尔曼爵士判例报告》(*The Reports of Sir John Spelman*）[③]，《约翰·波特爵士的笔记本手稿》(Vols.102）[④]，两卷本《詹姆斯·戴耶爵士遗失笔记判例报告》(*Reports from the Lost Notebooks of Sir James Dyer*）[⑤]，此书为塞尔登协会出版的首本伊丽莎白一世时期的判例报告，涉及1541—1581年间的案件，两卷本《约翰·卡吕尔判例报告》(*Reports of Cases by John Caryll*）[⑥]，其中包含自1485—1522年间的案例，以及《威廉·达利森判例报告》(*The Reports of William Dalison，1552—1558*）[⑦]。

关于判例报告的重要研究成果有阿伯特（L.W.Abbott）的《英格兰判例报告，1485—1585》(*Law Reporting in England 1485—1585*）[⑧]、斯特宾斯（C.Stebbings）编辑的英国法律史第11届年会论文集《不列颠判例报告》[⑨]、

---

① Paul Brand，*Earliest English Law Reports*，London：Bernard Quaritch，for the Seldon Society，Vol.111 for 1995，Vol.112 for 1996，Vol.122 for 2005，Vol.123 for 2006.

② R.C.Van Caenegem ed.，*English Lawsuit from William I to Richard I*（*Vol.I. William I to Stephen*），London：Bernard Quaritch，for the Seldon Society，Vol.106 for 1990；R.C. Van Caenegem，*English Lawsuit from William I to Richard I*（*Vol.II. Henry I to Richard I*），London：Bernard Quaritch，for the Seldon Society，Vol.106 for 1990，Vol.107 for 1991.

③ J.H.Baker ed.，*The Reports of Sir John Spelman Vol.I*，*II*，London：Bernard Quaritch，for the Seldon Society，Vol.93 for 1976，Vol.94 for 1977.

④ J.H.Baker ed.，*The Notebook of Sir John Port*，London：Bernard Quaritch，for the Seldon Society，Vol.102，1986.

⑤ J.H.Baker ed.，*Reports from the Lost Notebooks of Sir James Dyer*，*Vol.I*，*II*，London：Bernard Quaritch，for the Seldon Society，Vol.109 for 1993，Vol.110 for 1994.

⑥ J.H.Baker ed.，*Reports of Cases by John Caryll*，*Vol.I*，*II*，London：Bernard Quaritch，for the Seldon Society，Vol.115 for 1998，Vol.116 for 1999.

⑦ J.H.Baker ed.，*The Reports of William Dalison*，*1552—1558*，London：Bernard Quaritch，for the Seldon Society，Vol.124 for 2007.

⑧ L.W.Abbott，*Law Reporting in England 1485—1585*，London：The Athlone Press，1973.

⑨ C.Stebbings ed.，*Law Reporting in Britain*：*Proceedings of the Eleventh British Legal History Conference*，Bloomsbury Academic，1995.

辛普森的《普通法重要判例集》(*Leading Cases in the Common Law*)[①] 以及保罗·布兰德于 1998 年 7 月在林肯律师公会所作的演讲“观察和记录中世纪的律师法官的工作：英格兰判例报告的起源”(Observing and Recording the Medieval Bar and Bench at Work：the Origins of Law Reporting in England)[②]。

四、经典学者论著、实践手册及其他

各协会也整理出版了多部英国法律史上重要的学者论著和实践手册。以塞尔登协会为例，该协会第一部论著性质的文献是惠特克(W.J.Whittaker)编辑的《司法明镜》(*The Mirror of Justices*)[③]。紧跟其后的是梅特兰编辑的《著作选段：从布雷克顿到阿佐》(*Select Passages from Bracton and Azo*)[④]，在该书中，梅特兰考察了《布雷克顿》一书的罗马法渊源。理查森的《布雷克顿：其文本的问题》(*Bracton*：*The Problem of His Text*)[⑤] 探讨了同一主题。

苏卢埃塔(Zulueta)编辑了《瓦卡留斯的穷人书》(*The Liber Pauperum of Vacarius*)[⑥]，彼得·斯坦因(Peter Stein)教授编辑的《1200 年左右的英格兰罗马法教学》(*The Teaching of Roman Law in England around 1200*)[⑦] 收录了 12 世纪末期关于查士丁尼的《法学阶梯》的课程讲稿，阐明了盎格鲁—诺曼时期英格兰的罗马法教育。这一方面的成果还有理查森和塞莱斯教授合作编辑的 3 卷《弗莱塔》(*Fleta*)[⑧]。此外，凯(J.M.Kaye)编辑的《国王之诉》

---

① A.W.Brian Simpson，*Leading Cases in the Common Law*，Clarendon Press，1996.

② Paul Brand，*Observing and Recording the Medieval Bar and Bench at Work*：*the Origins of Law Reporting in England*，London：Selden Society，1999.

③ W.J.Whittaker ed.，*The Mirror of Justices*，London：Bernard Quaritch，for the Seldon Society，Vol.7 for 1893.

④ F.W.Maitland，*Selected Passages from the Works of Bracton and Azo*，London：Bernard Quaritch，for the Seldon Society，Vol.8 for 1894.

⑤ H.G.Richardons，*Bracton*：*The Problem of His Text*，London：Bernard Quaritch，for the Seldon Society，Supplementary Series Volume 2，1965.

⑥ F.de Zulueta ed.，*The Liber Pauperum of Vacarius*，London：Bernard Quaritch，for the Seldon Society，Vol.44 for 1927.

⑦ Peter Stein ed.，*The Teaching of Roman Law in England around 1200*，London：Bernard Quaritch，for the Seldon Society，Supplementary Series Volume 8，1990.

⑧ H.G.Richardons and G.O.Sayles ed.，*Fleta*，*Vol.II*，*III*，London：Bernard Quaritch，for the Seldon Society，Vol.53 for 1972，Vol.72 for 1989；G.O.Sayles ed.，*Fleta*，*Vol.IV*，London：Bernard Quaritch，for the Seldon Society，Vol.99 for 1983.

(*Placita Corone*)[1] 收录了 13 世纪末关于刑事诉讼程序的一本论著的两个截然不同的版本，其内容主要涉及向陪审法官提起的重罪私诉的先例，还包含一系列用于说明清监提审程序的案件。

普拉克内特教授编辑的《圣杰曼的博士与学生对话录》(*St German's Doctor and Student*)[2] 是第一本涉及 16 世纪作品的成果。盖伊（J.A.Guy）编辑的《克里斯多夫·圣杰曼论大法官法院和制定法》(*Christopher St. German on Chancery and Statute*)[3] 补充了圣杰曼的生平和其他作品。此外，耶尔先生编纂的《黑尔论国王的特权》(*Hale's Prerogatives of the King*)[4] 则是一部 17 世纪的作品。

令状和诉答程序是普通法上最为重要的诉讼程式。关于令状，相关成果有卡内冈（R.C.van Caenegem）编辑的《从诺曼征服到格兰维尔时期的英格兰王室令状》(*Royal Writs in England from the Conquest to Glanvill*)[5] 和德哈斯（De Haas）博士、普拉克内特教授以及霍尔（G.D.G.Hall）先生共同完成的《早期令状登记簿》(*Early Registers of Writs*)[6]。关于后者，最重要的成果是特纳（G.J.Turner）编纂并经普拉克内特完善的《诉讼案件汇编》(*Brevia Placitata*)[7] 和埃尔茜·尚克斯（Elsie Shanks）与密尔松教授共同编纂的《诉状新编》(*Novae Narrationes*)(1963 年第 80 卷)[8]。此外，还有威廉·休斯·邓纳姆（William Huse Dunham）教授编辑的《重要判例集》(*Casus

---

① J.M.Kaye ed., *Placita Corone*, London: Bernard Quaritch, for the Seldon Society, Supplementary Series Volume 4, 1966.

② T.F.T.Plucknett ed., *St. German's Doctor and Student*, London: Bernard Quaritch, for the Seldon Society, Vol.91 for 1974.

③ J.A.Guy ed., *Christopher St. German on Chancery and Statute*, London: Bernard Quaritch, for the Seldon Society, Supplementary Series Volume 6, 1985.

④ D.E.C. Yale ed., *Hale's Prerogatives of the King*, London: Bernard Quaritch, for the Seldon Society, Vol.92 for 1975.

⑤ R.C.van Caenegem ed., *Royal Writs in England from the Conquest to Glanvill*, London: Bernard Quaritch, for the Seldon Society, Vol.77 for 1958—59.

⑥ De Haas, T.F.T.Plucknett and G.D.G.Hall, *Early Registers of Writs*, London: Bernard Quaritch, for the Seldon Society, Vol.87 for 1970.

⑦ G.J.Turner ed., *Brevia Placitata*, London: Bernard Quaritch, for the Seldon Society, Vol.66 for 1947.

⑧ Elsie Shanks and S.F.C.Milson ed., *Novae Narrationes*, London: Bernard Quaritch, for the Seldon Society, Vol.66 for 1963.

Placitorum and Reports of Caes in the King's Court，1272—1278）[①]。埃姆斯基金会则整理出版了《14 和 15 世纪治安法官诉讼程序》（*Proceedings before the Justices of the Peace in the Fourteenth and Fifteenth Century*）[②]一书。

另外值得一提的是《格兰维尔》和《布雷克顿》两本经典著作。《布雷克顿》一书前后有两个版本，第一个版本是伍德斌（G.E.Woodbine）编辑的四卷本，由耶鲁大学出版社于 1915—1942 年间先后出版[③]，第二个版本是索恩（S.E.Thorne）所做，该版重印了伍德斌的文本，并增加了译文等其他内容，该版由哈佛大学出版社与塞尔登协会联合出版。[④]《格兰维尔》一书也有两个版本，一个是伍德斌编辑的 1932 年出版的版本[⑤]，另一个则是霍尔（G.D.G.Hall）的版本，该版附有译文，由内尔森（Nelson）出版社与塞尔登协会于 1965 年联合出版。[⑥]

此外，与这两本著作同一时期的著作集《13 世纪四论》（*Four Thirteenth Century Law Tracts*）由伍德斌编辑后在耶鲁大学出版社出版[⑦]，该书收录了《费特萨维》（*Fet Asaver*）[⑧]、《缺席开庭事由论》（*Judicium Essoniorum*）[⑨]、《令状撰写

---

① William Huse Dunham ed.，*Casus Placitorum and Reports of Caes in the King's Court，1272—1278*，London：Bernard Quaritch，for the Seldon Society，Vol.60 for 1950。该卷中还包含 2 个爱德华一世早年的年鉴类型的案例集，其日期要较之前已知的最早年鉴还要早 20 年。该卷还包含名为 casus et judicia 的拉丁文注释，大多摘自 1252—1256 年的诉讼卷宗，此外还有一本爱德华一世末期一位研究者著作的摘要。

② Bertha Haven Putnam ed.，*Proceedings before the Justices of the Peace in the Fourteenth and Fifteenth Century*，Cambridge，Mass.：The Ames Foundation，Harvard Law School，1938.

③ G.E.Woodbine ed.，*Bracton*：*On the Laws and Customs of England*，4 vols，Yale University Press，1915—1942.

④ S.E.Thorne，*Bracton*：*On the Laws and Customs of England*，4 vols，Harvard University Press in association with Selden Society，Vols.I & II for 1968，Vols.III & IV for 1976.

⑤ G.E.Woodbine ed.，*The Treatise on the Laws and Customs of England by Glanvill*，Yale University Press，1932.

⑥ G.D.G.Hall ed.，*The Treatise on the Laws and Customs of England by Glanvill*，Nelson in association with Selden Society，1965.

⑦ G.E.Woodbine ed.，*Four Thirteenth Century Law Tracts*，Yale University Press，1910.

⑧ 1260 年左右用法语写成的一本法律小册子，名称来自其篇首及各段开端所用的词语。作者可能为拉尔夫·德·亨厄姆（Ralph de Hengham）。该书主要论述了不动产诉讼的程序问题。因其文字简洁具有实用价值而广为流传，并经常被重印。

⑨ 可能是由拉尔夫·德·亨汉姆大约于 1275 年写的一本小册子。尽管书名范围较窄，但其内容除开庭缺席事由外，还涉及大巡回陪审诉讼（grand assize）中的宣誓形式、陪审员、例外及其他一些程序性问题等。这本小册子好像曾经流行过，它被收在伍德斌的《13 世纪四论》（*Four Thirteenth Century Law Tracts*）中。

模本》(*Modus Componendi Brevia*) 以及《关于违反令状的例外》(*Excepciones ad Cassandum Brevia*) 四本小册子。《亨汉姆大全》(*Hengham's Summae*) 则由邓纳姆（W.H.Dunham）编辑后于 1932 年在剑桥大学出版社出版。①

除法律人撰写的学术著作和实践手册外，法律手稿、著名法学家的信件和日记的整理也成为各协会整理的对象。

就法律手稿而言，贝克整理了《托马斯·菲利普斯爵士收藏集之英国法律手稿》(*English Legal Manuscripts Formerly in the Collection of Sir Thomas Philipps*) ②，其中收录著名的藏书家托马斯·菲利普斯爵士（1792—1872）所收录的法律手稿，同样由贝克整理的《安东尼·陶西格的法律手稿目录》(*Catalogue of the Legal Manscripts of Anthony Taussig*) ③ 对陶西格手稿这一私人所收藏的最为重要的英国法律手稿集的内容进行了介绍，其内容相当广泛，除对手稿进行说明外，该书还提供了许多法律手稿的清晰复制件。

就法学家信件而言，普雷斯顿（W.R.Prest）编辑了《威廉·布莱克斯通爵士的信件：1744—1780》(*The Letters of Sir William Blackston：1744—1780*) ④，该书收录了布莱克斯通 183 份私人信件，全面展示了布莱克斯通除了作为法律学者之外的人多个层面。法富特（C.H.S.Fifoot）和祖特希（P.Zutshi）分别编辑了 1 卷《梅特兰信件》(*The Letters of Frederic William Maitland*)（1965 年补充系列第 1 卷，1995 年补充系列第 11 卷）⑤，共收录了梅特兰 861 封私人信件。

法律人的日记也为深入了解过去的法律世界提供了更为丰富的信息。如普雷斯顿（W.R.Prest）编撰了《理查·赫顿爵士日记，1614—1639》(*The*

---

① W.H.Dunham ed., *Hengham*, Cambridge: Cambridge University Press, 1932.

② John Baker ed., *English Legal Manuscripts Formerly in the Collection of Sir Thomas Philipps*, London: Bernard Quaritch, for the Seldon Society, Supplementary Series Volume 16, 2008.

③ John Baker ed., *Catalogue of the Legal Manscripts of Anthony Taussig*, London: Seldon Society, Supplementary Series Volume 15, 2007.

④ W.R.Prest ed., *The Letters of Sir William Blacston: 1744—1780*, London: Bernard Quaritch, for the Seldon Society, Supplementary Series Volume 14, 2006.

⑤ C.H.S.Fifoot ed., *The Letters of Frederic William Maitland*, *Vol.I*, London: Bernard Quaritch, for the Seldon Society, Supplementary Series Volume 1, 1965; P.Zutshi ed., *The Letters of Frederic William Maitland*, *Vol.II*, London: Bernard Quaritch, for the Seldon Society, Supplementary Series Volume 11, 1995.

Diary of Sir Richard Hutton，1614—1639）[①]，理查·赫顿曾任高级代诉律师和普通诉讼法院法官，他的日记呈现了17世纪上半叶的公共事件，记录了他所聆听的演讲和法律庆典，生动刻画了那个时代的法律和政治人物的形象。此外，奥德汉姆（Oldham）教授从曼斯菲尔德勋爵的笔记中精选材料予以复印出版，这使得我们得以了解18世纪英国法的发展。[②]

行文至此，虽然只是粗粗概览，但英国法律文献种类之丰富、数量之巨大，已令人叹为观止。英国得天独厚的政治传统和地理环境使得英国法律史的海量文献档案得以制作并传承至今，英国法律史学人珍视传统的特质和严谨认真的学术风格使得这些文献档案中的部分获得了细致的梳理研究，现代社会的技术进步又使得这些获得整理的文献档案有机会摆脱时空局限，通过互联网渠道呈现于全世界研究者的面前，从而为未来英国法律史研究提供了全球合作的巨大空间，此实乃矢志于英国法律史研究者之幸事！

① W.R.Prest ed., *The Diary of Sir Richard Hutton，1614—1639*，London：Bernard Quaritch，for the Seldon Society，Supplementary Series Volume 9，1991.

② J.Oldharm，*The Mansfied Manuscripts and the Growth of English Law in the Eighteenth Century*，Chapel Hill and London，1992。另外，也可注意莱德（Ryder）首席大法官（C.J.1754—1756）更加透露内情的巡回审判日记：J.H.Langbein，"Shaping the 18th Century Criminal Trial：a View from the Ryder Sources"，*University Chicago Law Review*，Vol.50，1983，pp.1—136。财税法院首席法官沃德（Ward，C.B.）更早但篇幅更小的日记保存在林肯公会。

叛逆罪立法与亨利八世宗教改革

徐东波 *

15—16 世纪，是欧洲和英国社会发展进程中的关键时期。正是在这一时期，欧洲逐步走向了资本主义发展道路。对于英国来说，也正是在这一时期，在走向资本主义道路的同时，一步步确定并巩固了自身的西欧强国地位。1354 年，英国输出呢绒 0.5 万匹，而至 1547 年，则多达 12 万匹。关于这一时期英国资本主义的发展动因，早在 20 世纪 80 年代，国内学者就作了总结：都铎王朝的工商业政策、圈地运动为新兴资产阶级带来了土地积累和灵活的外交政策等。① 正是由于这些原因，加上玫瑰战争对封建贵族势力的瓦解，才使得英国专制王权开始得以确立。亨利七世通过设立星室法庭和枢密院等政治规制，进一步确立了王权至上的理念。但是，亨利八世继位后，英国依然存在诸多亟待解决的矛盾，诸如损害王室利益、干涉王室婚姻、威胁王位安全和社会稳定的“叛逆行为”层出不穷，从多个侧面考验着亨利八世的政治意志和能力。为此，亨利八世以立法手段加强王室的管控能力。

* 徐东波，南京农业大学军事理论教研室主任、讲师，南京大学历史学院、中国南海研究协同创新中心博士。

① 丁占双、李俊英:《亨利八世与英国的宗教改革》,《河北师范大学学报》1988 年第 3 期。

一、亨利八世实行叛逆罪立法的历史背景

1. 1352 年叛逆法令

爱德华三世执政第 25 年颁布的《1352 年叛逆法令》是英国历史上第一部制定法形式的叛逆法。在法令颁布之前，叛逆罪法只存在于普通法范畴之下，基于司法判决和先例而形成，从而造成国王、法官和法学家等，对叛逆事实存在不同的解读，叛逆罪与其他罪行存在模糊不清的地方。1348 年 1 月，平民院向爱德华三世提出叛逆政策请愿，要求明确罪行范围和标准。但叛逆法的制定任务最终不是由平民院完成的，而是由御前会议和贵族院完成，两者由于代表的利益团体不同，存在着诸多纷争。在大贵族看来，国王把叛逆罪作为政治手段和经济手段，为自己捞到了诸多好处，但却削弱了大贵族集团的利益。因此，《1352 年叛逆法令》实际上是国王、平民院和贵族院三方博弈的产物。有学者认为，《1352 年叛逆法令》构思精巧，既做到了对王权的显性制约，又在更深处做到了对王权的隐性维护。[①] 该法明确规定，危害国王安全、亵渎王后、对国王发动战争、伪造国（王）玺和货币，以及谋杀正在执法的法官等五类犯罪行为构成叛逆罪，通过法令实践，“推动了英国迈向近代”[②]。处于中世纪时期的爱德华三世，能够受《1352 年叛逆法令》庇护。处于都铎王朝时期的亨利八世正带领着英国向近代国家过渡，社会上出现了诸多危害王权的行为。在亨利八世逐步推行宗教改革的过程中，社会矛盾进一步激化，新兴资产阶级内部、王权和资产阶级之间时刻处于冲突的边缘。《1352 年叛逆法令》已无法解决这些矛盾和冲突，必须实行新的叛逆罪立法。

2. 王室婚姻与王位继承问题

婚姻、王位和王室稳定是一脉相承的关系。自 1509 年亨利八世与凯瑟

---

① 裴幸超：《〈1352 年叛逆法令〉对英格兰王权的显性制约与隐性维护》，《首都师范大学学报》（社会科学版）2015 年第 2 期。

② 徐东波：《转型时代下爱德华三世的政治实践》，《历史教学》（下半月刊）2019 年第 4 期。

琳结婚以来，一直没有男性继承人，而都铎王朝无论如何不能将王位转继给女性继承人玛丽。历史上，亨利一世之女玛蒂尔达由于成为王位继承人而引发内战，最终被斯蒂芬夺取了王位。因此，亨利八世欲与凯瑟琳离婚，娶安·博林为妻，从而得到男性继承人。但是，这样的想法却遭到了罗马教皇的反对。在外交手段解决无望之际，亨利八世企图通过绕开罗马教皇来解决王位继承问题。其出发点是认为，婚姻是家庭的事务，而不是宗教的概念。为此，亨利八世决定利用法律武器。但这样的做法势必导致否定教皇的权威，进而改变君权神授的理念。再进一步说，英国传统宗教势力和国外天主教势力必然会干涉英国事务。考虑到这样一种立法预期，也为了进一步推进宗教改革深入发展，亨利八世决定利用叛逆法打击各种危害王权的行为和人群。

事实上，与王位继承和王室婚姻相联系的，还有英国的欧洲地位问题。1525年，亨利八世派特使朝见教皇克莱门七世，商请婚姻问题时，克莱门七世已经是西班牙查理五世座下的政治代言人，凯瑟琳是查理五世的姨妈，自然不会同意离婚。于是，克莱门七世召集组织了宗教仲裁法庭，劝说亨利八世与凯瑟琳，无果后，恼羞成怒，传讯亨利八世去罗马受审，从而激怒了英国臣民。亨利八世由此感受到，英国只有像西班牙那样控制教廷，才能提升国际地位。而查理五世本身在1519年又成为德意志国王，西班牙与德意志成为一体，使得英国的欧洲空间进一步缩小。1525年帕拉维之战，西班牙又控制了意大利。这一切使得亨利八世下定决心解决与凯瑟琳的婚姻问题。

因此，亨利八世实行叛逆罪立法，实际上是在既定立法传统的基础之上，对当时英国王权统治内外环境的政治应对举措。根本上是要在强调王权至尊的同时，提升英国的国际地位。

二、叛逆罪立法的主要阶段

1. 王权与教权分离阶段

1529年宗教会议召开时，罗切斯特主教约翰·费希尔家中发生了投毒事件。亨利八世决定借此机会推行宗教改革立法。尽管投毒罪在当时是重罪，被称为“所有谋杀罪中最可憎的罪行”[①]，然而并不是叛逆罪。亨利八世亲自将《投毒法案》送至上院，建议对凶手重判，定为叛逆罪。法案在议会无悬念通过后，投毒行为自此被定为叛逆罪。亨利八世之所以对投毒事件如此重视，是由于他想废除“牧师特权”，其本质是司法豁免权，进一步说，由于存在牧师的司法豁免权，英国的司法和政治无法有效统一，也就威胁了王权的威严。亨利八世指出，“英国教会内部无法预防诸如投毒罪这样的严重犯罪”[②]，需要废除“牧师特权”，加强国王和世俗法律对他们的保护。事遂人愿，在当届议会上，亨利八世就废除了“牧师特权”。至此，亨利八世初步实现了英国司法和政治的统一，为王位继承和王室婚姻进行了法律准备。

根据《投毒法案》对牧师特权的废除，1529 年，亨利八世废除了沃尔西（一译渥尔赛）三个职位：罗马教皇在英国的代表、约克大主教、枢机大臣兼大法官等职务，声称沃尔西犯下多达 44 条罪状，将其关进监狱。表面来看，亨利八世如此做法，是他怀疑沃尔西在凯瑟琳离婚案中起到了消极作用，实际上却是亨利八世以此作为宗教改革的信号。

沃尔西的地位随后被克兰麦替代，后者建议亨利八世从凯瑟琳婚姻的无效性着手，解决尴尬局面。亨利八世委任其为大使，向欧洲神学家游说，以取得舆论支持，但克莱门七世无视亨利八世的努力。亨利八世下定决心，用强权推翻罗马教皇统治。1531 年，他宣布自己是英国国王兼教长。然而，英国教会依旧尊重罗马教皇。次年，即 1532 年，亨利八世为此对英国教会罚款 10 万英镑，强迫国会通过《教会服从法案》，1533 年制定《上诉禁止法》，1534 年通过《至尊法案》。在此过程中，肯特修女伊丽莎白·巴恩在有关凯瑟琳婚姻的言行上冒犯了亨利八世，按照《1352 年叛逆法令》的“无实际行为，不违法”的规定，无法对其予以处置。为此，亨利八世另辟蹊径，重新拟定了叛逆法，先后通过了《第一王位继承法》和《1534 年叛逆法》。其中规定：“任何威胁国王婚姻和王位继承安全的言语、书写和行动都

---

① Edward Coke，*The Third Part of the Institutes of the Law of England*. London：1797，p.47.

② K. J. Kesselring，A Draft of the 1531 Acte for Poysoning，*The English Historical Review*，2001，116（468），p.898.

是叛逆罪"[①]，并依据此法处死了肯特修女。

2. 巩固王室政治和经济阶段

如果说上述对牧师特权和肯特修女的打击，属于解决教权政治问题和民众舆论问题，那么对王室内部非法婚姻和王后通奸问题的解决则是对解决政治问题的进一步深化。1536 年诺福克公爵之弟托马斯・霍华德与苏格兰王后（亨利八世的姐姐）之女秘密订立了婚约。但亨利八世认为这并非一桩简单的婚约，而是一起政治阴谋。如果他死后无嗣，苏格兰王后之女便有望以国王侄女的身份继任英国女王，那么，托马斯・霍华德便有机会借助这桩婚姻夺取英国王位。这是亨利八世无法接受的。于是，他立即颁布了《剥夺托马斯・霍华德的法案》，规定"禁止任何人非法同王室联姻，否则构成叛逆罪"[②]。此后，王室家族的婚姻必须得到亨利八世的同意，否则就是叛逆行为。到了 1541 年，亨利八世的第五位王后凯瑟琳・霍华德发生了通奸行为，迫使亨利八世批准《剥夺英国前王后凯瑟琳・霍华德及其同谋者的法案》，"王后或王位继承人的配偶进行淫乱行为，构成叛逆罪；任何人与王后或王位继承人进行淫乱行为，也构成叛逆罪"[③]。

在解决了王室婚姻政治问题后，亨利八世开始进一步对教会资产进行清算，以此增强王室资产和经济能力。新教领袖克伦威尔被任命为枢机大臣兼大法官，亨利八世命令其对全国各地的修道院和教会进行资产清查，并通过揭露天主教的腐朽等，营造舆论声势。实际上，亨利八世是为了解决财政困局和满足资产阶级对土地的需要，同时打击天主教势力。1536 年，国会制定了一个《小修道院解散法》，规定凡 12 人以下，年土地收入不足 200 英镑的小修道院一律查封。据统计，从 1536—1539 年，亨利八世共封闭修道院 645 所、托钵僧院 20 所、礼拜堂 2374 所、宗教宿舍 90 栋、宗教救济房 100 多栋，没收大量贵重金银器物，寺院、修道院每年总收入约 15 万英镑，所得财产全部归英王所有。

---

① *The Statutes of the Realm*：*III*. Buffalo：William S. Hein & Co.，Inc.，1993，pp.508—509.

② Ibid.，pp.680—681.

③ Ibid.，pp.859—860.

3. 提升统治能力和国力阶段

基于上述对教会的打击，亨利八世进一步以英国宗教首脑的名义，拟定了“六信条”和“十信条”，从其内容上来看，实际上是彻底否认了罗马天主教皇的权威，是对《至尊法》中“王位至尊”概念的进一步诠释。但是，该法案在推行过程中遇到了阻力，约翰·费希尔和托马斯·莫尔等人为了维护自己的信仰而拒绝宣誓。按照英国的法律传统，拒绝执行王国法令者只构成“蔑视王权罪”或“蔑视罪”，最高处以终身监禁和没收财产。显然，传统的处罚手段不能起到威慑效果。于是，亨利八世在 1536 年颁布了《第二继承法案》，规定“不进行至尊宣誓者将构成叛逆罪，保持沉默者也不例外”①，并依据这部法律处死了约翰·费希尔和托马斯·莫尔，迫使绝大多数英国臣民宣誓承认亨利八世的至尊地位。自此，英国国王在教会中的至尊地位得到了英国臣民的承认，国王至少在法律层面成为英国教俗两界的最高首脑。

在亨利八世取得王权至尊地位之后，英国建立起了单一制的政治体制，这就要求亨利八世具备强大的执政管控能力。于是，从 1534 年开始，亨利八世颁布了多项叛逆法，以加强自身在军事、行政和立法方面的权力。涉及对加强军事设施的保护——《1534 年叛逆法》、对国王权威的维护——1535 年《关于伪造国王亲笔签名、王玺和私玺的法令》、加强国王的立法能力——1539 年《公告法》。在宗教改革时期，亨利八世面对国内外各种威胁，需要“在议会无法召开时，获得足够的权力来处理各种突发事件”②。借此，亨利八世将公告作为一种新的立法形式加以确立。与此同时，为杜绝臣民违反公告，便利用叛逆法来保护公告的权威，以保证王国的政令统一。

三、对亨利八世宗教改革中叛逆罪立法的历史评价

从《1352 年叛逆法令》颁布到都铎王朝开始之前，英国总共只颁布了

---

① *The Statutes of the Realm*：*III*. Buffalo：William S. Hein & Co.，Inc.，1993，p.662.

② G. R. Elton，Henry VIII's Act of Proclamations. *The English Historical Review*，1960，75（295），p.210.

10 部叛逆法。1485—1529 年，也只有 2 部叛逆法。而亨利八世执政期间在 18 年中则颁布了 12 部叛逆法，有效保护了宗教改革的成果。

1. 自上而下、由法律至政治经济诸领域的社会改革

亨利八世进行叛逆法改革具有历史的必然性，同时也是与偶然性结合的必然性。通过叛逆法立法，亨利八世使得王权掌控了教权，罗马教廷在英国的影响从此降低。这一方面反映出了当时世界资本主义发展的潮流，另一方面也为英国推动国内政治经济改革提供了契机。凯瑟琳的婚姻在其中起到了推波助澜的作用，甚至是关键性的润滑剂效果，正是婚姻问题，才为解决政治和经济问题乃至英国的欧洲地位问题提供了导火索。从这个意义上来讲，亨利八世进行的不是宗教改革，叛逆法也不是单纯的法律法令，而是国家制度改革的蓝本。实际上，从改革的内容上看，并没有触及太多的宗教条例，亨利八世本人在早期也不反对天主教，甚至是天主教的笃诚信徒。对教会财产的没收，也并非是王室霸占资源这么简单，从更为宏观的时空去看，是对政治专制主义的加强和对经济民族性质的强化。

2. 叛逆罪立法是英国专制制度确立的缩影

尽管从上述对亨利八世宗教改革中有关叛逆罪立法的论述中，我们可以发现亨利八世的主导作用，以及英国王室在宗教改革中的中流砥柱作用，但不可否认的是，英国民众和国会在其中也发挥了关键性作用，甚至有时候是从一个侧面推动了叛逆罪立法工作。典型的例子就是“肯特修女”，这类民众的力量，实际上是攻击亨利八世的改革，但是却被亨利八世加以有效利用，成为宗教改革和叛逆罪立法的关键事件。罗切斯特主教家的厨师也是一个普通的平民，但他的投毒给亨利八世推动宗教改革提供了难得契机。从亨利八世对国会、王室和臣民的有效利用，可以看出英国宗教改革中有关叛逆罪立法的实用主义色彩，正是这种实用主义，最终打败了教皇力量，摆脱了教皇对英国的控制。从一个更大的视域看，是摆脱了西班牙和德意志对英国的控制，为英国在欧洲国家体系中的地位提升埋下了关键性甚至是唯一性的伏笔。专制制度的确定，也为以后的圈地运动和资本主义发展奠定了制度基

础，促进了伊丽莎白时代的繁荣。

客观而言，叛逆罪立法和宗教改革，是当时时代发展背景下必然要进行的综合运动。由于处于亨利八世执政时期，从而打下了亨利八世的烙印。当时英国上下面对的困境，诸如王室权威、宗教束缚、大贵族割据和国家地位低下等，势必需要以宗教改革的形式予以解决。值得注意的是，亨利八世宗教改革由于改革上的宗教意识断裂，也导致了当时民众思维的混乱和社会矛盾激化。亨利八世的法律手段，不可避免地也带有一定的政治强权色彩，埋下了不稳定的根源。

英国思想与文化研究

伦敦万国博览会及其文化遗产

于文杰 *

伦敦首届博览会，留下许多珍贵的文化遗产，对世界文化史的发展也产生了很大影响。

一、伦敦万国博览会提案诞生的历史细节

英国伦敦万国博览会是世界历史上首次全球性文化与经济交流的盛会。这一次盛会，从提案的诞生与实施，到总体计划的全部完成，均有其深厚的社会背景和复杂的历史进程。

首先，万国博览会的诞生有其深厚的背景：一是欧陆国家举办博览会。1798 年，法国开始举办全国性工业品展示会，英国人逐步感受到来自欧洲大陆国家工业技术迅猛发展所带来的压力；1849 年，科尔带一位年轻的设计师赴法国了解法国第十一届博览会的情况，并于 6 月 30 日将学习到的信息向阿尔伯特亲王汇报，并争取社会各个方面的关注和支持。二是**英国王室的大力支持**。1844 年，阿尔伯特亲王接受了皇家艺术协会主席一职，有利于推进艺术博览会的进展；1845 年，协会理事会决定筹办国际博览会。1847 年 3 月，举办首次全国博览会，以后连续几年举办均取得成功。1848 年 1 月，亨利・科尔爵士准备了一份举办国际性博览会的计划书。1849 年 9 月 6 日，《泰晤士报》积极评价工商界对博览会筹办的支持。1850 年 1 月 3 日，由 24 人组成的皇家委员会组成，并由女王公布于众。

* 于文杰，南京大学历史学院教授，博士生导师，中国世界近代史研究会副会长。

其次，万国博览会的诞生经历了复杂的历史过程。一是议案的提出：1849年6月30日，英国伦敦白金汉宫的皇家艺术协会、全国博览会组委会、建筑公司以及阿尔伯特亲王共同举行的会议提出了一个议案，英国举办万国博览会并作出七项规定：展品分为原材料、机械、工业制品和雕塑作品；选择一种建筑作为展厅；举办场地放在伦敦的海德公园；博览会是国际性活动，由国家发出参展邀请；组委会提供奖金对参展者予以鼓励；成立世博会皇家委员会；世博会集资由艺术家协会负责。二是**场馆的设计：**1849年底成立的世博会建筑委员会向各国发出展馆设计的邀请，三个星期内收到245种方案，38种来自国外，68个被评为荣誉奖，但是没有获胜者。场馆的位置一直难以定下。1850年6月29日，罗伯特·皮尔意外坠马，4天后死亡。由于皮尔一直支持博览会在海德公园举办，因此他的死引发人们更多地支持这一方案。当然，展馆必须是可拆卸的，能同时容纳1万人，并可以布陈世界各国的展品。园艺工约瑟夫·帕克斯顿根据这些要求提出自己的申请方案，并说明9天内可以完成。1850年7月15日，建筑委员会接受了帕克斯顿耗资79800英镑报价的设计方案。这样，一件历史性的杰作，被记者道格拉斯·杰罗德（Douglas Jerrold）称为"水晶宫"的旷世之作诞生了。1850年9月26日水晶宫奠基，不到6个月顺利竣工。三是**展览的秩序：**1850年1月3日，世博会皇家委员会成立，女王以国家名义向各国发出参展邀请。1851年5月1日上午9时，水晶宫开门接纳来自世界各地参加开幕式的人们，50多万客人齐聚海德公园。11时30分，9驾皇家马车离开白金汉宫前往海德公园，参加世博会开幕盛典。12时钟声敲响，维多利亚女王和王室随行人员进入布展的水晶宫。水晶宫内挂满万国彩旗，参观人潮此起彼伏，来自许多国家的各种展品琳琅满目、精彩纷呈。博览会上共有18000个参展商，10万多件展品。后来按照普雷凡重新提出来的30个定义进行分类布展，每一类展品设立一个专家委员会负责监督与评审。最后，评审委员会评选出5084个奖项，国外展品获得3045个奖项。共有6039159人次前来参观博览会。1851年10月14日，万国博览会举行闭幕式，世博会圆满结束。四是**展馆的搬迁：**博览会闭幕不久，帕克斯顿牵头的一家公司以7万英镑的价格购买了水晶宫，并由海德公园搬迁到伦敦东南部的西德汉姆（Sydenham），规模进一步扩大；1854 年 6 月，新建的水晶宫重新开放，吸引了包括女王在内的 4 万多人观赏；此后 30 年内，平均每年 200 万人前来参观水晶宫。直到 1936 年 11 月 30 日，水晶宫毁于一场大火。丘吉尔在第二天早上视察火灾现场时说，这是一个时代的终结。①

第三，中国是本次展览盛会重要的参展国之一。中国工业品能够参展，得益于一位英国贸易委员会的官员爱德华·包令，由于贸易委员会的秘书亨利·罗富国生病，爱德华接替他的工作。爱德华的父亲约翰·包令做过香港总督，阿尔伯特亲王的秘书瑞德上校也做过英国驻海外总督，是他们在寻找中国商品参展，并最终使中国商品获得了机会，可见“万国”在这里的真实含义。中国馆安排在侧廊的南面，有陶瓷、青铜器、丝绸、玉器、棉花、木材、茶叶、蜜饯、文具、屏风、象牙雕刻等。“胡记荣丝”参展并获得“优秀奖”证书和奖牌及维多利亚女王颁发的金银奖牌各一枚。徐德琼（1822—1873）任英商洋行买办，1851 年春获悉博览会消息后，将自己的产品打包前往参展。在首届万国博览会上为中国人争得荣誉。

二、伦敦万国博览会揭示的社会问题

万国博览会揭示出由于经济增长带来的技艺、生态、信仰、道德和情感等问题。通过展览，英国及其他相关国家均不同程度地发现工业技术革命带来的诸多社会问题。

首先，英国工业技术的诸多细节问题面临欧陆与美洲的挑战。欧陆国家的挑战主要来自法国与德国，他们连续不断的工业品展示，以及精密仪器与化工技术的迅速发展，在世界工业文明历史上遥遥领先。格外令人关注的是来自曾经是英国领地的美国人及其展品，他们有 5048 位生产商携带 500 多项产品前来参展，其中麦考密克收割机备受好评。1851 年 10 月 13 日，马克思写信给恩格斯，称赞博览会所显示出来的美国人的成功，特别是美国人的树胶、武器、机械、银版照相机和奢侈品，在博览会上得到充分的展示。与此相关，艺术装饰也显得十分重要。

① Musgrave，1995，p.6.

其次，工业生产中由于经济因素的增长导致艺术与人文因素流失。万国博览会使人们认识到当时的工业技术缺乏艺术因素，而人文因素的缺失是更为严重的问题，人们拥有的是机器的冷漠和经济的欲望。布洛克认为：英国工业文明的代价是传统道德信仰的迷失和人性的沦丧：从污秽的排水沟里涌出了工业革命的最大巨流，浇肥了整个世界；从这肮脏的下水道里流出了黄灿灿的纯金。在这里，人性得到了最完全也是最残暴的发展；在这里，文明表现了它的奇迹，文明的人几乎变成了野人。① 人们只知道经济因素的存在而忽略了人的因素在流失。

再次，高度追求经济效益导致生态环境与自然资源遭受严重破坏。约翰·罗斯金曾经说过：在今后 50 年的时间里，你们还准备把多少英国的土地变成煤坑、砖窑、采石场？问题的答案很显然。所以，让我来设想一下你们这种极端的成功会是什么样子：一片海岸接着一片海岸，整个英伦三岛上烟囱林立，密密麻麻地可以比得上利物浦码头上的桅杆了；在英国的土地上，你看不到草地，看不到绿树，看不到花园，能看到的只是种在屋顶上的一点点玉米，由雾气来收割、脱粒；地上甚至没有容纳路的空间，若出门走走，你就得从磨坊的屋顶上过去，跳到高架上去，或者从屋里的地板下过去，穿过地道去；烟雾遮住了太阳，人们享受不到阳光，还要在油灯下辛苦地工作。② 工业技术革命及其对经济利益的无限追求，改变了人们的物质生活，也改变了人们的心理世界。

此外，经济市场的恶性竞争导致国际间矛盾与冲突频发。由于市场与资源的竞争，1853 年下半年土耳其战争爆发，英国民众反对政府参加土耳其战争。威廉·莫里斯认为，英国推行侵略性政策的目的在于，镇压斯拉夫人在巴尔干半岛的民族解放运动，保护英国在印度的殖民地制度，提高土耳其公债持有人的利息。然而在这些战争中，面临灾难、饥饿和死亡的是英国平民，特别是英国工人阶级。③ 无论是社会矛盾的发生，还是国际冲突的爆发，

① ［英］阿伦·布洛克：《西方人文主义传统》，董乐山译，三联书店 1997 年版，第 133 页。

② ［英］约翰·罗斯金：《拉斯金读书笔记》，王青松等译，三联书店 1999 年版，第 237—238 页。

③ Philip Henderson, *William Morris: His Life, Work and Friends*, Norwich: Thames and Hudson, Ltd., 1967, pp.173—174.

其结果和灾难均由各国工人阶级与劳动者来承担。

三、伦敦万国博览会的文化遗产

1851 年 11 月 6 日，皇家委员会向维多利亚女王提交了一份总结报告，认为博览会圆满完成所有预期目标，促进工业技术的发展与对外交流。报告建议，将博览会盈余用于促进人类劳动各个部门之间的协作与国际交流。

首先，伦敦首届国际博览会有助于不同区域与民族国家之间的经济交往与文化交流。保罗·扬认为，万国博览会使世界成为一个伟大的家庭，它重建了世界历史的发展方向，建立了维多利亚时代的新秩序，实现了全球一体化的千年梦想。①伦敦首届万国博览会不仅推进了英国工业生产与科学技术的发展，而且促进了民族国家的交往与全球化进程。人们认为，万国工业技术博览会已经远远不局限于英国、欧陆国家、英帝国世界，远远超过了德国、俄国、奥斯曼帝国、中国、澳大利亚等国家和地区的范围，它有助于整个世界连成一体，有助于区域与民族国家的交往与全球化，同时也促进了宗教及人文主义传统的复兴。②尤其是重视宗教信仰与中世纪文明，事实上开创了 19 世纪文明诞生的新纪元。

其次，伦敦首届万国博览会有助于工业艺术与技术教育的健康发展。伦敦万国博览会获得了 18.6 万英镑的盈利。阿尔伯特亲王建议将这一笔经费用于进一步发展工业技术博览会事业，用于发展文化艺术与职业技术教育。他建议，用 5 万英镑在南肯辛顿买地，建立四个与博览会对应的机构，扩大博览会的影响，推进工业技术教育的发展。亨利·科尔兴办的工艺美术实业技术教育就是以维多利亚与阿尔伯特博物馆为中心的。1853 年，英国政府在南肯辛顿成立了科学工艺署，专门管理技术教育，还在一定程度上资助中等技术教育的发展，培养国家发展需要的艺术与技术人才。

当然，万国博览会还以工业技术博览会的方式，开启了科技与艺术文明

---

① Paul Young，*Globalization and the Great Exhibition*，Palgrave MacMillan，2009，p.94，p.17，p.1.

② J.A.Auerbach，*Britain*，*the Empire*，*and the World at the Great Exhibition of 1851*，Ashgate，2008，p.18.

和谐发展的新旅程：1851—1910年：科技与机器文明的时代。伦敦博览会之后，人们更多考虑的是科技与经济发展。1920—1939年：科技与艺术文明的时代。一战之后，人类开始寻求艺术人文与科学技术的均衡发展。1958年之后，科技与生态文明的时代。二战以后，人类文明已经面临生态环境的挑战。

第三，伦敦首届万国博览会有助于国际工人阶级与工业时代社会阶层的成长。伦敦万国博览会的诞生，有力地促进了不同国家工人阶级与工业资本家的交流与合作，以及两大社会阶级群体的分化，促进了工业生产、科学技术、产品包装与销售、社会传播与消费队伍的形成等新型社会阶层的产生与成长。这一状态的形成，从根本上改变了英国的社会结构和阶级状况，推进了无产阶级与资产阶级两大阶级队伍的成长及其利益与矛盾的激化，推进了英国由生产与消费时代向服务型历史时代的转换。

E.P. 汤普森说过：1832年，工人阶级的存在，是英国政治生活中的一件大事。当然，英国阶级关系的深化与诸多社会阶层的形成，需要经历一个漫长的历史过程。1844年，阿尔伯特亲王成为改善工人阶级状况协会（the Society to Improve the Condition of the Working Class）的主席，他认为，工人阶级的参与是博览会取得成功很重要的因素。① 也正是在这样大型的活动中，工人阶级劳动的方式与社会角色的变化得到充分的展示。工业革命时期只有制造业工人、农业工人和仆佣三种存在形态，万国博览会以后，出现了手工工匠、工厂工人、工地服务人员和产品包装与销售人员等多种存在形态。工业资本家与商业资本家的构成也更加趋于多样化。与此同时，所谓的中产阶级的含义发生变异，但是工人和中产阶级都已经意识到自己分属于不同的利益集团。② 也就是说，不同的社会阶层在形成过程之中，阶级队伍与阶级意识在同时成长。

此外，伦敦首届博览会有助于中世纪宗教信仰及近代人文主义的复兴。

---

① Robert Stephenson, *The Great Exhibition Its Palace and Its Principle Contents*, Routledge & Co., 1851, p.49.

② Francois Bedarida, *A Social History of England 1851—1975*, London: translated by A.S.Forster, Methuen, 1979, p.38.

1851 年 5 月 1 日，维多利亚女王在日记中写道：今天是我们生活中最伟大、最光荣的一天。令我自豪与喜悦的是，我亲爱的阿尔伯特和这一天永远地联系在了一起……这个和平节的创造者，将来自天涯海角的艺术和工业联合起来。万国博览会之后，崇尚文化传统与人文品质已成为一种历史潮流。正是在这一背景下，英国 19 世纪手工艺运动才更加具有广阔的存在领域与深厚的文化内涵：哲学、文学、艺术等诸多领域，到处皆是。以手工艺运动为中心的文艺复兴运动，卡伦·利文斯通等西方学者认为，是一场新文艺复兴运动。[①] 这一观点，改变了人们对整个工业文明时代的看法。它告诉人们，只有工业技术与理性的时代，人类的世界还不会有幸福。

最后，伦敦首届万国博览会推进了人们对于工业技术革命带来的诸多社会问题的反思，并诞生许多伟大的历史思想家。其实，早在伦敦首届万国博览会之前，英国思想与学术界就已经出现反思工业文明的思想家，而且人文主义传统的复兴也早就有所萌发。早在 19 世纪 30 年代，A.W.N. 皮金（A.W.N.Pugin，1812—1852）已经感受到工业革命时代带来的诸多问题，并提出许多重要的学术观点。皮金 1834 年出版《对比》，以一个村落 400 年前后的变化，提出复兴中世纪文明尤其是哥特式宗教艺术。其最重要的实践就是 1835 年议会大厦的重新设计与建造。万国博览会之后，人们感受到机器文明的伟大，同时也感受到机器文明带来的恐惧。这是因为它让人们明白，可见的是地球来自上帝，不可见的是世界没有爱。[②] 皮金告诉人们，工业技术革命之后，世界更需要信仰、道德，还有爱。

伦敦万国博览会之后，更多的思想家撰写社会主义文章，投身工人运动实践，寻求工业文明的均衡发展，为世界文明和历史时代的进步而呼唤。

约翰·罗斯金（John Ruskin，1819—1900）提出反对工业文明、复兴伟大传统的主张，倡导社会主义；美国思想家罗兰·斯特龙伯格在《西方现代思想史》中给予高度评价：英国的社会主义道路不是来自卡尔·马克思，而

---

① K.Livingstone，*International Arts and Crafts*，A. & V. Museum，2006，p.228.

② Things Seen：The Earth is a Lord's；Things Unseen：Love not the World. Geoffrey Cantor，*Religion and the Great Exhibition of 1851*，Oxford：Oxford University Press，2011，pp.129—137.

是来自约翰·罗斯金。[1]罗斯金从英国历史考察的角度，努力创建手工工场，创立“圣乔治协会”，积极投身于社会改良及艺术实践活动，还对经济、道德等英国社会前沿性问题提出自己独到的看法，为英国的社会改良与社会主义思想的发展作出了重要贡献。约翰·罗斯金是一位具有时代与民族特色的历史思想家，同时也具有独特的人格魅力。他的生活与思想一样，都曾有过美丽的传奇，他与露西的文化交往给英国历史留下了一段美丽的传说。

威廉·莫里斯（William Morris，1834—1896）提倡快乐的手工劳动；著有《乌有乡消息》，主编社会主义杂志，与马克思女儿是好友，在伟大的社会主义思想家卡尔·马克思和约翰·罗斯金等人的影响下，努力践行社会主义。一方面，莫里斯继承了罗斯金的基督教社会主义思想；另一方面，又体现出自己是一位重视情感、易于感情用事的社会主义思想家。恩格斯认为：莫里斯是一个感情用事的社会主义者，是一个热心的艺术家但又是一个无能的政治家。他还说，莫里斯纯粹是一个感情用事的空谈家，具有真正的善良的意志……他落入了革命空想的陷阱，成了无政府主义的牺牲者。莫里斯是一个定了型的伤感主义的社会主义者，如果有人定期每星期和他见两三次面，就能很容易把他管好，而如果你把他丢开了一个月，他一定会迷失方向的。[2]也就是说，他是一位了不起的艺术家，也是一位忠实的社会主义探索者，但是终究缺乏社会主义思想体系与发展战略，是一位情感主义的社会主义思想家。

查尔斯·罗伯特·阿什比（C.R.Ashibee，1863—1942）放弃自己殷实的家庭，走上罗斯金与莫里斯的道路，崇尚手工艺运动，包容机器文明，将罗斯金的社会主义思想、莫里斯的社会主义实践，升华为社会主义信仰，是一位成熟的社会主义思想家。与罗斯金、莫里斯不同的是，阿什比能够正面现实，包容机器文明。在充分考察社会实际状况的基础上，阿什比说：“据我对我所熟悉的行业所作的粗略的计算来看，在很多被社会主义者称为垄断的工厂企业中，约有百分之四十的机器使用是有弊端的，约有百分之六十的机

① ［美］罗兰·斯特龙伯格：《西方现代思想史》，刘北城、赵国新译，中央编译出版社 2005 年版，第 308 页。

② 《马克思恩格斯全集》第 36 卷，人民出版社 1975 年版，第 467—473 页。

器使用是有益的。”① 更重要的是，阿什比将手工艺文明的复兴及其文明的发展融合在一起，成为英国 19 世纪手工艺运动及社会主义观念的终结者。显然，阿什比倡导的是一种传统与现代、手工与机器等对立因素多元并存的手工艺传统及其社会主义观念的发展道路，从一定意义上也体现出伦敦首届万国博览会给英国乃至世界工业文明带来强大的影响力。

伦敦万国博览会已经成为世界历史上辉煌的一页，人类追求信仰和幸福依然在继续。随着农业文明与工业文明的不断成长，以及生态文明的逐步提升，我们寻找文化传统、信仰、道德、情感和幸福，也越发感受到阳光和希望。同时，在伦敦首届万国博览会上，中国的丝绸、瓷器等蕴含着中国传统文化的艺术精品也得以展示，让人们看到丝绸之路在不同的历史时间和地域，给中国文化的发展和进步带来的智慧与启迪。

① C.R.Ashbee，*Socialism and Politics*：*A Study in the Readjustment of the Values of Life*，London：Brimley Johnson and Ince Ltd.，1906，p.23.

约瑟夫·张伯伦关税改革思想探析

孙 莹*

一、引言

1903年5月15日，约瑟夫·张伯伦发表了《伯明翰宣言》，此举被视为张伯伦关税改革运动的开端。张伯伦建议对来自英帝国外的谷物、肉类、奶制品、酒类和工业制成品征收部分关税，以此促进帝国内贸易的发展，共同对抗来自外部的压力。约瑟夫·张伯伦所领导的关税改革运动发生在1903年，即南非战争结束后的下一年。长期以来，史学界都将南非战争看做英国全面走向衰落的开始。南非战争的经历使张伯伦意识到属于英国人的时代已经过去了，为了维持英国的霸权永不衰落，英国必须效仿美国和德国，走帝国内联合的道路。为此，他不惜向存在50多年之久的自由贸易政策发起挑战。无疑，这是英国部分社会精英为了挽救和改变即将步入暮年的帝国的命运的一次尝试。摩根·肯尼思认为张伯伦此举具有三重目的，"他希望通过这场运动解决英国经济发展、帝国联合以及社会矛盾等一系列问题，维持英国长期以来的优势"。① 关税和经济发展以及一国的国力之间存在着怎样的关系呢？近几年来，随着经济发展的不景气，国际上的贸易保护主义开始抬头，而这种势头在特朗普当选美国总统后表现得更为明显。是什么原因导致身为世界头号强国的美国开始在贸

* 孙莹，北京大学英国史博士，北京林业大学外语学院讲师。

① Kenneth Morgan, *The Oxford History of Britain* (Revised Edition), Oxford University Press, 1999, pp.572—573.

易保护的道路上频频试水呢？历史具有相似性，重新回顾约瑟夫·张伯伦和他的关税保护思想，对于我们了解和认识当下的中美贸易摩擦有着积极意义。

二、张伯伦关税改革经济思想概论

1903年5月的《伯明翰宣言》拉开了约瑟夫·张伯伦关税改革运动的序幕。在此后的两年多时间里，为了能够更好地宣传关税改革思想，张伯伦深入英国的普通民众中，足迹遍布英国20多个城市，进行了不下30场演说。这一系列的演讲中，张伯伦系统地回答了英国必须重回贸易保护主义的原因，而这些言论也最终构成了张伯伦的关税改革思想。张伯伦的关税改革思想包含三个层面，即保护国内市场、获得同其他国家谈判的筹码和构建一个具有贸易保护性质的大帝国。

保护国内市场。19世纪后期，为了发展本国工业，减少国外商品的进口，越来越多的国家先后设立了关税。英国面对国外日益紧闭的大门，却一如既往地坚持着自由贸易政策，随着竞争对手生产能力的不断强大，英国工业感受到了重重压力。19世纪最后30年，资本主义世界遭遇了严重的产能危机。根据自由贸易的理论，当危机来临的时候，人们应该关闭工厂，关掉商店，早早收工，等待着那只“看不见的手”来对经济进行调节。然而，19世纪末的保护主义者拒绝这样做，因为“看不见的手”虽然能将供需调整平衡，但这样的大起大落对经济造成的伤害太大。于是，一种新的应对危机的办法“倾销”，即廉价销售（有时甚至是低于生产成本）便应运而生。在廉价商品的诱惑下，英国大量地进口外国生产的工业品，而这又使本已不堪重负的英国工业面临着双重的打击。张伯伦指出，1872年，英国出口到这些有“保护性关税”国家的工业品价值为1.16亿英镑，1882年这一数字减少为8800万英镑，而1892年和1902年又进一步降低到7500万和7350万英镑。30年间，英国对这些国家的工业品出口数量减少了4250万英镑，而同期，以美国和德国为代表的保护性国家对英国的出口总额则从1872年的

6300万英镑升至1.49亿英镑。① “农业、制糖业和丝织业已经失去，木材业、钢铁业、毛纺织也困难重重，而不久的将来则将是棉纺织业。这样的情况，现在已经出现在了英国的很多行业，即使这些行业今天仍然是兴旺繁荣的，可是也没有任何人能够保证，它们的未来将仍然是光明的。作为曾经的工业巨人，英国到底还能支撑多久？” ② 英国的自由贸易实质上沦为了彻底的自由进口，因为这是在不考虑贸易平衡的前提下进行的，是将商业利益凌驾在工业利益之上的直接体现。正如张伯伦所说：“英国虽然得到了更廉价的商品，却损失了生产力，它需要花费比其他国家更长的时间，才能从经济萧条中恢复过来。” ③ 因此，英国必须尽快通过关税来保护国内市场，因为这关系着英国的生产力、国力和普通人的就业。

获得同其他国家谈判的筹码。19世纪后期，关税越来越成为国与国之间贸易谈判的筹码。在关税壁垒的时代，很多国家都将下调对某一国或者某几种商品的关税作为同其他国家谈判的手段，并要求得到类似的回报。然而自由贸易政策却使英国在类似的贸易谈判中处于非常不利的地位。在自己的诸多演说中，张伯伦不止一次地提到了自己作为贸易大臣所面临的尴尬局面。他说：“翻看英国人的进口目录，我们不难发现这样一些情况，英国人购买美国商品的总数是美国人购买英国商品数量的6倍；英国人购买法国商品的总数是法国人购买英国商品的3倍；对于德国人，我们也是他们最大的买家。英国人本该在贸易谈判中获得最大的主动权。” ④ 然而，“无论是法国、德国还是其他国家，他们总是对我说，我们不可能给予英国更多了，因为你们把自由贸易给了全世界，我们看不出如果给予英国更多，我们将会得到什么实质性的回报”。⑤ 由于坚持自由贸易政策，英国不但不能以降低或提升关税为自己在贸易摩擦中获得更多的主动权，相反，还处处被竞争对手制约。1903年，英国自行车的出口总值相比较1894年，减少了56.6万英镑。在发

---

① Charles Boyd ed.，“The Case for Tariff Reform”，*Chamberlain's Speeches*，*Volumn II*，London constable and company Ltd.，1914，p.145.

②③ Charles Boyd ed.，“Retaliation”，*Chamberlain's Speeches*，*Volumn II*，1914，pp.176—177.

④ Ibid.，p.178.

⑤ Charles Boyd ed.，“Free Trade，An Anti-Imperial Policy”，*Chamberlain's Speeches*，*Volumn II*，p.178.

现自行车产业有利可图之后，美国人为这一商品设置了45%的进口税。① 张伯伦强调，即使英国想继续坚持自由贸易政策，也需要首先关起国门。英国必须跟其他国家谈判，迫使他们降低关税。如果他们接受，英国就重新敞开国门；反之，将像美国一样，建立一个人类历史上最大的保护性帝国。

建立史上最大的保护帝国。19世纪末期，英国在同欧美很多保护性国家的贸易中产生了大量的贸易逆差。英国无法依靠自身的商品打开这些国家的国门；相反，这些国家的商品却被英国人大量购买。这一时期，在英国的整个对外贸易中，唯一出现增长的就是帝国，相比较1872年，1901年，帝国吸收了将近一半的英国出口工业品，同20年前相比，增加值高达4000万英镑。② 帝国已经越来越成为英国工业发展中不可缺少的一部分。1903年在格拉斯哥的演说中，张伯伦详细介绍了帝国特惠制将对英国工业产生的积极影响。他告诉英国民众，1902年，保护性国家对帝国输入的工业品价值5200万英镑/年。如果英国商品在自治领市场可以获得税收上的优惠，那么英国就可以从其他保护性国家手中夺走2600万英镑/年的销售份额。同理，如果英国通过报复性关税来保护本国市场，则可以立刻将来自其他国家的工业产品输入减少3700万英镑。英国将从自治领和国内市场额外获得6350万英镑/年的产品销售，而这意味着将近40万工人的就业和他们家庭的幸福。③ 19世纪后期，美国依靠本国市场实现经济腾飞的事实给张伯伦留下了深刻的印象。美国的崛起使张伯伦逐渐认识到帝国市场在未来英国经济发展中将要发挥的重要作用，而同美国相比，英属自治领的市场则更为广阔。从长期看，如果保护主义大行其道，控制了帝国市场，就获得了世界贸易中最有分量的话语权。英国的命运已经同帝国紧紧地联系在一起。

他说："这个帝国（美国）生产一切，这个帝国也排斥一起，这个帝国的主体跟我们一样，都是由白人所组成的。今天，这个帝国上已经分布了7000万来自不同地区的人种和各种种族，而它的工业实力、国际影响力则更让世人惊叹。同这个国家相比，我们则是一个由5000万白人和另外3.5亿

① Charles Boyd ed.，"The Question of Employment"，*Chamberlain's Speeches*，*Volumn II*，p.222.

② Charles Boyd ed.，"The Case for Tariff Reform"，*Chamberlain's Speeches*，*Volumn II*，p.147.

③ Ibid.，p.145.

有色人种所组成的大帝国。无论从领土、资源和人数，我们都比美国要大得多。如果美国可以做到，我们则更加可以。”① 反之，如果英国无法将特惠制给予自治领，那么英国非但无法实现建立一个具有保护性质的大帝国的愿望，短期内，英国的工业还将面临危机，因为自治领必然会加快他们发展工业的道路。“通常的做法是，当几乎所有的工业还是一穷二白的时候，他们会在农业和初等工业（如原料的开采、加工等）等领域设立关税，然后在关税的保护下开始发展这些工业；等到初等工业粗具规模后，则会把保护制度延伸到几乎所有的工业生产部门。”② 工业越完备，对于英国商品的需求就越少。

三、张伯伦关税思想与自由贸易理论的冲突

在张伯伦看来，英国实行自由贸易是建立在两个前提基础上的。无论是科布登还是皮尔，都极力让英国人相信，“只要我们开了个好头，其他的国家将会紧随其后；当一个个国家的贸易保护之门被打开后，英国人可以在全世界大量销售自己的商品”。③ 英国的工业品是以整个世界为原料产地的。在自由贸易下，“其他国家可以为我们提供最好的原料和食品，而我们则将控制大部分的工业生产，并用工业品同他们进行交换”。④ 既然自由贸易已经无法使英国的商品进入保护性国家，那么帝国特惠至少可以保住英国和英国的帝国市场。从 19 世纪 90 年代开始，虽然英国的商品销售在自治领市场上有了大幅的提升，但是来自其他保护性国家的商品销售增速更快。特别值得注意的是，由于美国和加拿大在地理位置上的毗邻，美国商品在加拿大市场无论是从销量还是增速上，都远远超过了同期的英国进口商品。鉴于此，张伯伦认为英国政府和民众应该尽快以帝国为单位，建立保护主义。他指出，摆在英国人面前的路有两条，或者是让其他国家打开国门，同英国进行平等的贸易交换；或者是英国追随这些国家的脚步，走上保护主义的道路。但无论是哪条路，都需要英国首先设立自己的保护性关税。因此他说：“我并不想

---

① Charles Boyd ed.，“Retaliation”，*Chamberlain's Speeches*，*Volumn II*，p.179.

② Charles Boyd ed.，“The Case for Tariff Reform”，*Chamberlain's Speeches*，*Volumn II*，p.149.

③④ Charles Boyd ed.，“Retaliation”，*Chamberlain's Speeches*，*Volumn II*，pp.168—170.

回到彻头彻尾的保护主义，但至少，现在的自由贸易必须被修正。”① 客观地说，这种思想有着相当多的合理成分。跟同时代的很多政客相比，张伯伦在经济问题上表现出了更为敏锐的洞察力。然而，这样一种思想在当时并不能为大多数人所接受。

英国的经济状况和前景真如张伯伦所描述的那般糟糕吗？保护主义取代自由贸易制度真的是正确的选择吗？站在为自由贸易理论辩护的立场上，当时很多的经济学家和政客提出了截然不同的看法。在过去的 30 年，国家的税收翻倍，银行的储蓄率有了 2—3 倍的增长，银行每年的汇票结算总数从 5.3 亿英镑增加到 8 亿英镑，工人的工资在持续增加，而且工资的购买力也在持续上升。1902 年 100 先令的购买力约等于 1872 年的 140 先令。② 自由贸易者相信，自由贸易政策对于英国工业和贸易的发展是至关重要的，反之，保护主义将给英国带来巨大的伤害。他们认为，英国在 19 世纪五六十年代的贸易奇迹存在着一定的偶然性。美国内战，德国、意大利的分裂状态，普法战争，铁路修建狂潮等，都在一定程度上刺激了英国经济和贸易的快速发展，因此，当其他国家重新走上工业发展的道路，英国肯定是要让出一定的份额。帝国特惠并不能扩大英国商品的销路，甚至可能适得其反。著名的社会评论家本杰明·基德指出，即使帝国特惠方案获得通过，在非常乐观的情况下，也只能额外给英国带来每年 3000 万英镑的出口值，这一数字仅为英国年出口总额的 12% 左右。保护主义者强调在实行了帝国特惠制之后，加拿大对英国商品的年进口量增加了 500 万—1100 万英镑。③ 然而，其代价却是英国不得不对来自帝国外的食品征税。“对保护性国家征税的方案真的可行吗？俄国出口到我国 5/6 的产品是农产品和原料，美国出口到我国的原料和农产品占我们从美国进口产品总量的 11/12，为了对数量很少的工业品征税，而将国家置于可能出现贸易战的情况下，这样真的合理吗？”④

① Charles Boyd ed.，“Retaliation”，*Chamberlain's Speeches*，*Volumn II*，pp.181—182.

② Asquith on the Situation，*Gloucestershire Echo*（England），Fri.，Oct.，9th，1903，p.3.

③ Benjamin Kidd，“Imperial Policy and Free Trade”，in P. Cain，*Free Trade and Protectionism Vol.III*，Routledge：Thoemmes Press，1996，pp.83—86.

④ Acrynomous，“Mr. Chamberlain's Fiscal Policy”，in P. Cain，*Free Trade and Protectionism Vol.III*，pp.7—25.

这种行为在很大程度上会被国外看成是英国不友好关税政策的开始。这些保护性国家仍然是英国商品最大的客户。贸然发动贸易战的结果很可能是两败俱伤。自由贸易者提醒所有人都不应该忘记19世纪90年代发生在意大利和法国的关税大战。“为了帮助意属殖民地更好地发展经济，意大利在税率上给予了殖民地生产的丝、麻、棉、木材等产品优惠。这种行为激起了法国的强烈反对，使意大利对法国的出口锐减；更重要的是，由于殖民地的产品质量差、价格高，导致意大利的商品在国际市场上竞争力下降。”[①] 特惠还将增加工人在食品上的花费，进而抬高英国出口商品的价格。1902年，英国共进口小麦1.07亿英担，其中的8200万英担来自国外，来自自治领的小麦仅为2500万英担。[②] 英国是世界上小麦的最大买家，而美国则是小麦的最大出口国，“如果美国人拒绝降低销往英国市场的小麦价格，那么所有的税收将由英国的民众来承担”。[③] 这将使工厂主被迫提高工人的工资，进而带动商品价格的上涨，并使英国商品的销路进一步变窄。自由贸易和保护主义理论之间存在的巨大差异和不可调和的矛盾与对立，使得张伯伦步履维艰。

四、张伯伦关税思想的启示

面对来自各方的质疑和指责，英国民众对于张伯伦的关税言论表达了极大的不信任。1906年1月的英国大选中，以关税改革为旗帜的保守党遭受了有史以来最严重的一次惨败，仅得到20%的选票，这也在客观上证明了张伯伦的关税理论并未被英国的广大民众接受。然而，历史的天平还是悄然地向张伯伦慢慢倾斜。1932年在渥太华帝国经济会议上，英国与部分英联邦成员国共同签署了12份贸易协定，降低协议签署国之间在进口过程中的关税，同时对于部分来自帝国外的商品加征关税。此举标志着英帝国内部特惠制的最终实现，而这几乎就是张伯伦关税改革思想的体现。

如何看待张伯伦关税改革思想在不同时期所产生的不同影响及其接受度

---

① Anonymous, “Retaliation and Scientific Taxation”, in P. Cain, *Free Trade and Protectionism Vol.III*, pp.193—195.

②③ John Godard, “Commercialism and Imperialism”, in P. Cain, *Free Trade and Protectionism Vol.III*, p.173.

呢？从表面上看，不成熟的时机似乎是造成张伯伦关税改革失败的最重要的原因。1903—1906 年英国的经济状况和 1932 年时的情况是完全不能同日而语的。虽然遭到了来自外部的各种挑战，但在 19 世纪末期 20 世纪初期，英国仍然是毋庸置疑的工业强国。英国工业品的总量增速虽然不及美、德，但以人均计算，产量仍居世界第一。1900 年，英国的工业品出口总值约为 2 亿英镑，而美国和德国分别为 7100 万英镑和 5700 万英镑，英国依旧遥遥领先。如果以人均来计算工业品的出口价值，同美、德相比，虽然英国的优势在缩小，但仍然是压倒性的。①1899 年，英、美、德三国的工业品人均出口价值为 5.53、0.95 和 2.43 英镑，虽然同 10 年前相比，英国的人均出口总值有了接近 20% 的降幅，但英国的工业优势仍然是毋庸置疑的。② 如果从财富的角度来看，自由贸易政策更有其存在的合理性。以 1899 年为例，英国产生了 1.45 亿英镑的贸易逆差。在这一年，英国航运业的收益为 1 亿英镑，利息收益 9000 万英镑，佣金、保险和代理等收益 2 亿英镑。③ 这些来自无形贸易的收益，不但抵销了英国在有形贸易中的逆差，而且产生大量的结余。当时大多数人都相信，无形贸易的繁荣同自由贸易政策是密不可分的。在世界性的经济危机期间，建立保护性关税已经成为民心所向的事情。经济理论来源于客观环境，它必须随着环境的变化随时进行调整，只有如此，一国才能在经济发展中找到适合自己的道路。

除此之外，还有一个很有意思的问题：是什么原因导致张伯伦早在 30 年前就产生了帝国特惠的思想呢？这主要是源于英国在工业领域掌控力的衰退。众所周知，自由贸易要求该政策的倡导者必须首先开放自己的市场，在自己的市场上给予其他国家公平竞争的权利，能够不惧怕来自任何国家的挑战。因此，独步的生产能力是实现自由贸易的基础。对于已经取得工业霸权的英国而言，自由贸易政策是打开其他国家大门的钥匙。正如英国经济学家所说："安全的国内市场是实现自由贸易的基础，而该政策的成功则取决于

①② Vincent，Caillard，"The Industrial Pre-eminent of England"，*Imperial Finance Reform*，Edward Arnold，1903，p.55.

③ F.Schuster，"Foreign Trade and The Money Market"，in P.Cain，*Free Trade and Protectionism Vol. III*，p.171.

能够顺利地打开其他国家的市场。”①19 世纪后期，相比于蒸蒸日上的美国和德国，英国的国内市场开始感受到来自国外的压力，到了 20 世纪 30 年代，甚至沦为了其他竞争对手的倾销场。随着英国资深工业实力的衰退和贸易保护的不断加剧，自由贸易的基础和必须依赖的条件都已经不存在了。当英国拥有最强的工业实力时，势必寻求自由贸易，并极力说服其他国家接受所谓的自由贸易理论；当工业优势不复存在时，重回保护主义则成为必然，这也就是张伯伦关税改革思想深层次的逻辑。现代美国的发展史也在很大程度上体现了类似的观点。19 世纪初期，面对来势汹汹的英国产品，时任美国财长的亚历山大·汉密尔顿（Alexander Hamilton）力陈自由贸易给美国工业带来的种种伤害，坚决主张设立关税。美国早期的工业发展几乎是跟高关税政策联系在一起的。二战结束后，当美国的国家实力和工业力量取得了压倒性的优势后，开始大力提倡自由贸易。当历史的车轮进入 21 世纪，美国越来越明显地感受到了来自其他国家的压力。近年来，随着特朗普的上台，美国与国际其他国家的贸易摩擦不断。这恰恰说明，至少在特朗普眼中，随着自身工业实力的衰退，美国极力维护自由贸易已经变得越来越得不偿失。在保护主义、民族主义开始抬头的今天，重新研究和反思这段历史是有着重要意义的。

五、小结

20 世纪初期，约瑟夫·张伯伦的贸易保护主义思想出现并最终形成。张伯伦相信，在英国工业优势丧失而保护主义愈演愈烈的情况下，英国必须建立起一个具有强烈贸易保护色彩的帝国。唯有如此，才能维持英国的经济霸权和国际影响力。这种思想准确地把握了未来国际间贸易的发展趋势，然而在当时却并未被大多数人接受。经济理论是来源于客观的经济环境，它对客观环境也会产生推进或阻碍作用，因此，理论的提出者必须时刻关注客观环境，随时捕捉各种变化，以此为依据作出及时的调整。

---

① David Robinson，“Free Trade”，in P. Cain，*Free Trade and Protectionism Vol.I*，pp.27—28.

韦奇伍德瓷器兴起中的创新因素分析（1759—1795）

杨舒敏 *

乔赛亚·韦奇伍德（Josiah Wedgwood，1730—1795），英国著名的制陶者和企业家，创立了韦奇伍德公司，被称为“英国陶瓷之父”。他是大批量制陶工业化的先行者，通过不懈努力和创新，他的公司逐步地发展壮大；也正是由于他的创新，英国在陶瓷制造上走到了世界的前列。韦奇伍德陶瓷不仅迅速占据了英国市场，而且仅用20年时间，就将中国瓷器逐渐挤出欧洲，其出口率达到总销量的80%。1792年，英国东印度公司停止了关于中国瓷器的一切贸易[①]，英国从瓷器进口国转而成为重要的出口国。韦奇伍德陶瓷的魅力深深植根于它的英式风格以及其追求极致完美、无懈可击的乐趣，它获得持久成功的故事充满复杂性，其中乔赛亚的创新意识和企业家精神发挥了不容忽视的力量。

尽管韦奇伍德公司受2008年金融危机影响以及其他多方面原因，已于2009年1月宣告破产[②]，2009年2月27日美国KPS Capital股权公司确认收购沃特福德·韦奇伍德集团的某些海外资产及业务[③]，后再次转手，最终于2015年被芬兰家用产品制造商Fiskars公司全额收购[④]，但我们从创新

---

* 杨舒敏，南京大学历史学院硕士研究生。

① 杜君立：《中国瓷器的全球化》，《企业观察家》2015年第7期。

② Lousia Nesbitt，“Waterford placed into receivership as no buyer found”. *Irish Independent*. January 5，2009.

③ “Waterford Crystal bought by equity firm”. *RTE News and Current Affairs*. February 27，2009.

④ Chad Bray，“Fiskars Agrees to Buy Owner of Waterford and Wedgwood”. *New York Times*. May 11，2015.

的角度，选取1759—1795年，即乔赛亚·韦奇伍德自立门户在伯斯勒姆镇（Burslem）租下常春藤工厂（Ivy Works）开始生产，到自己投资建立了伊特鲁里亚工厂（Etruria），再到其逝世这段时间，研究其发展壮大的历程，对韦奇伍德瓷器的兴起以及乔赛亚·韦奇伍德本人进行剖析，对于当下社会创新驱动发展具有积极的现实意义。

“创新”和“企业家精神”有许多不同的定义，但人们普遍认为它们涉及创意、知识和资源的新组合。从人类社会发展的历史进程来看，创新贯穿于人类社会发展的始终，每一个人类文明的巨大变革皆由创新推动，创新无疑是经济发展和社会进步的根本动力。美籍奥地利经济学家约瑟夫·熊彼特（Joseph Alois Schumpeter，1883—1950）于1912年提出著名的“创新理论”，将创新划分为产品创新、生产技术创新、市场创新、资源供给创新、组织管理创新五个方面；而企业家则要大胆“破坏”，创造“新组合”，为企业获取利润。

在熊彼特的理论中，企业家就是创新者。熊彼特所谓的企业家发挥的是管理或决策作用，但不等同于一般的经理，他必须具有创新思想、冒险精神、先见之明。而乔赛亚·韦奇伍德就是这样一位典型的熊彼特式创新者，他具备非凡的企业家精神。他在产品、生产技术、市场开拓、资源供给、组织管理方面全方位创新，将发明投入生产获取收益，整合各生产要素，组成“新组合”，高效配置资源以便发明的利用；在18世纪工业革命起步阶段就展示了今天所谓的科学管理、灵活专业、开放创新以及客户和供应商驱动的特点。他工作努力，干劲十足，要求苛刻，对完美的追求十分执着，野心勃勃，创造力无穷。韦奇伍德公司创建发展的历史，就是一部创新史，也见证了英国瓷器发展的历程。

一、韦奇伍德瓷器兴起的历史轨迹

瓷器最早由中国人发明，经由陆路和水路传入欧洲。直到18世纪初期，欧洲人才发现瓷器制造的秘密。1710年，在学者钦豪斯和化学家贝特格两人的知识理论和技艺的完美结合下，硬质瓷烧制成功，到18世纪中期，欧洲各国都开始烧制瓷器。[①] 相对而言，英国在烧制瓷器方面较为落后。在 17 世纪后半叶，英国人也开始了瓷器烧制的探索，但 1671 年，约翰·德怀特、埃利斯兄弟和弗朗西斯·普拉西仅仅是在炻器制作上取得成功，德怀特称其为“灰褐色瓷器”。在欧洲大陆真正成功地烧制出瓷器之后，英国才渐渐在瓷器制造方面取得更大进步。

虽然英国起步较晚，但却是少数发展自己瓷胎技术的国家之一，而且从一开始生产起，就有几种不同的配方形式。18 世纪中叶，托马斯·弗赖发明了骨灰瓷，在 1744 年和 1748 年获得专利权。化学家威廉·科夸斯则将皂石或皂石矿掺入瓷胎，发明了新的配方，从而制造出皂石瓷。科夸斯在科恩瓦尔的圣奥斯特尔发现了高岭土矿，随后开始烧制硬质瓷，并于 1768 年被授予专利权。[②] 此后，英国在陶瓷制造方面留下了浓墨重彩的一笔，乔赛亚·韦奇伍德是这一进程的代表人物。

乔赛亚·韦奇伍德 1730 年出生于英格兰制陶中心斯塔福德郡（Stafford shire）伯斯勒姆镇（Burslem）的一个陶工家庭。乔赛亚是家里的第十三个孩子，12 岁时他患上了天花，虽然幸存下来，但这场天花使他的右腿残疾，行走困难，无法再用脚踏陶工旋盘（potter’s wheel）。也正因如此，他从小就专注于陶器的设计，然后通过其他陶工来制作陶器。他在长兄托马斯·韦奇伍德四世的带领下逐渐成为一名优秀的陶工。

1752 年，乔塞亚离开兄长，去了邻近的斯托克村的陶器作坊。在他 20 岁出头的时候，韦奇伍德开始与那个时代最著名的英国陶器制造商托马斯·惠尔顿（Thomas Whieldon）合作，他们最终在 1754 年成为商业伙伴，共合作了五年。时年 35 岁的惠尔顿经验丰富、经营有方，是斯塔福德郡陶器的领军人物，他承认年仅 24 岁的韦奇伍德有巨大的潜力。[③]

此后，乔赛亚自立门户，开始试验各种各样的技术，他的试验正好与附近工业城市曼彻斯特的蓬勃发展相吻合。受工业蓬勃发展的启发，1759 年韦奇伍德在伯斯勒姆镇租了常春藤工厂。熊彼特认为，企业家的主要动机是

① ［英］简·迪维斯：《欧洲瓷器史》，熊寥译，浙江美术学院出版社 1991 年版，第 31—36 页。

② 同上，第 95—96 页。

③ Reilly，Robin. *Josiah Wedgwood，1730—1795*. London：MacMillan，1992，p.18.

"缔造一个私人王国的梦想和意愿"[①]，这通常是一个家族"王朝"。当韦奇伍德建立他的事业时，把他的大家庭也包括进来。最开始，他从表兄约翰那里租来两座烧窑、棚屋和车间，年租金 15 英镑；另花 2.6 英镑租来转盘，以年薪 22 英镑雇 24 岁的表亲托马斯为技师。[②]他依靠并采纳女儿苏基的建议，他的妻子萨莉也非常积极，"我从她的经验中获取女性的品位，如果没有这种经验，我将只是一个微不足道的小人物，我的作品没有一个不是在我的萨莉认可下完成的"。[③]1764 年，他通过婚姻收到了来自萨莉的丰厚嫁妆，这是一笔极其可观的数目，对于一个正在崛起、充满活力的、明智的制造商来说，有着不可估量的作用。

1768—1780 年间，韦奇伍德与托马斯·本特利（Thomas Bentley）合作，本特利是一位老练、品位不俗的陶工。1769 年，他们建立了伊特鲁里亚工厂，在接下来的十年里，乔赛亚的实验、本特利的支持以及他与富裕的远房表亲的婚姻带来的资本注入，把沉睡的工匠厂房变成了第一个真正意义上的陶瓷工厂。

韦奇伍德最终建立了自己的"王朝"。当他去世时，留下了英格兰最优秀的工业企业之一。韦奇伍德的后代很好地利用了他留下的财富。其中一个儿子创建了皇家园艺学会，另一个儿子则为摄影的发展作出了贡献，韦奇伍德的财富也被用来资助苏基的孩子即他的外孙查尔斯·达尔文（Charles Robert Darwin）的研究。

二、韦奇伍德兴起过程中的创新

乔赛亚思维灵活，不甘于稳定的现状，大胆冒险，积极创新。他的每一项新发明，如奶油陶瓷（Creamware）、黑色玄武岩炻器（Black Basalt Stoneware）、碧玉细炻器（Jasperware）、绿釉（Green Glaze）等等，都会很快被世人追捧，迅速流传开来，引领时代风尚。"他通过加强劳动分工，

---

① ［美］熊彼特：《熊彼特：经济发展理论》，邹建平译，中国画报出版社 2012 年版，第 93 页。
② 张文昌、于维英编著：《西方管理思想发展史》，山东人民出版社 2007 年版，第 244 页。
③ Tames，*Josiah Wedgwood*. Shire Publications：Princes Risborough，2001，p.18.

降低成本，使他的陶器在英国各地，甚至欧洲和美洲找到了市场。”[①] 乔赛亚·韦奇伍德是英国陶瓷发展史中的一个变革性人物，他非凡的个人品质和他灌输给公司的价值观，让他的陶瓷生产从家庭手工业提升到了工业化生产并备受全球关注的高度，他创立的优秀传统，在一代一代设计师和制陶工匠中不间断传承。他为创新和工业发展作出了贡献，多兰（Dolan）称他为“启蒙运动式的企业家”[②]。

1. 产品创新

熊彼特指出，企业家创新的动机之一就是享受“创造的欢乐，把事情办成的欢乐，或者只是发挥个人精力，施展个人智谋的欢乐”[③]。韦奇伍德在产品创新上的热情充分反映了这个特征，他不断积极地寻求制造陶瓷所使用的材料以及产品的釉、颜色和设计形式上的新发展。为此，他进行了大量的试验，先后试制出著名的奶油陶瓷、黑色玄武岩炻器、碧玉细炻器、绿釉等。他最喜欢的座右铭是“一切都会在试验面前屈服”，他说：“猎狐人在追猎过程中享受到的乐趣，不会比我完全投入这个领域进行试验时得到的乐趣更多；而且当我走得越远，我的视野就越宽阔。”[④]

奶油陶瓷（Creamware）是一种奶油色的精致陶器，在浅白的陶坯上有铅釉，于1740年左右由英国斯塔福德郡的陶工发明。在制造奶油陶瓷的陶工先驱中，最重要的是托马斯·惠尔顿，他生产了各种各样的奶油陶瓷，但所有陶工早期的生产方法都不太令人满意，铅粉的用法对陶工健康有危害且成品颜色不那么白。[⑤] 经过400多次试验，韦奇伍德通过将陶土引入坯体和釉料，改进了奶油陶瓷，生产出颜色更浅、强度更强、做工更精细的高质量器皿，使该器皿在1770年左右达到了完美。这种陶瓷用途广泛，可以放在车轮上或在车床上旋转，也可以做铸件。他的高级奶油陶瓷供应给了夏洛特王后和俄国女皇叶卡捷琳娜二世，被称为“王后陶瓷”（Queensware）。

---

① T.S.Ashton. *The Industrial Revolution 1760—1830*，1948，p.81.

② Dolan，*Wedgwood*：*The First Tycoon*. New York：Penguin，2004，p.28.

③ ［美］熊彼特：《熊彼特：经济发展理论》，邹建平译，中国画报出版社2012年版，第93页。

④ Samuel Smiles，*Josiah Wedgwood*：*His Personal History*. Harper & Brothers，1894，p.90.

⑤ Robin Hildyard，*English Pottery 1620—1840*，London：Victoria & Albert Museum，2005，p.80.

1768年，韦奇伍德开发了一种质地细腻、黑色不上釉的新产品，即黑色玄武岩炻器。它非常坚硬，与钢铁撞击可产生火花，是伊特鲁里亚工厂的重要产品。韦奇伍德的黑色玄武岩炻器的坯体因其配方中锰的使用可以呈现丰富的色彩，乔赛亚在坯体原料和用色上的发展，使其不仅更加实用，还可作为装饰品点缀生活，成为“永恒的经典”①。

在1775年，经过5000多次困难而代价高昂的试验后，韦奇伍德又发明了碧玉细炻器，这是韦奇伍德对瓷器制造最大的贡献，成为其公司的标志性产品，获得世界范围的广泛认可②。它通常被描述为炻器，但一些权威人士也称其为瓷器，高温烧制，质感细腻，以用无光泽不上釉的瓷坯完成而闻名，并可以多种不同的颜色生产，其中最为著名的是已被称作韦奇伍德蓝的淡蓝色。其坯体天然是纯白的，丰富的色彩源自配方中各种金属氧化物的添加，淡蓝色为最常见，深蓝色、丁香紫、鼠尾草绿、黑色和黄色也被使用。鼠尾草绿是铬氧化物，蓝色是钴氧化物，丁香紫是氧化锰，黄色可能来自锑盐，黑色则来自氧化铁。③浮雕装饰（通常是白色的，但也有其他颜色）也是韦奇伍德碧玉细炻器的一大特色，其用模具生产，并以枝状花纹饰于器皿上。

碧玉细炻器的生产与新古典主义雕塑家兼设计师小约翰·弗莱斯曼（John Flaxman）密切相关，他从1775年开始为韦奇伍德提供设计。④弗莱斯曼在为韦奇伍德设计时大多是在蜡上工作，然后，这些设计被铸造出来。弗莱斯曼和韦奇伍德的灵感不仅来自古老的陶器，也来自一些玻璃器皿，尤其是威廉·汉密尔顿爵士（Sir William Hamilton）带回英国的波特兰花瓶。威廉·汉密尔顿爵士收集的古希腊花瓶对弗莱斯曼的作品产生了重要影响，他将花瓶借给韦奇伍德，韦奇伍德花了四年时间艰苦试验来复制花瓶，只不过不是用玻璃，而是用黑白碧玉细炻器。

---

① Gaye Blake-Roberts，Alice Rawsthom，*Wedgwood：A Story of Creation and Innovation*，Rizzoli International Publications，Incorporated，2017，p.128.

② Ibid.，p.28.

③ Debbie Rudder，“Josiah Wedgwood’s colourful chemistry experiments”，*Museum of Applied Arts and Sciences*，February 22，2011.

④ “John Flaxman Jr.（1755—1826）”. *The Wedgwood Museum*. April 12，2013.

2. 生产技术创新

如果乔赛亚·韦奇伍德的努力仅限于新产品研制方面，那他只能算是一个著名的陶瓷制造家。在当时的时代背景下，相关知识产权无法得到应有的保护，市场竞争也并非合法有序，新产品研制出来很快就会被泄密、抄袭、模仿，仅靠这一途径是无法取得巨大成功的。韦奇伍德之所以能产生如此影响，取得举世瞩目之成就，是因为“在他用心制造陶器的过程中，艺术家的严谨往往和商人的计算混在一起”[①]，称其为“企业家”，与他全方位的创新密不可分。在熊彼特划分的创新五方面，他都有全面突破。

陶瓷生产过程中需要一种动力来混合黏土和研磨矿石，当时他推出了一种由他的朋友伊拉斯谟·达尔文（Erasmus Darwin）设计的新型水平风车；但更有成效的，是工业革命带来的机遇，以燃煤蒸汽机作为动力来源取代传统的水动力磨坊和风车。韦奇伍德是詹姆斯·瓦特（James Watt）和马修·博尔顿（Matthew Boulton）的朋友，也很欣赏他们的技术，他们改良了蒸汽机，韦奇伍德在1782年买下了他的第一台博尔顿-瓦特蒸汽机[②]，从而提高了生产效率，节省了工资支出。继韦奇伍德之后，斯塔福德郡的陶器工业大都采用了这种新技术。而这几位重要人物，包括韦奇伍德，都是月光社（Lunar Society，一个由自然哲学家和工业家组成的学会，1765—1813年，成员们定期在英格兰的伯明翰聚会[③]）的成员。

韦奇伍德最重要的一项技术创新，是他发明的世界第一个可以测量窑内温度的高温计。当时制作陶瓷面临一个长期以来巨大的挑战，就是测量窑中的高温以控制生产过程，在18世纪，如果没有乔赛亚的开创性发明，生产出能够测量窑内高温的温度计，陶瓷生产中的任何一项卓越的进步都是不可能的。在韦奇伍德的高温计成功发明之前，窑工一直是工厂里收入最高的工人，因为完全靠他们的技能和判断力才能成功烧出器皿。自从1780年，乔

① ［法］保尔·芒图：《十八世纪产业革命：英国近代大工业初期的概况》，杨人楩译，商务印书馆1983年版，第314页。

② John Thomas，“Pottery in England’s Industrial History”. *Journal of the Royal Society of Arts*，Vol.84，No.4349，March 27，1936，pp.527—528.

③ 李斌：《月光社的历史及其影响》，《科学文化评论》2007年第4卷第1期。

赛亚就开始试验建造温度计，将烧制的黏土圆筒与已知的温度相匹配，颜色从淡黄色到红色，分别表示低温到高温，但后来他转而使用自己设计的一种改进的高温计来测量黏土的收缩率。烧制时，随着瓷的收缩，小块烧制的瓷片放置在量规中时，可用来测量窑温。乔赛亚甚至发明了他自己的温标——韦奇伍德。①

韦奇伍德这种温度计的发明彻底改变了这个行业，不仅让那些相对缺乏经验的工人也能够完成温度测定的工作，降低了从业门槛，同时使人们对于炉温的控制变得更为精确可靠，生产质量有了更好的保证。因为这项发明，乔赛亚被提名当选为皇家学会的会员。1782 年 5 月 9 日，韦奇伍德在皇家学会宣读了他的论文《尝试制作一种测量高温的温度计——用以生产最坚固的黏土器皿》(An attempt to make a thermometer for measuring the higher degrees of heat，from a red heat up to the strongest that vessels made of clay can support）②，1783 年，他被英国皇家学会授予全国最高的科学荣誉。

在陶瓷器上使用转移印刷（Transfer printing）可以看作是 18 世纪后半叶发生的更广泛的陶瓷制造产业化的一部分，乔赛亚 · 韦奇伍德也是采用这一技术的先驱。③ 这种图案制作方法采取印刷的方式，取代过去画匠或艺术家手工的绘制，减少了图案制作过程对精细熟练工人的依赖，方便快捷，同时也使陶瓷图案更为标准统一，质量有了更高保证。

3. 市场创新

熊彼特说过：“仅生产出称心如意的肥皂是不够的，还必须引导人们用它去洗涤。”④ 韦奇伍德在陶瓷生产上获得的成功，除了他对研制新产品的执着坚持、对陶瓷生产技术的改进与使用机器生产外，更受益于其采取的一系列灵活机智的营销手段，吸引着越来越多的目光并积极购买其产品。这使得“韦奇伍德”终于成为最早获得世界公认的品牌之一。

---

① “Pyrometer”，*The Wedgwood Museum*. August 23，2013.

② Robert E.Schofield，“Josiah Wedgwood，Industrial Chemist”. *Chymia*，Vol.5，1959，p.184.

③ Gavin Lucas，“Reading Pottery：Literature and Transfer-Printed Pottery in the Early Nineteenth Century”. *International Journal of Historical Archaeology*，Vol.7，No.2，June 2003，p.128.

④ 张文昌、于维英编著：《西方管理思想发展史》，山东人民出版社 2007 年版，第 240 页。

陈列展览室的开设是韦奇伍德营销的一大亮点。1765 年韦奇伍德在伦敦开设了一家小陶器批发店，逐步建立起既零售又批发展览的经营模式，1768 年他将展览室移入波特兰宫，此外还在巴斯和都柏林增设销售网点①。韦奇伍德以最整洁文雅的方式为女士提供展示，每过几天就更换部分展品，墙面装饰以精美的壁纸，展室保持面貌常新，把商业与艺术、娱乐融为一体，稳固已有消费群体的同时吸引了更多新群体的关注。为了扩大产品的销路，乔赛亚·韦奇伍德竭尽心思，不懈努力，试图赢取社会上层人士对于自己产品的承认。1765 年，他通过乔治三世的妻子夏洛特王后（Queen Charlotte）的女裁缝师黛博拉·切特温德小姐获得了来自王室的订单②，订购的是一套茶具，结果他所生产的奶油陶瓷得到了王后的喜爱，从而被获准称为“王后陶瓷”，王室对奶油陶瓷的青睐迅速提升了韦奇伍德各类陶瓷器的价值和影响力。乔赛亚致力于开发贵族阶层，让他们更多地选购韦奇伍德的产品，这对于拓宽产品的销售市场来说非常重要，以至于韦奇伍德成为时尚的引领者。王室的青睐激发了其他使用者的消费愿望，日益壮大的中产阶级贪婪地消费着“王后陶瓷”，以区别于下层阶级使用的较粗糙的陶器，显示上层阶级生活的精致。“他们称赞他的产品，他们做广告，他们买了它，他们带朋友去买它……在 18 世纪的英国贵族这个相互关联的小世界里，这样的介绍是至关重要的，因为即使是极少数的销售，也会产生重要的影响。”③

韦奇伍德开拓他的商业版图，斯塔福德郡在当时的出口量是个未知数，他在国际市场上的努力是开创性的。韦奇伍德的营销视野远远超出了英国。“直到 18 世纪中期，英国很长一段时间在欧洲大陆是以低廉的价格取胜，而非精美”④，为了进入这些市场，他利用自己与英国贵族的关系，再次采取了

---

① Neil McKendrick，*Josiah Wedgwood and the Commercialization of the Potteries*，London：Europa Publications Limited，1982，p.120.

② 刘章才：《十八世纪中英茶叶贸易及其对英国社会的影响》，首都师范大学博士学位论文，2008 年，第 94 页。

③ Neil McKendrick，“Josiah Wedgwood：An Eighteenth-century Entrepreneur in Salesmanship and Marketing Techniques”. *The Economic History Review*，12（3），1960，p.414.

④ Jewitt，*The Wedgwoods*：*Being a Life of Josiah Wedgwood*. Virtue Brothers and Company，1865，p.135.

讨好王室的策略，从社会金字塔的顶端开始往下走，于是欧洲各国社会上层人士也纷纷开始向韦奇伍德订购。著名的“青蛙服务”（Frog Service）就是典型。1774 年，俄国女皇叶卡捷琳娜二世一次就订购了 952 件作品，用于其宫殿之一的克克列克西宁宫（Kekerekeksinen Palace，位于青蛙沼泽上的宫殿，芬兰语）。作品中的绘画展示了英国 1200 多个代表场景，既宣传了英国，也让韦奇伍德的产品获得更广泛的认可。

此外，为了迅速拓展国外市场，韦奇伍德开创了类似于今天快递网购的销售模式。1771 年，他寄出 1000 个陶瓷邮包，用邮购方式来推销产品，向选定的贵族和名人显要运去他们并未订购的商品，收到包裹的人们如果喜欢就付款留下，不需要还可以免费退回，这可以说是韦奇伍德营销上的一大创举。结果，这场推销大获成功，绝大多数顾客满意地留购了。

4. 资源供给创新

韦奇伍德积极地从任何他能找到的地方努力搜寻最优质的原材料①，类似今天所谓的“全球采购”，他在这样的过程中体验到诸多乐趣。曾经有人向他展示了一块来自北美切诺基的漂亮的白色黏土样本，于是他雇请那个人带着标本回到那个地方，尽可能多地采购同样的黏土以满足韦奇伍德庞大的需求。虽然这趟“远征”的结果在数量上不尽如人意，从遥远的美国南部卡罗来纳州查尔斯镇港口，仅仅只由骡子背回来几吨黏土，但在纯度上，英格兰甚至是整个欧洲的黏土都无法与之媲美。1792 年，艾恩塞德斯上校（Ironsides）寄给韦奇伍德一份来自东方的棕色脉石，他买了一部分用以试验。②正是乔赛亚这样不懈地寻找和试验，在原材料的使用上不断创新，才使韦奇伍德的陶瓷器品质不断提升。

乔赛亚为了获取原材料以及销售他的产品，在基础设施建设方面投入了大量精力，他推动了道路的发展，并积极参与了主要运河的建设。最初，韦奇伍德的运输系统是原始的，就是骑着马走在当地车辙斑斑、泥泞不堪的

①② Jewitt, *The Wedgwoods: Being a Life of Josiah Wedgwood.* Virtue Brothers and Company, 1865, p.183.

乡村小道上，运输过程中的破损和盗窃，可能占到订单的30%。[1]为解决这一情况，乔赛亚和斯塔福德郡的其他商人一起请愿，要求在伯斯勒姆和利物浦之间修建一条收费公路，议会同意后，这条路于1763年迅速完工。之后，韦奇伍德又开始力促修建一条运河，连接特伦特河和默西河。韦奇伍德是特伦特和默西运河的财政部长，也是该运河的主要股东，这是一项93英里长的非凡工程，将斯塔福德郡与利物浦西部的港口和东部的赫尔港连接起来。据估计，1777年运河开通后，运费下降了90%。[2]韦奇伍德就是这样想方设法地降低不必要的损耗，尽可能地采用水路的方式运输陶瓷产品，除了降低运费从而减少开支，水路的方式也更为平稳，还能够有效避免陆上运输时路况较差带来的颠簸，减少破损情况的发生，从而获得最大程度的商业利益。

5. 组织管理创新

18世纪是工业革命初期，是现代化大工业建立的起步阶段，这时进入工厂的工人缺乏现代生产的经验，工厂主对于如何组织生产也尚处在摸索阶段。

当乔赛亚·韦奇伍德创立伊特鲁里亚工厂时，运用了同时代的亚当·斯密提出的分工原则，即为了提高效率，由专业工人集中精力于生产过程中的某一特定要素，取代以往由一名工人完成整个产品生产的工艺技术。这样一来，艺术家可以专注提高设计质量，各方面的创新也得以蓬勃发展。1790年，伊特鲁里亚工人分工已经显示出固定的等级制度。陶瓷器制造过程被分成五个环节，每个环节在一个车间中完成，各环节高效率连接；各车间内又有各自非常精细的分工，比如碧玉细炻器有雕刻、装饰、模具制造、磨工等分工负责；所有车间都有消防员、搬运工、包装工等；工人一般都在固定岗位各司其职。1790年6月韦奇伍德雇佣的278人中，"只有五人没有固定岗位，这五人被单列出来作为非固定人员（odd men），他们在生产中处于最低

① John Langton, "The Ecological Theory of Bureaucracy: The Case of Josiah Wedgwood and the British Pottery Industry", *Administrative Science Quarteriy*, 29（1984）, p.341.

② Samuel Smiles, *Josiah Wedgwood: His Personal History*. Harper & Brothers, 1894, p.90.

等级，哪里迫切需要就去哪里”[①]。细致的分工将繁杂的生产过程分解，每人只需完成一项相对简单的工序，提高了效率，也保障了成品质量。

韦奇伍德不仅要培养新一代熟练的陶工，他还必须使工人适应这套新的工厂系统，用他的话说就是“培养艺术家（不仅仅是工人）”和“将人培养成不会犯错的机器”[②]，这不是一件容易的事，他将对抗几个世纪积累的地方传统，但这也是他最为自豪的地方，是他在生产组织上的一大创新。用兰顿的话来说，韦奇伍德设计了“一个非常复杂而精明、基于奖惩混合制度的行为规范工程”[③]。为了改变工人的劳动时间观念，韦奇伍德引入原始的计时系统——敲钟来指挥工人，同时雇佣监工，对守时者或迟到缺勤者分别予以相应赏罚。1780年左右，韦奇伍德在工厂中颁布了详细的“陶工操作指南”与“规范与守则”，要求所有工人严格遵守劳动纪律，按照规范进行生产，违者均有明确的处罚措施。韦奇伍德这些严格的规定引来了工人的抱怨，“猜忌和恐惧开始扩散……工人对这些新要求感到困惑”[④]。传统陶工们按经验法则工作，他们的生产方法粗心大意，不符合生产规律；他们的工作安排武断，粗制滥造，不严谨，他们可以为了守灵、集市或三天的饮酒狂欢而停工，他们认为生产中的不清洁、低效和浪费是自然伴随的。

乔赛亚意识到，他缺乏训练有素的画家和制模师，重新训练老手只能解决一时之需，这些工人的传统思想在他们的生活中根深蒂固，他们不会积极配合，也不可能成为一流的画家和制模师。然而技术、手艺和熟练程度又对提高劳动生产率意义巨大，对于高档装饰品尤为重要。为此，在1770年，他建立了自己的绘画与制模学校，为工厂培养人才，虽然短时不能将人才输出生产，但这才是长久之计。他曾写信给本特利说：“这项任务就是要把‘普通人’变成艺人”，“劳务市场上很难找到合乎我们要求的人才。我们要拥有，否则别的工作都无从谈起。我们必须自己培养，别无他法。我们比其

---

① Neil McKendrick，“Josiah Wedgwood and Factory Discipline”. *The Historical Journal*，Vol.4，No.1（1961），pp.32—33.

② Ibid.，p.34.

③ John Langton，“The Ecological Theory of Bureaucracy：The Case of Josiah Wedgwood and the British Pottery Industry”，*Administrative Science Quarteriy*，29（1984），p.344.

④ Jenny Uglow，*The Lunar Men*：*Five Friends Whose Curiosity Changed the World*. Farrar，Straus，and Giroux，2002，p.213.

他厂家已先行一步，我们要心甘情愿地培养人才，设身处地地满足工厂的需要”①。此外，韦奇伍德的贡献还扩大到公共生活上，他在改善雇员的教育、健康、饮食和住房方面做了巨大努力，当时的伊特鲁里亚被认为是一个模范村②。

三、韦奇伍德创新的评价与反思

乔赛亚·韦奇伍德的创新广泛而多样，有渐进的，也有激进的。他的成功不仅源于他能“发明”，更因为他有能力组织创造“新组合”，并将其投入生产获得利润，熊彼特所确定的广泛的新组合和创新的努力在韦奇伍德的案例中得以充分展现。韦奇伍德创造“新组合”的能力极强，在新产品、生产过程、组织实践、市场营销方法和资源供应各方面都将个人与相互协作的关系有效结合。对于韦奇伍德来说，不同类型的创新是完全相互关联的，对他的创业目标也是相互支持的，“艺术是生产制造的材料；商品的吸引力在于艺术家的想象力、工匠的技能和最新的生产技术的结合”。③在他看来，艺术和科学之间没有鸿沟，通过创新，把两者结合起来投入生产对他事业的成功至关重要。

韦奇伍德的案例诠释了熊彼特发现的所有创新领域的价值。在七年的时间里，1769—1775年，韦奇伍德在职业生涯中期开设了真正意义上的瓷器工厂——伊特鲁里亚工厂，它有着创新的组织管理和实践，从世界的另一端采购生产原料，尝试着与艺术家、科学家合作研究，在伦敦开设了主要展示厅并展出所有的创新产品，制作了碧玉细炻器，为叶卡捷琳娜二世提供标志性的“青蛙服务”，同时还进行了深入的科学研究，为他以后当选皇家学会成员打下基础。如果不是拥有非凡的组合能力，他根本不可能有如此范围和规模上的创新。

① 张文昌、于维英编著：《西方管理思想发展史》，山东人民出版社2007年版，第249页。

② S.R.Hind，“Josiah Wedgwood and His Influence on the English Pottery Industry”，*Nature*，May 24，1930，p.782.

③ Jenny Uglow，*The Lunar Men*：*Five Friends Whose Curiosity Changed the World.* Farrar，Straus，and Giroux，2002，p.324.

熊彼特认为，企业家创新的动机首先会有一种要缔造一个私人王国的梦想和意愿；其次则有征服的意志、奋斗的冲动；最后还有创造的欢乐，施展个人智谋的欢乐。[①]韦奇伍德浓缩了熊彼特所认同的企业家的特征、动机和贡献，他在很长一段时间内不断地寻求创新，建立自己的企业和家庭财富，“他从来不满足于允许事物保持原样，他必须不断进步”[②]。

韦奇伍德还充分利用富有深度和多样性的社交网络来帮助他创造“新组合”。他的技术知识依赖于他与月光社成员的长期友谊：与弗莱斯曼的密切合作推动了碧玉细炻器的设计创新；瓦特和博尔顿提供了技术支持和组织管理指导；惠尔顿促进了组织创新；营销创新则依赖于他与本特利的深厚友谊以及他与各国大使的联系。这些都深深地影响了他的创新方式，他的商业和友谊网络从斯塔福德郡到利物浦以及伯明翰的工业中心逐渐扩大，并最终延伸到伦敦和海外。

在一些熟悉的渠道之外，个人并没有途径获得那些非常准确足以供他决策之用的数据和行为规则，这是客观存在的。韦奇伍德当时也无法获得市场销售供求关系的准确数据，但他凭借产品的优质独特，依然大胆冒险，采用邮购推销产品这种风险极高的方式，开拓英国及欧洲大陆广阔的市场。

韦奇伍德有强烈的创新意愿。创新意愿属于工商业者本人的心理方面。做一种新的事情，在客观上要比去做业已熟悉的和已由经验所检验的事情更加困难；即使客观上的困难并不存在，旧有习惯的力量也会升腾起来，反对处于萌芽状态的规划和设想[③]，这就是我们想要获得进步必须打破的。而韦奇伍德就有这种魄力，他有一种要缔造一个王国的梦想，有征服的意志、奋斗的冲动，他享受创新过程中所获得的自由和快乐。

想要创新，必然会受到社会环境的阻碍。韦奇伍德没有向这些阻碍妥协，相反，他意识到设立绘画和制模师学校，为工厂培养全新的人才的必要，并付诸实践，虽然周期较长，但最终收获了持久的利益，克服了社会环

---

① ［美］熊彼特：《熊彼特：经济发展理论》，邹建平译，中国画报出版社 2012 年版，第 93 页。

② Samuel Smiles，*Josiah Wedgwood：His Personal History*. Harper & Brothers，1894，p.291.

③ ［美］熊彼特：《熊彼特：经济发展理论》，邹建平译，中国画报出版社 2012 年版，第 84 页。

境带来的困难。这些都为我们提供了诸多有价值的参考。

当今我国已进入经济发展的新常态时期，经济发展模式由传统的要素驱动发展模式转变为创新驱动发展模式，创新是经济发展的根本动力，但创新也面临重重困难，如何克服这些困难是我们要思考的。韦奇伍德作为一名优秀的创新者、企业家，他的案例对于当下社会的创新发展有极大的借鉴意义。

大厅的衰落
——近代早期英格兰贵族乡村生活空间初探

范先鋆 *

在中世纪的英格兰，领主在他们的每块地产上都会建筑乡村住宅，而这些住宅也随之成为该地区的中心。在住宅内部，大厅（hall）扮演着十分重要的角色，它不仅是庄园领主处理个人事务、裁判庄园纠纷的重要地点，更是领主举行盛宴庆祝节日、款待宾客的主要场所。在英格兰，相较于其他晚近才形成以及被利用的建筑空间，大厅具有悠久的历史，似乎在人类开始定居生活之时便已存在，为人类家庭日常生活提供了重要的活动空间，但是它的命途并不总是一帆风顺。

一、早期的大厅

在 12 世纪的英格兰，相较于晚些时期，大厅的规模十分可观，这在现今已经发掘出的部分遗址中显而易见。就规模而言，大厅的占地面积普遍要比该时期乡村住宅的另一主要组成部分——居室（chamber）略大。

此外，每一部分均是单体建筑，大厅与居室相互分离且独立，厨房（kitchen）一般也是一个独立建筑（如果有的话），与居室分列大厅的两侧。只有在少数情况可能有连接三者的通道。部分文字记载也可佐证在 12 世纪

* 范先鋆，南京大学历史学院硕士研究生。

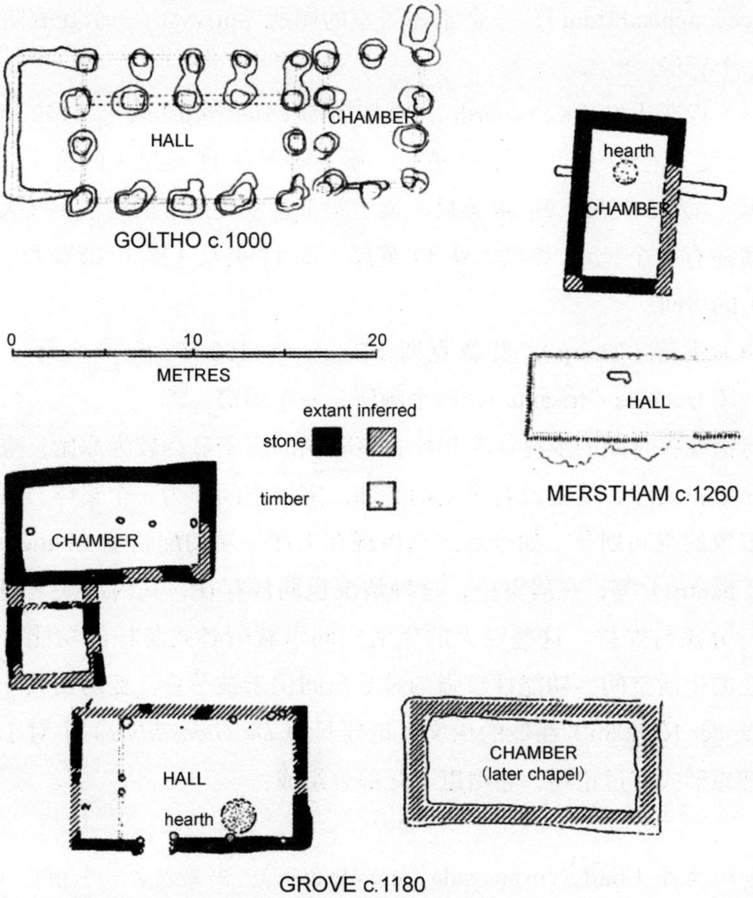

图 1　三个关于大厅与居室分离的例子：戈索（Goltho）、格罗夫（Grove）、梅尔萨姆（Merstham）①

的英格兰，该类型的建筑设计与安排是一个普遍现象：

（1）霍斯戴德（Horstead），诺福克（Norfolk），1106—1130 年：带有一座凉亭（bower，domum I cum buro）的房子；一个厨房。②

（2）阿德利（Ardleigh），艾塞克斯（Essex），1141 年：一个良好的大厅和居室（halla et camera）；一座 tresance（trisanta）；大厅南侧的圆顶房间

① Blair，J.，"Hall and Chamber：English domestic planning 1000—1250"，from Jones，M.，*Manorial Domestic Buildings in England and Northern France*，London：Society of Antiquaries of London，pp.1—21.

② M.Chibnall ed.，*Charters and Custumals of the Abbey of Holy Trinity Caen*，London：Oxford University Press，1982，p.36.

（pentice，appenditium）；一个紧邻居室的厕所（privy），一个在庭院中的厕所；一个厨房。[①]

（3）肯斯沃思（Kensworth），哈特福郡（Hertfordshire），1152年：一座长35英尺、宽30英尺、高22英尺（梁上梁下各11英尺）的大厅；一个长22英尺、宽16英尺、高18英尺（梁上梁下各9英尺）的居室；在大厅和居室之间还有一个长12英尺、宽17英尺、高17英尺（梁下10英尺、梁上7英尺）的房间。[②]

（4）索普（Thorp），艾塞克斯（Essex），1160年：一个大厅、一个居室，一座tresance（trisanta）；两个厕所；一个厨房。[③]

与稍晚些时期的乡村住宅相比，该时期的房子显得较为原始，空间结构安排简单：大厅、居室没有多余的装饰，室内空间作为一个整体，几乎没有更为细致的空间划分，如今后逐渐出现在大厅一端的配膳室（buttery）和餐具室（pantry）等；在居室中，这种情况也同样存在，其内部缺乏墙体对空间进行分隔与安排。这些巨大的生活空间承载着各式各样的功能，是一个综合性的生活空间，功能性较强的独立房间仍未被孕育。亚历山大·尼卡姆（Alexander Neckam）在他的论文《论器具》（*De Utensilibus*）中对于当时住宅的理想形式有过论述，它由以下几部分组成：

> 大厅（hall，corpus aule，cors le sale）：主要包含一个前厅（lobby，vestibulm，porch）或入口通道（screens-passage），一个门廊（porch，porticushoneste）和拥有合适间距的柱子（posts，postes，posz）。
>
> 居室（chamber，camera，thalamus，la chaumbre）：应有窗帘、帷帘、一张床以及床上用品。
>
> 地窖（cellar，promptuarium，celarium，celar）：应有木桶、皮制酒瓶、保险箱、篮子、啤酒、葡萄酒等。
>
> 食品间（spense，dispensa，dispensatorium）：应有桌布、毛巾、刀具、盐碟、奶酪盒、烛台、圆笼等。

---

① W.H.Hale ed., *The Domesday of St. Paul's of the Year MCCXXll*, Camden Society Old Series LXIX, London: 1858, p.136.

② Ibid., p.129.

③ Ibid., p.132.

厨房（kitchen，coquina，quisine）：包含各种烹饪设备。[①]

有独特用途安排的封闭空间在中世纪晚期的英格兰才逐渐发展起来，它们在此前的住宅中是缺失的，这意味着，领主的主要日常活动，如用餐、接待来访宾客、闲聊、娱乐、家庭活动等，都是在大厅以及居室（更主要是在大厅）中进行的。同时，大厅不仅是领主一家日常生活的重心，更是整个领地上所有居民生活的重心：领主法庭通常都设立在大厅，庄园佃农的纠纷矛盾在此由领主裁判；庄园集会也常常在此地进行。大厅在领主领地的空间中占据着首屈一指的中心地位。

二、大厅首要地位的衰落

然而，时过境迁，大厅的首要地位逐渐衰落。

稍晚些时期，在一些豪门贵族的宅邸当中，居室逐渐与大厅连接在一起，位于大厅的另一端。尽管在一些小家庭的住宅当中，直到1300年仍然存在着大厅与居室互相独立的建筑设计布局，但普遍的趋势是，无论全新的建筑抑或只是部分重建大厅或者居室，都倾向于将居室和大厅连通起来。同时，一定数量的小房间也在这些空间中逐渐发展起来，服务间（service room）在大厅的一端发展起来，膳室（buttery）和餐具室（pantry）分列两侧，中间是过道，一般可以通向厨房，居室的空间利用也变得更为复杂。到了14世纪之后，住宅的基本范式得到了初步确立。中世纪晚期的住宅，无论规模大小，都是由大厅、厨房、教堂（chapel）以及一系列围绕着它们的更小的房间所组成的。

但是，这些房间的排列方式以及人们利用它们的方式却在今后的时期发生了深刻的变化。正如建筑史学者马克·吉罗德（Mark Girouard）所言："有两种力量在发挥着它们的作用：离心力和向心力。向心力使各部分建筑

① Thomas Wright，*A Volume of Vocabularies*，Liverpool：1857，pp.96—119.

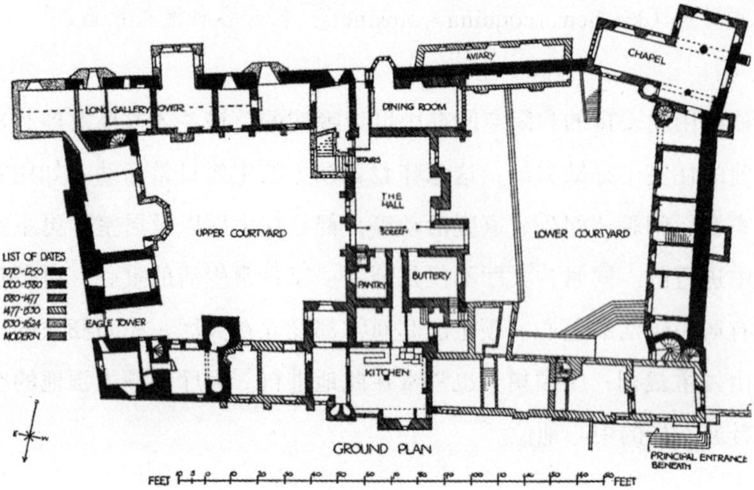

图 2　位于德比郡的哈顿大厅平面 ①

结合在一起，而离心力则在人们的生活中发挥着反向作用。” ②

图 3　肯特郡彭斯赫斯特庄园的大厅（1341 年） ③

① Alfred Gotch, *The Growth of the English House*, London: 1909, Figure 25.

② Mark Girouard, *Life in the English Country House: A Social and Architectural History*, New Haven and London: Yale University Press, 1994, p.30.

③ Ibid., p.39.

大厅在这种变迁当中逐渐失去了它原有的地位。这首先表现在领主家庭以及他们尊贵的客人逐渐舍弃它作为用餐场所，而改在其他更为私密的场所用餐。

在中世纪中期，整个家庭（household）共同用餐的习俗风行，领主及其家户众人均在大厅用餐。大领主的家户规模庞大，人数常达两百之众，也只有整个大厅的规模才能安置如此数目的用餐人群。大厅即使在履行其餐厅职能时，依然保持着空间的开放性。领主家户中也呈现着严格的金字塔社会等级结构，除却领主家庭之外，高级仆人一般由他的封臣以及其他一些贵族乡绅担任，而庄园的佃农和自由农则充当低级仆人。在用餐期间，各个等级的仆人均允许在场，身份等级较高的可陪同领主家庭一起在大厅用餐，身份等级低的则在此空间中不停奔忙，为他们提供服务。当有客人来访时，其所携带的各个社会等级的家户侍从也可随之入内，按照相应座次入座用餐。此外，由于古老的礼节传统，领主会向路过其庄园的朝圣者或旅人展示他们的殷勤好客，以与他们身份地位相符的礼节在大厅盛情款待过客。此时领主仍未有关于用餐的私密意识，而且还将在此公开场合用餐当做向所有人展示他们风采的重要机会。格罗斯泰特（Grosseteste）主教就曾在13世纪晚期为林肯女伯爵（Countess of Lincoln）订立过家规（household regulation），在其中他两次提到了领主整个家户包括女伯爵在内，都应在大厅用餐，因为这是一个向宾客展示他们高贵风采的机会：

> 尽你所能让你整个家户都在大厅落座……你要在大厅高台的主桌中间落座，使你的容貌风度展示给所有人……在大厅众人之前用餐，你没有不适和疲倦的危险，这对你有利，并且会得到尊重与崇拜。①

然而，到了14世纪中期，这种风俗习惯却已经悄然改变。领主、领主夫人及其家庭用餐的指定地点已经不只是大厅，他们也逐渐开始尝试在其他空间中用餐。威廉·郎兰（William Langland）在他写于1362年的长诗《农夫皮尔斯的幻象》（*Vision of Piers Plowman*）中曾经为大厅发出哀叹：

---

① Frederick Furnivall ed., *The Babees Book*, London: 1868, pp.328—331.

多么可怜的大厅……日复一日地
领主与夫人不再在此落座，
现在贵人们独自用餐
在私人会客厅里面……考虑到那里没有穷人
或者在一个带烟囱的居室里面，离开大厅
那个曾经被用于就餐的地方。①

之前被广泛认可的观念，即领主家庭直到詹姆士一世时期仍在大厅用餐，是 19 世纪浪漫精神的想象。其实早在 14 世纪下半叶，一些显赫的领主，包括国王，也已经在其他房间用餐，只有在一些特殊的情况才会返回大厅用餐，而且这些情况正变得越来越少。《养育之书》(*The Booke of Nurture*) 这本编纂于 1450 年左右的关于良好行为的韵诗曾明确地论述过：

教皇、皇帝、国王、红衣主教、有金色皇室权杖的亲王、公爵、大主教
所有这些人，为了他们的尊贵地位，不应在大厅用餐。②

此后，这种趋势愈演愈烈，从开始在其他房间用餐逐渐演变为不再在大厅用餐。由于关于用餐行为私密性的意识的萌发，贵族领主开始避免在大厅此类开放性空间用餐，大厅逐渐丢失了其作为用餐场所的功能。这种新的习俗与礼节上行下效，逐渐从社会上层向下传播，成为一种共识。到了 16 世纪晚期，许多乡绅也停止在大厅用餐，只有在盛大节日庆典时，才会返回大厅进行集体用餐。

与这种变化同时发生的，是领主也逐渐开始在其他房间款待来访的宾客。在 14 世纪中期的罗曼故事《加文爵士和绿骑士》(*Sir Gawain and the Green Knight*) 中，提及大厅仍然是在款待来客时被利用最频繁的场所：城堡主人在大厅设宴款待了加文爵士及其随从，饭后命人为他们唱歌解闷，提

① Langland, *Piers Plowman*, Passus X. pp.96—101.
② Frederick Furnivall ed., *The Babees Book*, London: 1868, p.188.

供娱乐，还向来访客人展示了他所捕获的猎物。加文爵士一行向主人正式道别也是在大厅。但是，在加文爵士初来之时，大厅的晚宴已经结束，城堡主人是在他的主居室（great chamber）里以美食和歌舞款待宾客的。此外，有时大厅的正餐和夜宵结束之后，主人夫妇还会邀请加文爵士进入他们的居室闲谈：

当他们在大厅嬉戏玩乐的时候，
只要他们乐意，
他们将会被唤到居室
和那个他们路过的烟囱。①

主居室这个术语在获得“尊贵的房间”的意义之前，只意味着“一个在规模上较大的房间”，用来与其他房间（chamber）相区别。这些房间无论大小，都发挥着起居室（bed-sitting room）的作用，常用于领主家庭睡觉、玩游戏和接待来访客人，偶尔也会成为用餐地点。就功能而言，它们已经是大厅的一个重要替代与补充。在另一个罗曼故事《来自华威的盖》(*Guy of Warwick*）中，君士坦丁堡皇帝的女儿邀请这位英雄：

现在我们去居室，
按照习俗我们可以做些游戏，
下西洋棋或玩桌游，
或者讲一些寓言故事，
就在那个美丽的女士的床前。②

领主家庭逐步从大厅向主居室撤退，减少了在大厅的日常活动，这意味着大厅在领主生活中的重要性在衰减。一些出身高贵的仆人甚至也在主居室中有一席用餐之地，可以陪同主人及其尊贵的客人用餐。大厅则留给了低级

① *Sir Gawain and the Green Knight*，modernized by J.R.Tolkien，London：1975，Part III，1664—1667.
② *Early English Text Society*，XXV，1875，p.87.

仆人以及来访客人所带的低级仆从用于用餐及活动。

尽管在这一时期大厅仍为领主所重视，仍是整个宅邸空间中装饰最为繁复精致的部分，但是就绝对规模而言，它们已经不如中世纪早期大厅那般宏伟。正如马克·吉罗德在《在英国乡村住宅中的生活——一部社会史和建筑史》中所言："大厅所失去的，便是主居室所得到的"①，由于部分功能正由大厅向主居室转移，主居室承担了新的职能，其所需求的空间也逐渐增大；与此同时，其他拥有特殊用途的、有明显界限的空间，如会客厅（parlour）也在这一时期逐渐发展起来，大厅的相对规模呈衰减之势，这种变迁反映在建筑平面设计图中，便是大厅在建筑的面积占比的下滑。

三、大厅的式微

这样的趋势在16、17世纪仍在继续。与中世纪晚期相比，这个时期的政治经济社会环境发生了急遽的变化，对乡村住宅内部空间的变迁产生了重要影响。

领主在举行盛大的节日庆典时，仍然会回到大厅，也只有大厅拥有足够的空间去安置庆祝节日的众多人员。但在都铎王朝时，中世纪规模的大厅变得既不实用也无必要。都铎王朝的中央政府逐步建立了地方常规军队，不再依靠贵族的侍从作为战斗力量，豢养大规模的武装侍从此时对于地方贵族而言是一个多余且沉重的经济负担。同时，随着中央集权的政治体制的逐步确立，伦敦宫廷成为全英格兰的政治中心。想要获得政治地位擢升的贵族对宫廷趋之若鹜。这意味着他们每年都将有许多时间在伦敦度过。时尚的宫廷社交以及城市生活开支巨大，使得他们难以同时维持乡村生活的排场。而此时，乡村社会移风易俗，庞大的庄园规模不再是地方贵族显赫身份的象征，领主们倾向于削减家户的规模以维持他们在宫廷的巨大开销。伯克利勋爵（Lord Berkely）曾经供养了150名乡绅作为他的侍从，但这种排场的生活令他入不敷出，他在1560年及1574年分别遭遇了严重的经济困境，不得不出

① Mark Girouard，*Life in the English Country House：A Social and Architectural History*，New Haven and London：Yale University Press，1994，p.53.

卖部分地产并将其家户规模维持在 70 人左右 ①。1600 年之后，超过 100 人的大庄园已经寥寥无几。即使在节庆时期，大厅也不再需要先前的庞大空间去安置众多的节庆人员。因此，对于乡村贵族们而言，维持一个中世纪规模的大厅是不明智的。

由于宫廷以及中央政府成为政治权力的中心，越来越多的贵族向伦敦聚集。据劳伦斯·斯通（Lowrence Stone）所估计，在 1560 年，至少一半以上的被授衔的贵族拥有或者租用伦敦的住宅，这个数字到了 1630 年上升到四分之三 ②。与此同时，伦敦城也逐渐发展起来，灯红酒绿的都市生活深深地吸引了苦于乏味无聊和孤独寂寞的乡村生活的领主们。在伦敦，他们可以找到“富裕的妻子、靓丽的女主人、舒适的房子、美味的饭菜、名贵的酒类、整洁的佣人、时尚的家具、最大的快乐和最高的利润” ③。他们热衷于都市生活，在伦敦度过的时光甚至比在他们的领地上还要多 ④。这种现象已经引起了王室的注意，詹姆士一世（James I）和查理一世（Charles I）都曾下过皇家公告，督促上层阶级的精英不要在伦敦流连过长时间，尽早返乡料理地方事务。在城市中，来自各个地方的领主居住在邻近的街区，分享共同的习俗文化，出入相同的场合，拥有互相联通的人脉，并且与其他阶级如伦敦城的市民，保持着相当程度的距离，形成了较为私密且排外的社交圈。这样的风气逐渐由城市向乡村蔓延，特别是在 1640 年内战爆发之后，因被战事波及，许多活跃在伦敦社交舞台上的领主纷纷选择返乡。习惯于城市社交方式的他们开始试图改变乡村住宅的内部空间以符合新的社交潮流与习惯。这种排外的贵族社交圈子在建筑空间上的实践表现为用于私密社交及娱乐的空间设计受到了广泛欢迎，领主进一步放弃了常位于住宅中心的大厅空间，与贵族同侪一同向住宅的深处隐退。这种社交方式将领地内的居民，包括佃农、自由农，甚至是地位逊于领主的地方乡绅、小贵族排除在领主的核心社交圈之

---

① Smyth，*Lives of the Berkeleys*，pp.364—365.

② Lawrence Stone，*The Crisis of the Aristocracy 1558—1641*，New York：Oxford University Press，1967，pp.184—189.

③ Ibid.，p.185.

④ J.F.Merritt，*The Social World of Early Modern Westminster*：*Abbey*，*Court and Community 1525—1640*，New York：Manchester University Press，2005，p.141.

外，而作为一个传统的接待这些来客的开放性空间，大厅受到了领主及其尊贵客人的冷遇，也同样被排除在新的社交方式之外。

在大厅的重要性逐渐衰退的同时，主居室则取代大厅成为整个建筑以及家庭生活的轴心。正如一份 1604 年的家规（regulation）所述：

> 在此处（主居室）不应该有任何的耽搁，因为这是一个尊贵之所，是领主出席的地方，所有出身高贵的客人都会将他们的目光汇集在此处……在此处，高级引座员会提供专门的服务，因为此处的尊贵与显耀。①

在 1607 年，德比伯爵的遗孀前往阿士比城堡（Ashby-de-la-Zouch castle）去拜访她的女儿亨廷顿夫人（Lady Huntingdon）时，作为整个夜晚的消遣，亨廷顿夫人在主居室而不是在大厅举办化装舞会去款待她的母亲。②在 17 世纪末期，建筑师罗杰·诺斯（Roger North）主张主居室是举办舞会的最佳地点："在酒宴和舞会之后你们应该感到满足，绅士们倾向于拥有这样的一间大房间。"③

除了为领主家庭提供主要用餐地点，主居室也成为各种娱乐，比如音乐、舞蹈、戏剧、化装舞会、棋牌类游戏的享乐地点，甚至于成为领主下葬前灵柩的停放处。

从内部装饰以及建筑构造来看，大厅衰落的事实也同样明显。在此时期，新建造的大厅通常采用单层设计而非传统的两层挑高设计，如位于萨默塞特的蒙塔丘特住宅的大厅，在其上安置主居室或主会客厅（great parlour）。

由于领主及其家庭更常出现在主居室而不是大厅，主居室得到了领主更多的重视，取代大厅成为整座住宅中装饰最为精致的地方，内部的家具极其精美，与中世纪时期可移动的以及就地取材临时搭建的简朴家具已是天壤之别。从绝对规模上看，大厅也不再占优势，主居室在规模上已与大厅基本持平。

---

① Joseph Banks, "A Breviate Touching the Order and Government of a Nobleman's House", *Archaeologia*, *Volume 13*, 1800, p.322.

② 详情可见 J.Nichols, *Progresses of James I, II*, London: 1828, pp.145—152。

③ Roger North, *Of Building*, B.M.Add. MS. 32540, f. 51V.

图4　萨默塞特的蒙塔丘特住宅大厅①

继此之后，仆人们也弃大厅而去，他们用餐及活动的主要地点也由大厅逐渐转移到位于地下室的仆人大厅（servant's hall），地下室的仆人大厅这种设计由建筑师罗杰·普拉特（Roger Pratt）在1650年最先应用于他位于科尔希尔（Coleshill）的住宅设计当中②，并在其后风行。在17世纪末，仆人大厅的空间安排已经成为住宅地下室设计规划的一种常态，仆人们也逐渐习惯于在这个空间内进行日常活动和短暂歇息。这意味着大厅对于仆人来说只是一个等待主人召唤以及传递口信的地方，仆人的活动在大厅中也已日趋消失。与中世纪中晚期热闹喧嚣的大厅相比，此时期大厅中的家户活动已经变得极为稀少，大厅之于乡村宅邸的重要性已不可避免地走向衰落。

四、结语

在乡村住宅建筑形式较为原始、简单的时期，大厅曾经在领主的生活中发挥着不可替代的作用。作为一个综合性的开放式空间，它承载着宴会餐饮、娱乐游戏、仪式庆典、接待访客、庄园事务等众多功能，是中世纪领

① Mark Girouard, *Life in the English Country House: A Social and Architectural History*, New Haven and London: Yale University Press, 1994, p.87.

② 详情可见 John Webb's Unexecuted Plans for Belvoir, c. 1654。

主日常乡村生活的直接见证者，其首要地位不言而喻。但是到了中世纪中晚期，随着家居生活的新需求以及人们行为模式的改变，地方贵族利用建筑的方式也相应发生了变化。精细化的生活方式促使各种功能性较强、用途逐渐专一化的房间从早期混沌的空间中逐渐分化出来，与此同时，瓜分了原有空间所承载的职能，这便是大厅衰落的开始。

当进入近代早期之后，一系列政治经济社会变动几乎重塑了英格兰，它们在建筑空间及其利用方式中有着明显的表露。宫廷时尚生活的巨大开销、宏伟壮丽宅邸的维护费用以及维持较大的乡村家户规模所致的大额开支迫使地方贵族的经济状况不断恶化，领主们开始有意识地削减庄园规模，庄园规模的削减使原有的空旷大厅显得格外寂寥，丧失了其主要功能。当城市生活所带来的具有排外性的精英社交文化开始风行，在用餐、社交和娱乐等方面的隐私意识逐渐增长，而大厅作为开放性的空间，明显与这股潮流相悖。领主及其尊贵的客人逐渐离开大厅，向住宅深处撤退，开辟了新的具有私人性的社交空间。此时的大厅主要扮演着接待一般客人以及连接外部与住宅深处家庭空间的过渡空间的角色。同时，为使仆人与宾客保持令人愉快的距离，住宅的规划设计特地开辟了地下空间作为仆人的主要活动场所，使他们也撤离了大厅，加速了大厅衰落的进程。大厅几乎失去了所有功能，也几乎失去了在此活动与逗留的家户成员。此后，一些更为激进的变化出现在部分城镇地区的住宅中。在此类住宅中，大厅的规模进一步缩小，甚至只被当作一个前厅（vestibules）来使用。此时的大厅陷入了无边的沉寂之中，与往日豪门贵族在此齐聚一堂、共同畅饮的场景形成了耐人寻味的鲜明对比。

自中世纪中期始，大厅作为英格兰乡村住宅生活的主要空间之一，其衰落的过程，不仅反映了住宅空间的变迁，而且反映了地方贵族生活方式的流变，更是宏观的政治经济社会环境变动在建筑空间上的投射。

英国与英联邦国家
传统文化访谈录

乌斯塔德·穆罕默德·阿拉姆采访纪实

[巴] 舒迈拉·菲尔多斯（张宝来　译）*

【编者按】2015年4月9日，我们在于文杰教授的带领下，来到巴基斯坦蓝陶专家阿拉姆大师的蓝陶发展研究所，就一些有关工艺美术的问题对他进行了成功的访谈。

黏土艺术是人类历史、文化和宗教传统、战争、建筑最重要的证据。这是人类最早获得的技能。这一技能似乎处于木尔坦艺术的顶端。木尔坦是巴基斯坦一座古老的历史城市，以其独特的手工艺品而闻名于世。在这些手工艺品中，绘画和蓝陶有其特殊地位。蓝色颜料和绿松石的使用是这一古老的木尔坦艺术最突出的特点。不仅在次大陆，在所有中亚国家和阿拉伯地区，这些艺术都得到普遍认可和赞扬。绘画和蓝陶被认为是伊斯兰生活方式中的一种优秀艺术。手工艺品的成就在各个领域都可以看到，几千年的古老艺术至今仍在展现。在清真寺、陵墓和墓园中，在宫殿和堡垒等具有重要历史意义的建筑中，都有着这种艺术鲜明的体现。

木尔坦手工艺史可以追溯到中世纪。喀什蓝陶上釉和手绘是一门重要的艺术，木尔坦以此声名远扬。喀什蓝陶艺术品中大量使用叶状图案、树形图案和蓝色颜料，这是其受波斯影响的明证。由于波斯艺术本身一直受到中国蒙古的影响，因此一些历史学家认为木尔坦的喀什艺术（即后文所指喀西

---

* ［巴］舒迈拉·菲尔多斯，南京大学历史学院博士研究生。张宝来，南京大学历史学院博士研究生。

图 1　乌斯塔德・穆罕默德・阿拉姆展示作品

格尔里艺术 Kashigari）最初来自中国喀什噶尔。在几百年的时间里，这一艺术逐渐成熟，并形成了自己独特的风格。

在此，为了突出蓝陶艺术在巴基斯坦文化、传统和宗教背景下的意义，以及它与中国艺术历史文化的关系，我们采访了巴基斯坦蓝陶专家穆罕默德・阿拉姆先生。

穆罕默德・阿拉姆先生享有“乌斯塔德”① 的头衔。他是巴基斯坦木尔坦蓝陶发展研究所的负责人和创办人。要使一个机构得到发展，往往会面临许多困难和障碍，比如得不到认可，需直面行政问题、财政问题等。阿拉姆先生就是这样一个面临挑战的人，但他非常顽强，是他的使命的忠实信徒。乌斯塔德・穆罕默德・阿拉姆有动力、热情和勇气来实现他的目标，他在旁遮普邦南部很好地传承了喀西格尔里艺术。蓝陶发展研究所获得了国际认可，每一个手工艺和陶瓷爱好者访问木尔坦时，都要拜访乌斯塔德・穆罕默德・阿拉姆先生并参观他的研究所。当他们亲眼见到艺术家的作品在这里如此完好的保存时，这些拜访者通常都会感到非常惊讶。阿拉姆先生是这种精美艺术的贡献者和促进者。

今天，大多数蓝陶艺术家都在另谋出路，并要求他们的孩子从事别的行业，而穆罕默德・阿拉姆却培养他的 6 个儿子来从事和推广这项事业，以承担起历史传承的责任。在这个研究所里，数百名学生在获得黏土艺术和手工艺品制作技能后被分配到巴基斯坦许多著名的机构工作。这些学生可以很轻易地与那些出身蓝陶业传统家族的学生竞争。58 岁的阿拉姆先生依然像他 8 岁时一样痴迷艺术品和色彩。他的导师安拉・瓦斯亚对他的这种艺术热情印象深刻，并在监督下授予了他学生资格。安拉・瓦斯亚是木尔坦本地居民，

① “乌斯塔德”为乌尔都语，意为“教师”或“某一领域的专家”。

图 2　乌斯塔德·穆罕默德·阿拉姆接受采访

图 3　乌斯塔德·阿拉姆蓝陶发展研究所

他的祖先也居住在这座城市，并从几个世纪前来到次大陆的伊朗艺术家那里学到了这门技艺，从而在陶瓷艺术方面享有很高的声誉。穆罕默德·阿拉姆的艺术作品在国内和国际上都得到了认可，并被旁遮普省（巴基斯坦）小型工业公司所接受，获得了 2006 年南亚手工艺品杰出贡献奖、2011 年巴基斯坦国家总统杰出表现奖、联合国教科文组织表彰奖、欧洲联盟奖、斯里兰卡和英国艺术奖。

舒迈拉·菲尔多斯：从时间上看，您的祖先所学习的这种技艺（蓝陶）与伊朗艺术家有几个世纪的联系。在这方面，可以说您的作品有深厚的历史背景。所以，请告诉我们您如何看待当地传统文化给您带来的艺术营养？您的艺术（蓝陶）起源以及动机是什么？

乌斯塔德·穆罕默德·阿拉姆：我想谈谈木尔坦蓝陶的起源和重要性。在我看来，木尔坦是巴基斯坦旁遮普省南部最古老和文化最悠久的城市，它以圣徒、乞丐、墓地、灰尘和炎热气候而闻名于世，是旁遮普省唯一生产近 65% 手工艺品的城市，蓝陶是其中之一。据我所知，我们的艺术（蓝陶）也可以称为喀什格尔里，持有这种技艺的工匠 9 世纪从波斯移居至此并使这种技艺在这里不断延续，并得到木尔坦人的认可。19 世纪，它以瓦片的形式出现在中世纪时代的木尔坦清真寺建筑遗址中。据我所知，我们的艺术植根于波斯城市卡尚（Kashan）和中国喀什噶尔，这是这类艺术家被称为喀西格尔（Kashigar），而这种艺术被称为喀西格尔里的原因。在喀西格尔里这种艺术中，树枝、树叶图案和奢华的蓝色的使用都表现了波斯人对蓝陶的影响。但随着时间的推移，作为工匠的我们在模式和功能上实现了创新，特别是实现

图 4　喀西格尔里陶瓷艺术

了以白色和蓝色为基础色彩的创新。使我们的作品新颖，对我来说是一个动力之源，木尔坦当地的传统环境对提高我的蓝陶艺术能力起到了重要作用。

舒迈拉·菲尔多斯：中国民族传统文化主要依赖后人的传承，您能否介绍一下木尔坦当地民间艺术发展的基本情况？

乌斯塔德·穆罕默德·阿拉姆：是的，当地传统文化和艺术依赖后人的传承。我的理解是，在巴基斯坦这种艺术一直局限于传统家庭，他们将这种技能代代相传。我所熟悉的那些当代艺术家及其家庭，因为得不到承认、尊重，没能满足经济需要而正在改变职业。民间艺术的鲜明特征大多与物质和创作技巧有关。民间艺术倾向于使用自然和特定的材料，与复杂艺术不同。蓝陶艺术有其独特的风格和材料，是古老而重要的传统的体现。关于民间艺术的现状，我曾说过，民间艺术是由当地人民和文化推动的，随着时间的推移，它被以机械化方式批量生产的工艺品超越。但庆幸的是，纯手工民间艺术品的精致和美观使得其国际需求日益增长。

舒迈拉·菲尔多斯：每个艺术家都有自己的追求和个性特征，您最重要的艺术创新和艺术风格是什么？

乌斯塔德·穆罕默德·阿拉姆：艺术的发展并非一个人的责任，它有着悠久的历史。我们在木尔坦所从事的工作受到不同地区的多种多样的艺术的影响。在蓝陶新设计中，我贡献了骆驼皮新模型（Camel Skins New Model）、竹笋造型（Bamboo Short Art）和角花造型（Corner Flower Art）。这个研究所也在做一些实验工作，作品会在不久的将来展出。我们还计划在 2016 年 3 月或 4 月举办艺术展览，届时我们将为新创意作品举办一个仪式，呈现传统与最新创意的融合。

舒迈拉·菲尔多斯：当今经济和现代科学技术的发展对国际传统进程产生了强烈冲击，您认为当前巴基斯坦民间艺术存在哪些问题?

乌斯塔德·穆罕默德·阿拉姆：我理解你的问题，科学和技术对我们的工作有好的影响也有坏的影响。我们非常感谢最新的技术，由此，我们可以节省时间，最大限度地提高产品质量。但是另一方面，机器会使我们的客户减少，不区分仿造和手工的普通人对于原作或复制作品的偏好也会因此改变。

经济改革使我们有新的前景和市场，从而可以在世界各地展示我们的作品。我们的作品已在中国、日本、荷兰、法国、美国、阿联酋、英国和意大利等国得到认可。我一直非常感谢日本大使冈井野田（Nomata Okai）和宫崎骏（Sadaki Asako），他们为我们提供了资金支持。我们对开放和经济改革感到非常高兴，因为在地方政府一级，我们不可能获得在国际层面所获得的认可和机会。

舒迈拉·菲尔多斯：您认为在国内和国际背景下，在新时期丝绸之路建设中，传统进程推动者们面临的挑战是什么?

乌斯塔德·穆罕默德·阿拉姆：我们知道喀西格尔里艺术原属于中国新疆。纵观历史，丝绸之路历来重视文化、艺术、宗教、文明的交流，重视为商业创造机会。我是个艺术家，艺术家总是乐观主义者。我并不熟知这一发展的政治和经济方面。但我们总是欢迎每一个新的机会，艺术是没有疆界的。巴中关系将因这条新丝绸之路的建设而进一步加强，我们对此抱有非常积极的期望。

舒迈拉·菲尔多斯：您如何预测国际民间工艺队伍的建设和发展前景?

乌斯塔德·穆罕默德·阿拉姆：不久之前，由于资金缺乏和糟糕的生活条件等原因，年轻人对把民间工艺作为一种职业犹豫不决。但是随着时间的推移，人们对艺术有了更好的认识，并且手工艺在国际上越来越受欢迎。我希望国际民间手工艺队伍能发挥有益的作用。我也非常希望这一发展将为蓝陶艺术和黏土艺术品创造新的机会。

舒迈拉·菲尔多斯：您的代表作品是什么？它们的思想内涵和艺术手法

以及艺术特点是什么？

乌斯塔德·穆罕默德·阿拉姆：我之前已经讲到了我的代表性作品。我们的工作受到巴基斯坦酒店业的高度赞赏，如塞雷纳奥维酒店在巴基斯坦的所有分支机构、谢尔顿汽车旅馆、帕帕萨利餐厅和白沙瓦中心酒店等。新的骆驼皮模型是我们的下一个创新，预计将在3个月内展出。巴基斯坦社会是神圣传统、文化和宗教的混合体，因此我们的作品表达和反映了这种丰富的艺术历史情感。在酒店行业，当地人和外国人一直都非常欣赏木尔坦的传统喀西格尔里艺术品。

舒迈拉·菲尔多斯：在丝绸之路文明建设的背景下，您认为面临的挑战是哪些？

乌斯塔德·穆罕默德·阿拉姆：我们面临的第一个挑战来自海关部门。我们遇到很多来自海关部门的限制。一些外国人参观我们的研究所后，由于需要，我们不得不把样品寄到不同的国家。顾客要求不同的样品，但我们的海关往往因安全问题而限制我们的寄送。

其次，在国内层面，我们没有政府的支持来推广我们的艺术作品，也没有举办展览的机会。我们需要获得地方政府的承认、尊重和支持。

第三，我们需要国际社会和为促进艺术而工作的国际组织的支持。我从来没去过国外，因为大部分时间都是各种组织的代表来到这里欣赏我的作品，但回去也就忘记了。我想，如果我可以访问不同的地方，那对于我的工作是非常有益的。

最后，这门艺术不是我们教育体系的一部分。学生通常不愿意在未来以此为职业。我们需要说服学生和他们的父母接受这种教育和技能。这就是为什么我把我所有的儿子都献给这门艺术，作为新来者的榜样。我们有能力在我们的学院教授40名学生，从明年4月起，我们将招收80多名学生。这项工作要求很高，但我们没有得到政府的支持。这个研究所是由日本的资金支持而成立的。但是今天我们需要更多的空间来扩大这个研究所。我总是充满希望，从不放弃我们的任务和使命。

设计大师马利克·阿卜杜勒·拉赫曼*访谈录

[巴] 法瓦·阿斯拉姆（谭蓉蓉　译）**

【编者按】马利克·阿卜杜勒·拉赫曼是巴基斯坦著名的艺术大师，其艺术作品在丝路沿线国家有很大影响。在于文杰教授的指导下，我们在马利克大师参加“南京大学‘一带一路’与传统文化国际论坛”期间对他进行了访谈。

法瓦·阿斯拉姆：您是陶器设计艺术（Naqaashi Art）的传承人。那么可否请您给我们讲一讲您的家乡木尔坦，以及木尔坦对您的设计艺术产生了怎

图 1　马利克·阿卜杜勒·拉赫曼大师绘制蓝色陶瓷墙面装饰作品

---

*　全名 Malik Abdul Rehman Naqaash，其中 Naqaash 意为设计师，因家族以此为业，故家族中所有从事 Naqaashi 艺术的成员均以 Naqaash 为姓名的最后一词，译者将此译为大师。

**　[巴] 法瓦·阿斯拉姆，南京大学历史学院博士研究生。谭蓉蓉，南京农业大学工学院讲师，南京大学历史学院博士研究生。

样的影响？

马利克·阿卜杜勒·拉赫曼大师：木尔坦位于旁遮普省南部，其独特而专有的文化受到当地古代文明和历史传承的影响，这样的影响渗透进当今的文化及其表达中。木尔坦有3000年的历史，从前伊斯兰时代到现代，木尔坦文化中一直富含各种学术知识，这使得木尔坦一直以来都是一个学习中心。旁遮普省南部社会的文化资产中包含了大量无形和有形的遗产。木尔坦成功地护卫了自己的身份和骄傲，并将这种身份传承给下一代。

木尔坦陶器设计师和绘陶师的作用并没有得到应有的学术关注，因此难以明确木尔坦这些设计并描绘了散布在旁遮普南部地区众多圣殿、清真寺、宫殿、公共建筑和私人宅邸中壁画和其他装饰图案的设计师的地位。每当谈到巴基斯坦的装饰艺术，木尔坦都会因为它的文化、历史和艺术遗产而成为值得一提的地方。图案设计艺术是木尔坦独特的手工艺之一。图案设计的历史可以追溯到大约900年前，在那个时代图案已经被用来装饰一些标志性建筑。旁遮普南部的图案设计创作出一系列的主题和构图，其中很多都是该地区独有的，这是当地社区艺术表达方式的一部分，体现了当地人的世界观、价值体系和艺术技巧。有些设计图的灵感来自旁遮普南部特有的动植物形象，而另一些看起来似乎受到外来影响。按照伊斯兰教逊尼派宗教禁令的要求，清真寺、圣殿和其他宗教场所的图案设计中没有任何人物塑像作品。

木尔坦的工匠会在非宗教的世俗建筑中使用动物和人物形象，但这一地区的宗教建筑中没有任何这样的图案设计。但是在锡克教寺院和非伊斯兰教的寺庙，例如位于木尔坦城内新撒莱集市（Bazaar Choori Sarai）和乔克集市（Chowk Bazaar）的耆那教寺庙中有神像的绘制。我们大多数设计都是围绕花、鸟和大自然展开。我们家族来自巴基斯坦木尔坦，我是家族第三代中毕生致力于这种艺术形式的成员，我的祖父和父亲都是他们各自年代的专家，多年来他们教授了数以百计的学生。木尔坦长久以来一直是图案设计艺术中心。甚至久远到连给泰姬陵设计装饰图案的艺术家也都来自木尔坦的家族。这不仅定义了那个时代的特征，也证明了木尔坦设计艺术的价值。我6岁的时候开始学习设计艺术，我们家族几代人一直以来都从事这项工作。木尔坦丰富的历史和我家族的遗产对我影响很大。

图2 1996 年工作中的马利克·阿卜杜勒·拉赫曼大师和他的父亲马利克·穆罕默德·阿希克大师

法瓦·阿斯拉姆：您能谈谈您和“卡曼格兰聚居区”（Mohallah Kamangran）这一因画家和图案设计而闻名于世的街道的关系吗？

马利克·阿卜杜勒·拉赫曼大师：卡曼格兰聚居区（木尔坦的一条老街）与特定的手工艺术有关，这种手工艺通常被认为是图形设计和绘陶艺术的摇篮，大部分艺术家和设计师都安家于此。它坐落于木尔坦的老城区，长久以来这条街因为“制弓师”（Kamangar）而闻名。在木尔坦有 20 多个这样的街道或聚居区，艺术家们在此延续自身特有的手工艺，比如“昆哈瓦拉聚居区”（Mohallah Kumharnwala），聚居在这里的工匠用泥土和黏土制作器皿；“卡林·巴凡聚居区”（Mohallah Qaleen Bafan），聚居在这里的工匠专门制作地毯。这就是木尔坦在手工艺和设计方面拥有非常丰富的资源的原因。我和我的家族也生活在木尔坦的这片区域里。卡曼格兰聚居区的画家和设计师曾经以装饰弓和箭而闻名，同时他们也为纺织品（包括羊毛地毯）、金属制品和瓷砖提供专家级设计。17 世纪晚期，木尔坦的手工艺人被苏格兰的航海船员称为世界上最好的弓箭制造者，这种用动物的角、筋和树皮制作出来的精美武器上面还装饰了各种花卉图案设计。我的前辈，例如大师巴基尔（Baqir Naqaash，生于 1956 年），擅长压花皮革书籍装帧和书法艺术。在 19 世纪时，我的先祖声名鹊起，他们在印度阿格拉城（Agra City）创作壁画和手工艺术纪念品，不仅受到了英帝国的资助，并且吸引了众多欧洲游客慕名前来。他们用骆驼皮制成大型花瓶，在花瓶上饰以风景名胜的图案，并在周围以花卉图案环绕。这种别致却工艺复杂的器皿，与在云母或象牙上作画的公司制作的器皿相比，无论在题材还是在功能上都更加稀奇和精巧，今天我自己依然在制作这种家居使用的骆驼皮器皿。我与卡曼格兰聚居区在精神层面上的联系至少始于19世纪中期我的先祖在旁遮普广大地区执行壁画任务时。

法瓦·阿斯拉姆：您提到图案设计艺术是上一代传承给下一代的，并没有形成专门的学院机构来教授这门技艺。那么这种传统的培养体系到底是如何运作的？又是如何传承的？

马利克·阿卜杜勒·拉赫曼大师：传统训练体系依靠徒弟对师傅（Ustad）作品的模仿和临摹，师傅的每一种图案和设计都有一个特定的名称，徒弟需要一丝不苟地反复练习临摹。几何结构的训练是设计练习中不可或缺的部分，师傅会通过指导学生对各种各样的基本绘画主题的练习来进行教授。因此，旁遮普地区各种纪念性建筑物中出现的设计上的相似性，大概就是因为徒弟的作品都是在师傅指导之下模仿而成的。

在整个设计制图工作的过程中，每个徒弟会形成各自在特定领域的专长，从而被师傅要求专事该领域的任务，例如一些徒弟会专门训练如何为壁画的表面做准备工作，另一些会训练色彩运用技巧，还有一些会被要求做最后的打磨抛光工作，等等。总的来说，所有的工艺作品都是由一组工匠在师傅的监督指导下完成的。师傅系列作品中的主题和构图可以用于各种工艺，根据要求的不同，既可以用非常细的线条来描绘，例如书籍的封面封底和壁画；也可以用宽线条，例如陶瓷器绘制艺术（Kashikari）和镜面刺绣艺术（Sheeshakari）。“生命树”主题的各种衍生是最好的阐释，生命树作为天地生命的普遍象征在陶绘、壁画和书籍封皮中都有描绘。一些图案设计的灵感来自旁遮普南部的植物和动物群的形象，而另一些似乎受到外来影响。采用花卉设计是这个画派的基本风格。

法瓦·阿斯拉姆：为什么说哈马·古尔（Hama Gul）这种一代一代传承下来的艺术是您的专长之一？请您讲一讲这是怎样的一个传承过程？

马利克·阿卜杜勒·拉赫曼大师：哈马·古尔是由波斯语单词哈马（意

为具有包容性和多样性）和古尔（意为花朵）组成的复合词。如果你去过旁遮普西南部地区，你会发现那里重要的宗教和世俗建筑中使用的装饰砖和瓷砖都具有这种装饰风格。例如，纳瓦布·巴哈瓦尔·汗三世（Nawab Bahawal Khan III）1848 年为 13 世纪苏哈拉瓦迪教团（Suhrawardy）圣人哈勒乌丁·索克-普西·布哈里（JalaluddinSurkh-Posh Bukhari）建造的位于乌赫·沙里夫（Uch Sharif）的陵墓，其柱廊上可以看到哈马·古尔设计。大部分房屋内室墙壁上覆盖着作为墙裙的木质镶板，上面画有藤蔓、柏树、花篮和装满水果的盘子，木尔坦的艺术家将其称为哈马·古尔。雄心勃勃的巴哈瓦尔布尔土邦（Bahawalpur）王公（Nawab）萨迪克·穆罕默德·汗·阿巴西四世（Sadiq Muhammad Khan Abbasi IV）也建造了许多这种风格的附属性建筑物，其中包括他为苏非派大师（Pir）——色莱基语（Saraiki，旁遮普南部方言）诗人古拉姆·法里德（Ghulam Farid，1845—1901）建造的一所房子。

我们设计师界强调设计的神树上的每一朵花都应该具有辨识性，而且每一片叶子都必须与花朵相匹配。作为“花卉设计师”，我们的声誉正是建立在这一点上。我们同时认为，虽然神树的确是想象力的产物，但这个概念既不是任意随性的，也不是玩笑嬉戏的。相反，这个意象代表了我们对这个世界神性临在神秘现象以及来世性质的最好理解和诠释。所有建筑手工艺的共同特征在于绘画技能和将设计图稿精细转移到墙面、瓷砖或其他需要设计的对象上的能力。对于图案设计艺术而言，师傅会通过不断实践和练习完善他的绘画技能，然后通过在黄油纸上描摹主题的方式准备设计草图或模板图样，最后用小别针沿着画线线条将黄油纸刺钉在物体表面，这样设计画稿就可以转移到设计对象表面了。在这一阶段的工作完成之后，再使用木炭粉或从靛蓝植物中提取的粉末轻轻沿着设计草图的线条进行涂抹，这样整个图案或构图就都在设计对象上完成了。设计图样可以被设计师运用到任何一种工艺技术中，决定权在师傅。我通常使用一种改良的湿灰泥壁画技术（一种壁画绘画技术，将耐碱颜料与水混合在一起磨碎后涂抹于湿灰泥上），类似的方法在拉贾斯坦邦（Rajasthan）也有，但其壁画的耐久性不如我的壁画。两边的工匠都会对潮湿的灰泥进行两次抛光，第一次是为了巩固和平整壁画的

图3　马利克·阿卜杜勒·拉赫曼大师装饰骆驼皮灯具制品（伊斯兰历史、艺术和文化研究中心提供）

表面，第二次是在涂上颜料之后，同时两边的工匠在使用的颜料中也都混合了胶水以增加颜料的粘附性。

法瓦·阿斯拉姆：骆驼皮灯具为您赢得了国际认可，请您为我们介绍一下这种灯具。为什么您会把工作重点从绘制创作转移到了骆驼皮灯具上？为什么您偏爱骆驼皮灯具产品？

马利克·阿卜杜勒·拉赫曼大师：我在不同的地方为各种不同的材料做过图案设计工作，例如在宾馆、清真寺和宫殿里绘制图案，为花瓶、陶器和木器设计图案。但是现在我把时间几乎都花在了另一款来自木尔坦的独特产品骆驼皮灯具上。首先申明一下，并不是因为我偏爱它，而是因为这项技能是我们家族遗产的一部分。骆驼皮灯具产品是木尔坦的骄傲。我的祖父阿卜杜拉大师（Abdullah Naqash）在1910年制作了第一盏骆驼皮灯，陶土艺人哈雅特·穆罕默德大师（Hayat Muhammad）制作了第一个灯具模子，这为骆驼皮艺术和图案设计艺术赋予了新的生命和精神。在我祖父阿卜杜拉大师之后，我的父亲阿希克大师（Ashiq Naqash）为这门艺术注入了新的元素，他在陶罐、木制品（例如家具、门、简易床、首饰盒）上设计，还在著名建筑的墙壁和屋顶旁的托架上进行创作。我从父亲那里学到了这门艺术，现在我在世界各地举办骆驼皮工艺研讨会，包括印度、卡塔尔、美国、中国和德国。

骆驼皮灯具的制作有3个阶段：首先给骆驼皮去毛，切成碎末状，然后将这种糊状混合物包裹在黏土模具上。过了一些日子，当骆驼皮干透后，用棍子敲击被骆驼皮覆盖的模具，这样黏土模具就会破碎，只留下依然保持模具形状的干燥骆驼皮，这样骆驼皮灯就成型了，接着就被送到图案设计师手中，设计师们用精美艺术来装饰骆驼皮灯。骆驼皮制品的整个制作过程会有3种类型的工匠参与其中：首先是陶土工匠负责制作模具，然后制皮工匠负责制作好骆驼皮材料并使之成型，最后由图案设计师完成最终的绘图装饰工作。

法瓦·阿斯拉姆：由于您在图案设计领域的专业性，您已经享有很高的国际知名度并获得了许多头衔，请分享一下您在这方面的经历。

马利克·阿卜杜勒·拉赫曼大师：我参加过许多国内国际的展览和艺术节，例如1985年至2002年的巴基斯坦洛克·维萨[①]展览（Loke Versa），亚洲拉合尔奖（Asia Lahore Award），1992年南亚区域合作联盟[②]奖（SAARC Award），1994年在巴基斯坦伊斯兰堡举办的首届伊斯兰展览，1996年D-8[③]会议奖，2011年马斯喀特[④]国际艺术、遗产和创意节（Muscat International Festival of Arts，Heritage and Creativity）、2014年在中国举办的世界手工艺理事会（World Craft Council）成立50周年庆典和2015年大不里士大学展览（Tabriz University）[⑤]。我在印度、土耳其、伊朗、中国和德国都已经举办了很多次研讨会。这些国际性的展览提高了我的技艺，让我有机会接触和体验来自不同国家的顶尖工匠的作品，他们的创作领域包括微型彩绘镀金、彩饰、地毯和花毯织造、服饰、刺绣、马赛克镶嵌、玻璃、图案设计以及许多其他手工艺。这些场合也为我提供了一个独特的机会，让我可以欣赏各国工

① 洛克·萨维是位于巴基斯坦首都伊斯兰堡的一个艺术村。——译者注

② SAARC全称为South Asia Association of Regional Cooperation，成员国包括巴基斯坦、马尔代夫、不丹、孟加拉国、印度、尼泊尔和斯里兰卡。——译者注

③ D-8全称为Developing-8 Organization for Economic Cooperation，意为8国经济合作组织，8个发展中国家分别为孟加拉国、埃及、尼日利亚、印度尼西亚、伊朗、马来西亚、巴基斯坦和土耳其。——译者注

④ 马斯喀特为阿曼的首都。——译者注

⑤ 大不里士大学位于伊朗。——译者注

艺大师的杰出作品，这些作品往往代表该国最重要的手工艺产品。

这些工匠不仅展现了伊斯兰与西方工艺美术的传统本真，也显现了古老手工艺术在陶器、木制品、金属制品、纺织品、皮革工艺、书籍装帧、传统服饰以及其他工艺品上的创新，这些都反映出伊斯兰工艺美术传统长久以来的精美。我很荣幸能在2011年和2015年的马斯喀特国际艺术节上获得彩饰和纹饰领域的一等奖（评判标准是卓越、创意概念设计和在传统工艺技巧上的新发明），我们的技能、工具和工艺得到如此高的认可和赞赏，这给我的团队带来了信心。

法瓦·阿斯拉姆：由于缺乏资助、新技术和政府的支持，传统的手工艺正面临危机。对此您有什么看法？您有什么策略来保护传统手工艺吗？

马利克·阿卜杜勒·拉赫曼大师：几年前，我认为新一代年轻人不愿意以传统的手工艺为职业。如果说手工艺品在走下坡路，一个主要的原因是它们没有被用于政府或私人的项目，也没有被应用于新的建筑和基础设施。其次，我们盲目追随西方建筑师，但是几乎没有人意识到其实英国人在这里建造的建筑物中大量使用了当地建筑的特征，因为他们知道可以因地制宜。第三，一开始我们认为技术革新是理所当然的，但是现在3D打印和最新的技术创新给传统艺术家带来了很多麻烦，因为他们缺乏这方面的教育。科技正在突破创造力和感官体验的界限。但我认为这种人与机器的关系创造了更强大的艺术作品。不幸的是，这种变革发生得太快，并没有留时间给人们适应和消化，人们不得不面对的现实就是创造艺术不再是人类所独有的。但这些新科技也为我们提供了发展新通讯媒介的机会，并在更广泛的层面上开拓了我们的视野，在过去的几年里，由于最新通讯媒介的出现，我们的作品得以迅速进入国际市场。最后，由于巴基斯坦政治安全形势的影响，导致国内和国际旅游参观和展览缺乏，这影响了艺术品的销售，直接导致了手工艺行业不断萎缩。如今这些手工艺行业正面临一个困难的时期。因为手工艺术品没有太多的消费，所以受过训练的老一代工匠无论从社会层面上、经济层面上还是心理层面上，都感觉不适应。在这种情况下，新一代人不愿意加入这些传统领域。

作为一名手工艺人，为了后代而保护这样的技艺是很重要的。那些不保护本国文化和手工艺的国家最终都会垮掉。我们永远都不能抛弃我们的传统手工艺，这是我们的根。没有根，就不会有树。但现在我有足够的理由认为，国际手工艺界、国家政府和地方都对我们的工作非常感兴趣。我相信这些手工艺之所以能够留存下来，是因为政府和公众一直都在资助这些手工业，所以我们看到几乎所有文物建筑，无论其是统治者建造的还是私人建造的，都使用了本土的手工艺术。当一个项目开始的时候，最好的手工艺人会被雇佣，然后他们会进一步让当地人作为初级学徒参加项目。通过这种方式，新人们可以学到这门手艺，而这门手工艺也因此得以继续繁荣发展下去。政府和私立大学为这些艺术家提供了在大学任教的机会，让他们引导新一代人去认识艺术的效力，这样就可以让这些艺术以更大的规模传承下去，而在以前，只能通过师傅或大师的一己之力去努力保存这些手工艺术。

编后记

记得还是2007年复旦大学李宏图教授主持召开英国史会议的时候，经过陈晓律教授同意，我们建议会议之后由南京大学牵头创办《英国研究》，出席会议的有钱乘旦先生等国内英国史著名专家和学者。大家经过讨论之后确定，《英国研究》在南京大学创办。从那时到现在，已经9个年头，《英国研究》也先后出版9辑，潮起潮落，风风雨雨，这其中凝聚着校内外、国内外许多专家与朋友们的心血。

最近几年，我们对一些问题作了探讨，希望提出来供大家批评和讨论，主要从"英国文明史专题""英国政治与经济研究""英国思想与文化研究"以及"英国与英联邦国家传统文化访谈录"这些方面进行探讨。"英国文明史专题"首先传达国外专家的研究信息与学术观点。在第9辑中，我们刊登了狄金森先生的观点，狄金森先生是一位极其有思想的英国史专家，是英国皇家历史学会前主席，也是南京大学英国史研究四代人的老朋友。狄金森先生对英国革命和社会改革等重大事件均有自己独到的见解，比如当学界对于英国革命性质的问题争论不休的时候，他就已经确认：英国革命是英国历史上一起真正意义上的革命，打破了由巴林顿·摩尔在《民主与专制的社会起源》中提出来的所谓渐进式的发展道路。在"英国政治与经济研究"栏目中，我们选登了蒂莫西教授的著作节选，讨论了英国8—12世纪西欧的集会政治。还有冷霞副教授法制史档案方面的文章，显然档案研究值得引起英国史研究者的关注。还有徐东波的《叛逆罪立法与亨利八世宗教改革》，都有一定的新意，值得关注。

在“英国思想与文化研究”栏目，选登了《伦敦万国博览会及其文化遗产》。去年，在英国史网站上，有人说中国19世纪60年代之后才加入国际博览会。事实上，中国从开始就一次没漏地参加了，只是早期参会是在殖民主义的背景之下，其意义与内涵十分复杂，但总体上是中华民族的文化遗产，是人类文化遗产。还有孙莹博士的《约瑟夫·张伯伦关税改革思想探析》，对研究英国经济思想和关注当今中国关税问题有所启示。另外，杨舒敏的《韦奇伍德瓷器兴起中的创新因素分析（1759—1795）》，在英国文化史研究领域有新的开拓，英国19世纪手工艺运动几乎影响整个东方世界，而韦奇伍德则以家族式传统工艺的方式引领世界陶瓷工艺一个多世纪，其中的思想、技艺、经验和智慧，值得思考与借鉴。

最近几年，国内许多学者对英国史诸多前沿学术动态与问题加以研究，对英国乡村文化研究有所投入，许多研究生积极奔赴英伦，或攻读博士学位，或交流搜集学术文献，走进图书馆、档案馆和博物馆，积极开展学术积累与文献研究工作，从他们身上可以看到国内英国史研究的希望。感谢国内外专家和广大同仁们的支持！谨此以作后记。

编者

2017年10月1日

图书在版编目(CIP)数据

英国研究. 第9辑/陈晓律主编. 一上海：上海人
民出版社，2019
ISBN 978-7-208-16146-7

Ⅰ. ①英… Ⅱ. ①陈… Ⅲ. ①英国-研究-文集
Ⅳ. ①D756.1-53

中国版本图书馆CIP数据核字(2019)第220902号

责任编辑 黄玉婷
装帧设计 范昊如 夏 雪 等

英国研究(第9辑)
陈晓律 主编

出　　版 上海人民出版社
(200001 上海福建中路193号)
发　　行 上海人民出版社发行中心
印　　刷 上海商务联西印刷有限公司
开　　本 720×1000 1/16
印　　张 14
插　　页 3
字　　数 210,000
版　　次 2019年12月第1版
印　　次 2019年12月第1次印刷
ISBN 978-7-208-16146-7/K·2903
定　　价 58.00元